高官的良心

中國足球 打黑鬥士

朱曉軍 著

引言

八年前，中國足協原副主席南勇、謝亞龍、楊一民，裁判委員會原主任張健強、李冬生，國足原領隊蔚少輝因操縱足球比賽涉嫌收受賄賂犯罪被批捕；陸俊、黃俊傑、周偉新等著名裁判涉嫌在多場足球比賽中收受賄賂操縱比賽，案件已偵查終結並移送起訴。

中國足壇打黑反腐風暴愈演愈烈，套用過去的常用詞就是摧枯拉朽。足壇發生前所未有的地震，且餘震不斷……。

有一人站出來說：還會有「大魚」出現。

此人叫陳培德。他說的「大魚」是誰？眾猜紛紜。有人說，中國足球前掌門人閻世鐸肯定逃不脫干係，他的後任謝亞龍、南勇都進去了，他會沒事嗎？也有人說，閻世鐸算不上什麼「大魚」，比他大的還有……。

初見陳培德是在二〇〇九年歲末，中國足球掃賭打黑剛開始，足壇的名將開始到看守所報到，一家雜誌找到我，讓我去採訪杭州的陳培德。

陳培德是誰？我懵了。

我在杭州生活六年，卻不知道陳培德何許人也，是他藉藉無名，還是我孤陋寡聞？

上網搜一番，這才知道陳培德是浙江省體育局前局長，被媒體稱之「中國足壇反黑第一鬥士」。當年，他面對「五・一九」黑哨事件拍案而起，義憤填膺地說：「中國足球不從反腐敗入手，不論投入多少錢也只能是窩裡鬥。」

「甲B五鼠」案出現後，北京大學哲學系畢業的陳培德又一針見血地指出：「足球界反腐敗應該確立三項目標：打假、掃黑、反貪。打假的對象是俱樂部，掃黑的對象是裁判，反貪的對象是足協的官員。」

陳培德竭盡全力地去做綠城足球俱樂部董事長宋衛平和廣州吉利俱樂部董事長李書福的工作，讓他們交出黑哨的證據，使足壇反腐出現轉機，「打假掃黑反貪」的風暴從浙江刮起，越刮越猛，席捲全國……。

中央派出調查組，良心未泯的國際級裁判龔建平鋃鐺入獄，被判處有期徒刑十年。貪官黑哨惶惶不可終日，南勇、楊一民、李冬生等貪官將要落網，陸俊、黃俊傑、周偉新等比龔建平更黑更大的黑哨將要落網之際，掃黑風暴莫名其妙地戛然而止，足壇打假掃黑第一季流產了。

腐敗猶如腫瘤，開一次刀沒有切除，將導致擴散。中國足壇行賄受賄、賭球黑哨日益猖獗，最後非法賭球資金以每年一萬億元的速度流向國外……。

我與陳培德相見於浙江省體育局的一間辦公室。他個子不高不矮，像個踢足球的，說話聲音猶如話劇演員，磁性十足。提起當年，他說：「『五・一九黑哨』發生在浙江，『甲B五鼠案』與浙江綠城有關，我是體育局長，守土有責，不管就是失職。」

陳培德讓我想起電影《集結號》，他就是中國足壇的谷子地，堅守自己的信念、良心和大任，且生命不息，不下陣地。

目次

第一章

最骯髒一幕就這樣拉開了

（一）甲B聯賽第八輪時，綠城又攻進一球，比分二：〇領先。隊員正在歡呼，前場隊員還沒回到自己的場地，主裁突然吹哨開球，在綠城沒有足夠設防的情況下球進了。

二〇〇一年五月十九日下午。杭州黃龍體育中心。甲B聯賽第八輪浙江綠城隊對上海中遠隊的比賽將在這裡舉行。

黃龍體育中心是浙江省最大的體育綜合場館，它的斜拉索挑篷結構像一隻天鵝展翅欲飛。這是全國足球甲級聯賽第一年登陸浙江，賽場出現火爆的場面，場場都有四五萬名觀眾。

十五時許，浙江體育局局長陳培德陪同浙江省主管體育的副省長魯松庭走進體育場。

陳培德身高一米八二，不算高大，身材勻稱，舉手投足都顯得風度翩翩，生機勃勃，給人一種力量。他有點像運動員，渾身上下有著足球運動員拼勁和敢於擔當的魄力，許多人說他是最有男性品質的男人，最有魅力的領導。

這是他第一次陪同省長觀看球賽。這場球賽非同尋常，將直接關係到浙江綠城的晉級甲A。在前七輪的比賽中，浙江綠城連獲七勝，在甲B的十二支球隊中，積分位居第三。綠城今天遭遇的是勁敵——積分位居第一的上海中遠。綠城只有在這場比賽中全取三分，衝甲A的那盞燈才不會滅。

綠城誓拿三分！

上海中遠主教練徐根寶發誓：「中遠不贏球，我跳黃浦江！」

這畢竟是杭州賽區、綠城的主場，徐根寶的話刺痛了四萬多浙江球迷的神經，浙江球迷在看臺上掛出一幅幅巨幅標語：「綠城必勝！」「徐根寶，跳黃浦江吧！」

五十七歲的徐根寶十四歲就踏上足球生涯，先是踢球，二十一歲踢進了國家隊，擔任過隊長。退役後，在北京體育館業餘體校當教練時，發現一個孩子每天往返五十里路跑來踢球，從來不遲到。他把這個孩子接到自己家裡住，每天領他去食堂吃飯。這個孩子學習刻苦，球技進步很快，最後成為著名球星。他叫高洪波。

徐根寶在國家二隊、國奧隊擔任過主教練，當過施拉普納的助手。一九九一年是徐根寶事業的巔峰，成功地競選為國奧隊主教練。他定下了三年後進軍世界盃的目標，沒想到屢戰屢敗，壯志未酬，最後淒然下課，輾轉於地方隊。不過，執教業績不菲，他執教的多支球隊奪得過甲A聯賽冠軍。一九九九年，他淒然地說只想回兩個家，一個是國家隊，一個是家鄉上海。可是，國家隊請了洋教練，上海的兩支球隊也決定請洋教練，他只好不出山。二〇〇〇年十一月，他終於有了回「家」的機會，出任上海中遠隊的主教練。

有人說，徐根寶最大的特點就是不給自己留後路，他有句名言：「拿冠軍是一百分，拿亞軍就是四〇分。」當年任廣州松日主教練時，賽季沒開始他就發誓：「衝不上甲A，從此不當教練」，結果廣州松日幸運地獲得了晉級甲A的機會。

這一次，他還能那麼幸運麼？

此刻，戴著眼鏡的徐根寶坐在教練席上，頭髮紋絲不亂，一副穩操勝券的樣子。

十五時三〇分，上半場比賽開始。時間凝聚為場上的九十分鐘，空間縮小為相對的兩個球門，四萬多球迷屏息凝神地望著綠草如茵的球場，世界彷彿變小了。場內旗幟揮舞，偌大的體育場，幾萬人隨著足球的滾動而山呼海嘯。

第十四分鐘時，中遠在右邊路發任意球，球飛起來後，暫列甲B射手榜第一名的安德雷斯頭球攻門，被綠城門將韓文海撲出，化險為夷。

陳培德注意到一位身體微胖的中年人，四十多歲，方臉小眼睛單眼皮，身著白色鱷魚牌T恤，比在場的任何人都緊張。他就是浙江綠城俱樂部的董事長宋衛平。

足球像被注入了生命，在草坪上變幻莫測地飛起來，直逼上海中遠的大門……。

綠城主場，再加上中遠的兩大主力隊員馬克和陸煒停賽，綠城信心倍增。賽前，主教練谷明昌鼓勵隊員：「心往一處想，勁往一處使，要跑起來，拼起來。」他舉例說，二〇世紀七〇年代自己在遼寧隊踢球時，一次為爭奪出訪摩洛哥的機會，他們與國家二隊的比賽中，大家眾志成城，最後三：〇獲勝。

谷明昌看過中遠出場名單後，將原計劃的三－四－三，調整為三－五－二。

球飛入禁區。

「進了，進了！」球迷若欣喜狂地喊著。

陳培德也激奮了，隨之歡呼起來。足球有著不可抗拒的魅力，讓人如癡如狂。

浙江人的足球夢寄託在綠城身上。在沒有綠城之前，浙江的足球是空白。一九九三年，陳培德奉命調到浙江省體委時，浙江人只有看球的份，沒有賽球的份，即便看球也要去省外看。浙江在許多方面都走在了全國的前列，足球卻遠遠落在後邊，這成為浙江人的一塊心病。陳培德任省體委主任後立下誓言：「一定要把浙江足球搞上去！」他呼籲社會關心足球，要把「足球沙漠」變成「足球綠洲」！

有人勸他：「陳主任，浙江沒有足球就等於沒有包袱，足球這個東西難玩呀。」其他省體委主任聽說陳培德要搞足球也好意相勸：「陳主任，你們沒有足球覺得苦，我們有足球更覺得苦，而且苦不堪言！你們沒有就不要搞了，千萬別給自己找包袱背，這個包袱我們想放還放不下呢！」

一個省沒有足球，怎麼能成為體育強省？陳培德希望能出現一兩位熱愛足球的企業家，創建一兩家足球俱樂部。一九九五年，金威集團出資一百萬，與省足協共同創辦了浙江金威女足俱樂部，在省內選了三名隊員，從外省借了十幾名隊員，租用杭州市下城區的體育場為訓練基地。開始時雄心勃勃，四年後黯然解散。

一九九六年，浙江麗景房地產有限公司把韓國大宇足球隊和德國曼海姆足球隊請到杭州來比賽，時任省委書記的李澤民抓住這一契機，發表了支持浙江足球的講話，有幾家企業躍躍欲試了。浙江杭康藥業有限公司組建一家俱樂部，沒想到在全國乙級聯賽卻屢戰屢敗……。

四千三百萬浙江人，難道就托不起一隻足球？

誰說托不起？一九九八年初，浙江綠城房地產開發公司的老闆宋衛平找上門來，想創辦足球俱樂部，不僅想讓浙江有足球，還要讓足球踢到省外去！陳培德喜出望外，表示舉雙手支持！

宋衛平在舟山地委黨校當歷史教師時，兼過兩年體育課。他對體育有著迷似的愛，幾乎凡是能分出輸贏的體育項目他都喜歡，讀大學時是學校乒乓球隊的，打得廢寢忘食。畢業後又迷上了橋牌，玩得如醉如癡，跟聶衛平等人都交過手。他自創一種叫牌法，還寫了一本書。他還癡迷於黑白世界，棋技不錯，相當於業餘三四段，跟許多著名棋手「手談」過，後來有媒體報導他與棋壇美女毛昱衡熱戀，並要結婚。他最癡迷的還是足球，在讀大學時他就成了球迷，收看球賽的電視直播成為他生活中不可缺少的內容。參加工作後，他還常跟別人踢二對二、三對三，三十一歲之前還能踢滿全場。

宋衛平似乎玩什麼都能玩得紅紅火火，轟轟烈烈，不同凡響。

一九九八年一月十四日，浙江綠城足球俱樂部在浙江省工商行政管理局註冊登記。陳培德建議宋衛平多做少說，先不搞新聞發佈會，媒體也不要報導。幾個月後，當綠城足球隊與浙江大學足球隊踢一場友誼賽後，浙江的球迷才知道浙江又有了一家足球俱樂部。

綠城發展很快，在短短的兩年就成為全國最大的俱樂部，總共擁有八支球隊，其中有一支乙級隊、一支駐南斯拉夫的少年隊。二〇〇〇年十一月二十三日，綠城又以兩千五百萬的鉅資，買下吉林敖東足球隊和甲B參賽資格。敖東足球隊A組的二十九名球員和三名外援轉到了浙江綠城俱樂部。

吉林敖東隊是吉林省延邊朝鮮族自治州的足球隊。延邊素有「足球之鄉」之稱，延邊足球隊在一九九四年全國足球職業聯賽伊始就打進了甲A，在甲A沙場南征北戰六個寒暑，一九九七年奪得過甲A聯賽的第四名；一九九八年以五：〇大勝八一隊。二〇〇〇年，吉林敖東隊遭遇滑鐵盧，從甲A掉到了甲B。

浙江終於擁有了自己的甲級足球隊和甲B聯賽的主場！魯松庭和陳培德都表示將在政策上給綠城以支持。宋衛平給綠城確定的目標是：二〇〇一年衝進甲A！

浙江省委書記張德江告誡浙江體育局的領導：「足球不是那麼好搞的。我對足球和體育太瞭解了。東北許多鄉鎮都有足球場，到處都有人踢足球。足球不是那麼好踢的，要衝出去不容易。我希望浙江綠城衝甲A成功，但是必須是堂堂正正的衝甲A成功。」

三月二十四日，甲B首輪比賽前，張德江書記在主體育場西大廳接見綠城隊，擔任過延邊朝鮮族自治州州委書記的張德江說：「你們從長白山下來到錢塘江畔，過去吉林人民、延邊人民喜歡你們，現在浙江人民、杭州人民也喜歡你們。你們打出好成績，浙江人民、杭州人民高興，吉林人民、延邊人民也會高興。」

浙江綠城是一個很有實力的球隊，完全可以衝A成功，重返甲A賽場。

場上硝煙彌漫，兩隊還在鏖戰，陳培德收回思緒，繼續緊張地觀看球賽。

第四十三分鐘，綠城中場一腳長傳，五號菲利浦衝入禁區，在起腳射門時，被中遠的後衛拉倒。綠城獲得一個點球。

禁區罰點球，驚心動魄。

外籍隊員瓦倫西亞一腳低射，球像一支呼嘯的利箭破門而入，綠城一：〇領先。全場沸騰了，浙江球迷的歡呼聲驚天動地，他們被壓抑得太久了，要吼出幾十年鬱悶和委屈，他們恨不得衝進球場擁抱瓦倫西亞，把他抬起來拋到天上去。

陳培德情不自禁地站了起來，舉起雙拳。他多想像球迷那樣盡情呼喊，為綠城助威，可是作為體育局長他不能喊。他在心裡默默祈禱：一是希望浙江綠城成為中國一流的球隊，衝甲A成功；二是希望杭州賽區成為中國一流的賽區；三是希望浙江的足球報導成為全國一流的報導。

中遠隊對點球的裁定不服，將主裁判張寶華團團圍住，脖粗臉紅地爭論著。看臺上的上海球迷悻惱而悲憤地大喊著，聲嘶力竭地大叫著，沮喪而無奈地歎著氣。

瓦倫西亞頓時成為英雄，光芒四射，浙江球迷為他歡呼。

這是一場強強較量，是一場精彩角逐。浙江足球隊還從來沒這麼揚眉吐氣過，浙江球迷不僅想看看綠城是怎麼贏的，還要看看上海中遠隊是怎麼樣輸的。

杭州與上海既是近鄰，也是怨鄰，現代交通讓「上海擁有西湖，杭州擁有外灘」，可是兩個城市的情感距離卻仍然遙遠。媒體做過調查，有百分之七十三的杭州人不喜歡上海人。有人說，這緣於上海人總居高臨下地把杭州人看成鄉下人，也有人說，杭州人最討厭的就是上海人的精明和小氣，上海是國際化的大都市，典型的小市民。其實，上海人的優越感早已「逝者如斯夫」，讓他們英雄氣短的是住在本市黃金圈內的基本上都是他們過去瞧不起的「鄉下人」。世道變了，再拿自己是哪兒的人來說事兒，怕是沒人買帳了。

陳培德一進場時就覺得有些標語不大文明，甚至具有挑逗性，看上去有點兒刺眼。不過，這是球迷的自由，誰也管不了。再說，誰讓徐根寶說大話，小視綠城，激怒杭州球迷呢。

比賽進行到下半場第二十六分鐘時，綠城的譚恩德左路帶球突破，底線傳中，菲利浦像蒼鷹一樣衝入小禁區，飛身墊射，球又進了，比分二：〇。場內再次沸騰，球迷狂呼亂舞，綠城隊員在場內狂奔，相互擁抱，菲利浦雀躍地撩著球衣向坐在主席臺上的父親致意。他說，「有父親在我就不會輸球。」父親特意從法國趕來給兒子助威。

徐根寶坐不住了，連失兩球非同小可，必須力挽狂瀾，必須遏制住這一頹勢。他站起身揮舞著手臂，讓隊員冷靜下來。宋衛平微笑著看著場內的隊員，目光充滿著愛意。這兩個進球不僅拉大了比分，而且使場內的火藥味也越來越足了。

杭州球迷的歡欣若狂，強烈地刺激著西北看臺上的上海球迷的悻惱和鬱憤，他們忍不住罵起來：「浙江小赤佬，介弄勿靈清！」杭州球迷火了，你居然敢跑到我們家門口來撒潑？對罵起來，摩擦轉瞬升級，有人揮起旗杆打過來，有人叫罵著將手裡的飲料瓶砸過去，戰事很快擴大到四個看臺，兩千多人捲入了混戰……員警及時趕到，惡戰被制止。

突然哨響，中遠隊中圈發球，右路斜傳，如入無人之地。綠城隊員還沉浸在勝利的歡呼聲中，菲利浦等隊員還沒回到自己的半場。中遠隊迅雷不及掩耳地攻入禁區，加西亞左腳勁射，韓文海把守的大門被攻破。正沉浸在進球歡樂之中的綠城隊員目瞪口呆了，這到底算什麼？是正式比賽，還是隨意玩玩？

哨聲響了，主裁判張寶華裁定進球有效，比分為二：一。

黑哨！陳培德驚詫地注視著主裁判，綠城的隊員還沒回到自己半場，怎麼能鳴哨發球呢？相距太遠，看不清主裁判的表情。可是，張寶華的膽子也太大了，在杭州賽場，在幾萬本地球迷眾目睽睽之下居然吹黑哨？他就不怕激怒杭州的球迷吃不了兜著走？

張寶華啊，張寶華，你是國際級裁判、一九九九年「金哨」獎得主啊，你就是吹黑哨也得靠點譜吧？怎麼能犯如此低級錯誤？你這麼做綠城隊員能容忍麼？這是他們的主場啊！四萬多浙江的球迷能容忍麼？你這不是「冒天下之大不韙」麼？自古以來幹這種事都是有所顧忌的，哪能明目張膽？

菲利浦蒙了，眨動著長長睫毛的眼睛，看著亂哄哄的球場，再看看裁判：難道中國的足球就這麼個踢法？像一九三九年德軍偷襲波蘭那樣在對方毫無準備的情況下贏得一池。

瓦倫西亞激憤地跟主裁判張寶華爭辯起來，杭州球迷憤不可遏地揮舞著拳頭，搖動著旗幟，疾聲高呼：「打倒黑哨！」「裁判下課！」一片哭喊聲，叫罵聲，敲打聲，震耳欲聾，聲勢浩大，若同海嘯席捲而來。

連中遠隊的隊員都承認綠城這球失得窩囊，部分隊員沒回到自己的半場就開球了。他們說：「我們是在裁判吹了開球哨後才開球的。要說有問題也是裁判的問題，和我們無關。」

有人問徐根寶，他說沒看清楚，不好表態……

陳培德緊張地注視著看臺，擔心一旦球迷不理智，引發騷亂和衝突。

球迷的可愛在於癡迷，在他們眼裡足球比地球還大，為足球的尊嚴可以豁出一切；球迷的可怕也在於癡迷，他們像孩子一樣缺乏理性，愛激動，愛衝動，一怒之下什麼事情都做得出來。

十六年前的「五・一九」，在北京發生過一起震驚中外的球迷騷亂，陳培德印象頗深。

那是世界盃週邊賽小組賽的最後一場比賽，中國足球隊對中國香港隊。根據此前的戰績，中國隊只要踢平就可以出線。無論球迷還是媒體都認為香港隊是不堪一擊的，中國隊出線沒有懸念。可不爭氣的中國隊偏偏以一：二輸了，苦盼四年才升起一竿子高的希望遽然摔在地上，滿目懊喪和悲憤。北京工人體育場的八萬球迷痛心疾首，怒其不爭，哀其不幸地喊道：曾雪麟滾出來！中國隊滾出來！

香港隊贏了，隊員們高興的歡呼擁抱，在場邊上翻跟頭，得意忘形。這激怒了大陸球迷，他們投擲汽水瓶，打傷了一名香港隊員的左眼和手指。大陸球迷難以承受失敗的現實，難以抑制內心的悲憤，他們跑到場外毀壞車輛，不僅掀翻一輛計程車，毆打司機和維持秩序的員警，還攔截外國人的汽車，恣意辱罵他們……

為控制局面，北京市委調集了四十輛卡車、兩千名全副武裝的員警，當場抓獲一百二十多名肇事者，有三十八人被拘留十二至十五天，有七人觸犯了刑法，其中五人被依法逮捕，並被判刑。

中國隊主教練曾雪麟提出辭職，助手徐根寶也抬不起頭了。

兩次「五・一九」都有徐根寶，難怪有人說，徐根寶算是跟「五・一九」結緣了。

陳培德的心懸了起來，一邊密切關注球場的變化，一邊緊張地與浙江省體育局副局長、兼浙江省足協主席杜兆年聯繫。杜兆年早有防範，得知上海將有幾千名球迷趕來觀看這場比賽，他立即想到兩夥球迷相遇，立場和情感截然不同，加之兩地積怨已久，弄不好要出事的。他指示浙江省足協：一是跟上海市體育局聯繫，希望來的球迷不宜過多，而且要有組織，有專人帶隊；二是不要將兩地球迷混在一起。

場內騷亂平息下去了，足球在抗議與叫罵聲中滾動起來。情緒低落的中遠隊燃起了希望，士氣倍增，而綠城隊員心態失衡，在第三十九分鐘，中遠隊獲任意球，成亮頭球破門，綠城又失一球。

球迷像水遇到颱風就是拍天巨浪，遇到地震就是一場海嘯！體育場像遭遇超強颱風「百合」呼聲鼎沸，波濤翻滾，杭州球迷郁憤與憤恨哭著，喊著，叫著，罵著，跳著。

西北看臺的上海球迷幸災樂禍地笑著，有人鄙視地豎起中指，有人高聲謾罵。這不是火上澆油麼？第二輪混戰又開始了，員警冒著「槍林彈雨」衝過去，用軀體拉道隔離牆。

十七點四五分，終場的哨聲響了，比賽結束，綠城與中遠二：二平。綠城隊隊員、助理教練憤惱地圍住裁判討公道，突然一位穿白色T恤的中年男子衝上前去，揪住張寶華揮拳就打。看臺怒潮翻滾，礦泉水瓶、小喇叭和硬幣瀉向場內。中遠隊的教練和隊員逃進休息室，裁判在員警的保護下撤離。

杭州球迷有的大罵黑哨，想討個說法；有的堵在出口，要找上海球迷算帳。上海球迷也不甘示弱，高聲叫罵「浙江小赤佬」。兩夥球迷又打了起來，「子彈」打光了，有人將綠化帶上的草皮扒下來扔過去……

警方再次把兩夥球迷分開，將杭州球迷勸出場外。騷亂平息了，陳培德懸著的心還沒放下就又懸起來，聽說有兩千餘眾杭州球迷沒有離去，將黃龍體育場團團圍住。

陳培德望著滯留在體育場外的杭州兩千多球迷，有的光著膀子，上身塗抹著油彩，有的狂舞著手裡的旗幟，有的扯著沙啞的嗓子聲嘶力竭地叫喊著，深深感受到足球這「世界第一運動」的強大魔力，又為黑哨褻瀆的足壇感到悲哀。

陳培德一邊組織人員勸杭州球迷離場，一邊派人給上海球迷送麵包和礦泉水。天黑下來了，街燈呼喚著人回家。杭州球迷不肯離去，上海球迷要衝出去，決一死戰。體育場將所有的門都關上了。

突然，東大門附近的視窗玻璃被砸碎，幾十個杭州球迷鑽進去，有的手持旗杆，有的折下看臺上的椅子，揮舞著向上海球迷衝去。眼看一場流血事件就要發生，幸好四十餘名手持盾牌和警棍的防暴員警及時趕到……

二十一點十分，最後一撥上海球迷乘坐掛有杭州牌照的大客車，在警車護送下離去。陳培德和杜兆年才長舒一口氣，分別回家。

陳培德失眠了。球賽的情景一遍遍在眼前重播，黑哨在耳畔響個不停，把他攔在夢鄉之外。

陳培德對黑哨早有耳聞。最初是俱樂部老闆為贏球，通過執法裁判的親朋好友去做「工作」。這些人拿到意想不到的回扣之後，由被動變主動，於是足壇出現了中間人。這些人構成複雜，有執法裁判的親朋好友，也有非執法裁判。後來，每場球賽前，中間人就像過去妓院外邊的皮條客似的異常活躍，這邊跟老闆許諾搞定比賽，那邊遊說執法裁判。俱樂部的錢由這條地下暗道流進裁判腰包。有的裁判貪得無厭，吃完主隊吃客隊，一僕二主，上半場「照顧」主隊，下半場「照顧」客隊。

這樣下去，中國足球別說打不進世界盃，即使打進去又怎麼樣？還不是丟人現眼？

陳培德感到心裡有團火，越燒越大。甲B執法裁判是中國足協派的，對地方體育局來說，那是鐵路員警管不了那段兒，即便中國足球的天塌下來也砸不到他的頭上。他執意要管的話，得罪裁判事小，得罪足協事大。對地方體育局來說，足協就是菩薩，燒香磕頭都不見得能找到廟門呢，哪能去拆廟？可是，足球要是這樣搞下去，非毀了不可。

我是浙江省體育局局長，其他賽區我管不著，「五・一九」黑哨發生在杭州，發生在我的轄區，我怎能視而不見，見而不管呢？

第二天，陳培德指示浙江足球協會副主席王之海：對「五・一九」黑哨事件，以省足協的名義向中國足協申訴，講清情況，表明態度和觀點。

接著，陳培德直言不諱地對前來採訪的記者說：「球迷鬧事顯然是不對的。可是，事出有因，造成球迷不冷靜的主要原因是裁判執法不公。對這場比賽的執法，無論杭州球迷還是上海球迷都非常不滿意，裁判所犯的一連串錯誤激怒了球迷。」接著，他提高聲音說，「中國足球之所以步履維艱，一波三折，常出亂子，很多時候都是裁判造成的。中國足球當務之急與其說請洋教練，不如請洋裁判，否則就喪失了執法的公正性，也就失去了體育競賽的價值。我認為，不從反腐敗入手，中國足球投入再多也只能是窩裡鬥，不會有什麼希望。」

「當務之急與其說請洋教練，不如說是要請洋裁判」這句話被多家媒體報導出去，一石激起千層浪，網上熱評如潮。

有人說，陳培德太敢說了，球迷可以罵中國足協，其他領域官員也可以指責中國足協，唯有你陳培德不能批評中國足協！作為地方體育局局長，你怎麼能得罪中國足協？中國足協說是民間社團，實質是國家體育總局的行政部門，浙江省還想不想發展足球事業了？

有人說，陳培德不會做官，不懂官場的遊戲規則。

也有人說，陳培德那不是正直，而是幼稚……

「五・一九」過去兩天了，浙江省足協的申訴提交上去了，媒體上的報導像一排浪似的湧了過去，可中國足協像礁石似的沒有反應。性急的陳培德忍不住了，撥通了閻世鐸的手機。

他們已相識十幾年，稱得上是朋友。一九九八年，時任國家體育總局政法司司長的閻世鐸到杭州主持起草《二〇〇一～二〇一〇年中國體育改革和發展綱要》時，陳培德也是那個起草小組的成員。他們白天一塊工作，晚上一起打牌、聊天。陳培德欣賞閻世鐸的口才和理論水準，閻世鐸可能欣賞陳培德為人實在，敢講真話實話，友情就在相互欣賞中建立起來。

二〇〇〇年，中國足球處於低谷，閻世鐸被「空降」到中國足球運動管理中心任主任，兼中國足協專職副主席。陳培德覺得中國足協太複雜了，對「不懂足球、不懂外語」的閻世鐸出任中國足球掌門人既驚訝又擔憂。一次，陳培德在北京見到閻世鐸，他開玩笑說：「閻主任，領導要想重用你就不會讓你到足協，領導要不想重用你就讓你去足協，看來你怕是難以進步嘍。」

閻世鐸到足協後成為名人，風光無限，可是與媒體的關係搞得不大好，有的記者罵他就像罵孫子似的，什麼狠話都說。陳培德建議閻世鐸要跟記者交朋友，不要站到媒體的對立面去。

閻世鐸給陳培德一個手機號：「陳主任，這個電話別人不知道。有這個號碼，你什麼時間都能找到我。」

閻世鐸也許暗自佩服陳培德的判斷能力。當伍紹祖說想派他去足協時，他驚得不知怎麼回答。總局正式決定派他去足協後，伍紹祖找他談話時說，我看中國足球要達到世界先進水準需要一百年，需要幾代人，甚至十幾代人的堅持不懈的努力。你只是中國足球發展過程中的一塊鋪路石。說你到足協去，一不要想發財，二不要想當官，說現在中國足球在這個發展過程中，可能需要一批犧牲者，說你去到那兒，就踏踏實實去做。

上任後，閻世鐸成為媒體關注的焦點，記者紛紛要採訪他。他給了一句話：「三個月後，接受記者的集體採訪。」兩位央視記者在足協門口等了好幾天，終於把他堵住了，說什麼也要他說句話。他們問他：你到足協以後是什麼感受？他答道：「誠惶誠恐，如履薄冰。」

他不知道等待自己的是悲是喜，是福是禍。

中國足協和足球運動管理中心是兩個機構一撥人馬。足協是民間社團，中心是政府部門，如此格局在中國隨處可見，也可以說是「中國的特色」。這種機構不僅擁有絕對的權力，還擁有絕對的好處，不論是計劃經濟的，還是市場經濟的統統享受。倒楣的是足球俱樂部，兩種體制的弊病都要承受。

陳培德認為中國足協是個大染缸，裡邊的人都是老江湖，根本靠不住。閻世鐸一是到足協的時間不長，二是有理想有追求的，有振興中國足球的抱負，有改革的設想，曾經拍胸脯說過：「前面即便是萬丈深淵，我也會為中國足球義無反顧地跳下去。」陳培德認為他是可以信任的。

電話撥通了，陳培德沒有寒暄，沒有客套，開門見山，直奔主題：「閻主任，對於『五・一九』球迷的不冷靜，浙江省體育局願意承擔責任，以後加強對球迷的教育，保證不再發生此類事件。可是，事出有因，導火線是裁判！」

「陳主任，我們用十多個小時，整整看了十一遍錄影的慢鏡頭，根本就沒發現張寶華對中遠隊攻入的第一球有判罰失誤的地方。」閻世鐸的聲音有點兒火藥味兒。

陳培德愣了一下，思維激流打個漩，濺起了浪。中遠隊外籍隊員加西亞的進球是問題的焦點。據綠城隊員孫明輝回憶，當時球迷的歡呼聲很高，沒有聽見裁判開球的哨聲。中遠隊開球時，自己肯定還沒有回到本方半場，菲利浦也沒回去，他正朝著看臺上的父親跳著，掀動著球衣表示歡喜。

《錢江晚報》邀請足球專家、電視記者、體育評論員和其他相關人士反復看了幾十遍那段錄影，對關鍵場面採取慢鏡頭和定格處理，發現在中遠攻進第一個球時，一位身穿藍色球衣的綠城隊員還在中遠的半場，離中線約四五米。

電視記者測出，從菲利浦進球到加西亞進球的時間間隔在十二秒左右，央視《足球之夜》測出的時間是十三秒。一位踢過專業足球的球迷說，在如此重大的比賽中，要想在十秒左右攻入一球，除非對方不設訪。

陳培德生氣地問道：「一盒錄影帶能全面客觀地反映整個比賽過程嗎？攝像機的鏡頭能拍到賽場所有空間嗎？況且，當時攝像機都對準狂歡的隊員，歡呼的觀眾，根本來不及轉換角度……難道四萬多雙眼睛還不如一盒錄影帶真實嗎？」

官大一級壓死人，抗上是中國官員最缺乏的品質，而敢於直言卻是陳培德的本色，不要說閻世鐸，就是在比他職務再高的領導面前，陳培德也敢說真話。陳培德為自己立下一個做人的準則：「對上司不必低三下四，對下屬不可吆三喝四，對同事不能老三老四，對朋友不當說三道四，工作上不應推三阻四，情場上不該朝三暮四，說話不要顛三倒四，做事不能丟三落四。」

閻世鐸也沒想到陳培德會有如此反應，停頓片刻，語調平緩地說：「這件事影響很大，中央領導過問了，我們不能不對你們進行處罰。有人反映，陳培德局長對媒體說，中國足球改革當務之急不是請洋教練，而是請洋裁判。我對他說，這種話不會是陳局長說的，是媒體有意編造的。」

陳培德提高聲音，字正腔圓說：「不。這正是我陳培德的原話，媒體一點兒也沒誇張！」

閻世鐸一時無語。

陳培德憤然掛斷電話。

閻世鐸很快就出現在電視上，標誌性的微笑不見了，神色冷峻，手若刀橫空劈下，喊出：殺無赦，斬立決。

陳培德不知道他要殺的是誰，斬的是誰。

五月二十四日，中國足協下達處罰決定：對綠城助理教練周成貴、王長太停止比賽四個月，各處罰人民幣四萬元，助理教練員趙俊華停止比賽兩場，處罰兩萬元；對打裁判的兩位綠城員工各處罰五萬元；給予綠城俱樂部警告處分……對陳培德所說的「五・一九」事件導火線——黑哨沒有處罰。

中國足協的處罰既在意料之中，又讓人感到吃驚。綠城的一位隊員傷心地問記者：為什麼我們在敖東吃虧，在浙江還是吃虧？為什麼吃虧的總是我們？浙江媒體說：發現問題並不難，昨天中午十幾位足球記者聚集在浙江電視臺體育健康頻道，仔細看了比賽錄影，中央電視臺和中國足協的錄影同樣來自該台。記者不到五分鐘就發現裁判的一次失誤。中遠隊攻入第二球後，綠城隊的俞鋒還沒回到自己半場，這個裁判便吹響了開球哨。不管出於什麼原因，他的執法確實不像足協所肯定的那樣沒有錯。

綠城俱樂部經營部的負責人公開叫冤，他說衝進場內是勸架，根本沒有攻擊裁判。為了證明自己的清白，他在處罰決定前連夜飛赴北京，給中國足協送去一盤錄影帶。一位足協官員說，「有裁判的指證就夠了，別的不用多說。」

足協沒有收下的錄影帶，後來在央視《足球之夜》播了出來，結合足協的那盤錄影帶，雖然無法確定這位負責人是否參與圍攻裁判，卻能清晰地看到他在場內勸架的鏡頭。

裁判不公正，足協不公正！有人想出資請媒體記者赴京與中國足協交涉，有人想為被罰款的人募捐。有球迷憤憤不平地說：「如果說處罰俱樂部和賽區的依據是裁判的口述，那麼對裁判的處罰是不是應該以球迷的口述為證據？」

也有球迷說，「現在終於弄清了這一點：不是球員無能，也不是球迷素質不高，實在是我們的裁判太黑了，足協太黑了。我甚至希望這次國家隊不要衝出去，如果衝出去了，只會使足協自身的問題被掩蓋，足協問題不解決，中國足球遲早要完蛋。」

還有球迷說：「我們也出錢買裁判，看中國足協怎麼處理！」

魯松庭在浙江省體育局「五．一九」事件情況通報上憤然批示：「觀眾要正確引導，各種防範措施要加強。『五．一九』比賽，我作為一名觀眾，在場觀看了全過程，如此裁判，如此水準，現在如此處理，怎能令人信服？又怎能贏得廣大群眾對體育事業的熱情支持？在目前情況下，我省體育界要保持一身正氣，敢於抵制各種歪風邪氣。」

魯松庭是一位嫉惡如仇的領導幹部，最看不慣的就是腐敗和邪惡現象。他十八歲入黨，三十多歲就當上了副廳級，為官一輩子，至今他的兄弟還都是農民，他的兩個女兒都是普通工人。

魯松庭的批示既是對陳培德和浙江省體育局的理解和支持，也是對中國足協的失望。

（二）省體育局長陳培德是拔地而起的領導幹部，在他的家鄉「德」與「竹」是諧音，父母期望他正直、質樸、奮進和勇於擔當。

陳培德做夢也沒想到這輩子居然跟體育結下不解之緣。

一九九三年初，省委副書記找陳培德談話：「培德，省委考慮你的性格外向，協調能力強，又善於跟年輕人打成一片，決定讓你去體委當主任……」

「您說錯了，還是我聽錯了？是教委還是體委？」陳培德疑惑地問道。

「我沒有說錯，你也沒有聽錯，是體委不是教委。」副書記笑著說。

陳培德蒙了。他從小就愛好體育不假，中學時愛打乒乓球，人學時不僅是系乒乓球隊的，還是籃球、足球、排球隊的。可是，那只不過是愛好，是業餘的，玩玩可以，要去體委當主任不行，不行，不行，那也太外行了。

幾天後，省委書記找他談話：「培德，省體委領導班子鬧矛盾，省委決定派你去當主任。你的任務之一就是把領導班子團結起來。」

陳培德笑了，又是領導班子不團結，又是派他去救火，他成消防隊員了。既然組織決定了，那麼只好服從。

有人說，老陳啊，體委可不是省委省政府的直屬機關哪，從省委副秘書長到體委主任行政級別雖然沒變，地位可就差多了。你離開了骨幹，政治前途可就黯淡了。

「可能是這樣吧。不過，我的座右銘是：口碑重於官階，人品重於官品。當官的價值在於做事，只要做的事有意義，努力把它做好了，那麼既對得起政府機關門口的五個字——為人民服務，也對得起組織和自己了。」陳培德淡然一笑地說道。

別人可能以為他在唱高調，可他說的卻是心裡話。做官之後，他最愛說的一句話就是：「臣本布衣。」這是諸葛亮《出師表》裡的一句話，這句話最能反映他的心態。

一九四三年，陳培德出生於福建晉江的一個小漁村，家的門前是茫茫大海。家像一礁石，不僅靠大海生存，而且飽浸著苦澀。

培德出生時，父親已四十三歲，人過中年，有一子兩女。長子十幾歲時跟著別人去菲律賓討生活，客死他鄉。這是蒼天眷顧啊，他失去一子，又得一子。讀過三年私塾的父親將繈褓中的二兒子抱在懷裡，滿眼慈愛地凝視半晌，「叫『培德』吧。」

父親是村裡最有知識和文化的人，算出這孩子五行缺木。父親認為木是缺不得的，五行有木才能伸能屈，才能吸納水土之氣，才能柔和，有仁慈之性。

閩南話中「德」與竹諧音，竹可代木。父親還期望兒子能有竹的七德：竹身形挺直，寧折不彎，是曰正直。竹雖有竹節，卻不止步，是曰奮進。竹外直中空，襟懷若谷，是曰虛懷。竹有花不開，素面朝天，是曰質樸。竹超然獨立，頂天立地，是曰卓爾。竹雖曰卓爾，卻不似松，是曰善群。竹載文傳世，任勞任怨，是曰擔當。

父親是漁民，靠打魚養家糊口。培德三歲時，弟弟出生了。過度的勞作讓父親未老先衰，幹不動力氣活了，門前的大海再也養活不了他們一家七口了。父親望瞭望一貧如洗的家，狠了狠心，攜妻挈子，離開家鄉，去了廈門。

到廈門後，父親也沒有離開船，仍然漂泊在海上。在陳培德的記憶裡父親是一位上穿皺巴巴布衫，下穿短褲，敞懷赤腳的海員。母親一天到晚不斷移動著三寸金蓮的小腳去外邊借米借債，出門一臉淒涼，回來一身悲愴。燒飯時，骨瘦如柴的小妹望著燒開的鍋歎口氣，拎著米袋去鄰家借糧，去時拎著空蕩米袋，回來兩眼淚水……

儘管家裡窮得常常揭不開鍋，父親卻常跟陳培德他們說：「國家興亡，匹夫有責。」

廈門解放之初，父親被黨派到「金順安」號貨輪當船員，為廈門軍管會和香港地下黨傳遞情報。幾年後，船老大被國民黨拉過去了，航線改為香港至臺灣。年過半百的父親頂著失業的壓力毅然辭職，從此自謀生計。

母親是位不識字的漁家婦女，可是深明大義，教育孩子：「做人什麼都可以虧，唯有良心不能虧！」她不希望孩子出人頭地，也不指望他們光宗耀祖，只想讓孩子能成為一個正直的、富有良心的人。

「窮人家的孩子早當家。」陳培德從小就領著弟弟沿街拾煙蒂和甘蔗渣。他和弟弟把煙蒂裡的煙絲剝出來，給父親吸，甘蔗渣曬乾了，當柴燒。陳培德在淒風苦雨中漸漸長大了。他天生聰穎，成績優異，從小學保送初中，從初中又保送高中。一九六二年，他以優異的成績考上了北京大學哲學系。

一九六八年，正值「文化大革命」如火如荼之際，陳培德畢業了。作為「臭老九」，陳培德被分配到浙江省金華縣農村的一所學校當語文教師，這一教就是十年。終於盼到「四人幫」被粉碎，「文革」結束了，他想調回家鄉廈門，正巧廈門大學的哲學系需要老師，他們連續發來三封商調函，金華地區說什麼也不放。北大畢業的高材生全金華有幾個？「文革」結束了，不再是知識越多越反動了，全國上下百業待興，廈門需要人才，金華就不需要了嗎？一九七八年，組織上把陳培德從農村調到金華的重點中學——四中當老師。

儘管陳培德特別想回廈門，想守在年邁的父母身邊盡孝道，可是組織上不放，也只好在金華安心地教語文課和政治課。他的課講得特別出色，能把枯燥乏味的政治課講得有聲有色，不到兩年的時間，就遠近聞名了，學校的師生還送他一個綽號「陳鐵嘴」。

一九八二年，「陳鐵嘴」被選進金華地區宣講團，深入機關、學校、廠礦，講授黨的十二大精神和政治經濟學。他的講座與眾不同，不僅深入淺出、條理清晰，而且聲音雄渾、富有磁性，讓聽眾如醉如癡，從而獲得眾多粉絲。

那年，黨中央提倡領導幹部「四化」，省委派出考察組赴金華選拔領導幹部，採取群眾推薦，組織考察，沒有任何條條框框。當考察組徵求地委宣傳部長的人選時，幹部群眾異口同聲地說：「金華四中的『陳鐵嘴』很能講，有理論水準，適合當宣傳部長！」於是，陳培德從普通教師被擢拔為浙江省金華地委常委、宣傳部長。

一九八六年，浙江師範大學領導班子不團結，省委想到了北大畢業的陳培德，派他去擔任黨委副書記，不久任書記。

一九九一年，陳培德奉命調到浙江省委任副秘書長。級別沒變，眼界開闊了，高山峰谷盡收眼底。沒想到兩年之後又被派到了體委。

到體委報到前，陳培德就知道體委是清水衙門、窮單位，可是他萬萬沒有想到體委會窮成這個樣子：體委的辦公樓簡直就像一位衣衫襤褸，蓬頭垢面的流浪漢。辦公條件差，職工的住房也緊張，幾十號機關幹部擠在破爛不堪的招待所裡辦公。體育館像艘擱淺已久的破漁船，無可奈何地任由歲月去風蝕；籃球訓練場還是四十多年前侵華日軍跑馬場改建的簡單大棚；游泳池的設施不規範，正規比賽的泳道是八條，他們只有五條，而且設施陳舊老化，地面的瓷磚像陳年的帳單寫滿了滄桑與無奈，場館的玻璃三分之一已不知去向，寒風來去自如。

陳培德自我解嘲地說：體委應該改名為「求委」，不管辦什麼事都得求人。這個主任不好當啊，像個乞丐似的見著誰都得磕頭作揖，像陳培德這種正直，又愛堅持原則的人怕是當不好的。陳培德還有一個弱點，性情中人，愛動感情。他上任的第一年春節，率領體委領導班子成員去浙江省體育技術學院參加迎春座談會。會場冷冷清清，一點兒迎新春的氣氛也沒有。學院想買點兒食品招待一下大家都沒錢。陳培德見此，把兩千元錢悄悄塞給院長：「用這筆錢買點吃的吧。」院長為難了，收吧不合適，不收吧，桌子上連水果都沒有，這個迎春會顯得特別寒酸。陳培德愧疚地說：「收下吧，學院窮，體委也有責任。我相信明年的迎春會絕不會這樣子了。」

陳培德激勵幹部們說，幹啥吆喝啥，「風物長宜放眼量」，不能稀裡糊塗混光景。他提出三步走，第一個十年，把浙江建成體育大省；第二個十年，把浙江建成體育強省；第三個十年，全省實現體育現代化。

目標清晰了，上下的勁兒往一塊兒使了，在大家的齊心努力下，體委的日子越來越好了，體工大隊的訓練成績也出來了，浙江籍運動員在奧運會上連續摘金奪銀，各級運動會的獎牌數量一年比一年多，浙江省體委被評為「一九九三－一九九七年全國群眾體育先進獎」。周總理生前關心的黃龍體育場中心一期工程主體育場也立項動工，二〇〇〇年成功地在黃龍體育場舉辦了女足世界盃。

一九九八年，省委領導又找陳培德談話了，這次要派他到省教委當主任。

有人說，教委的權力可比體委大多了，所管的廳局級高校就有幾十個。不僅如此，二者雖都為正廳級，也都叫主任，但教委主任可比體委主任距離副省級近多了，教委主任擢升副省長的例子舉不勝舉，而體委主任晉升副省級的幾乎為零。陳培德已經五十五歲了，年齡上已沒有優勢，這是他擢升副省級的最後機會。

陳培德卻上書省委和省政府，請求留在體委。他在給省委和省政府的信上說：「從當初不想來到現在不想走，無非說明兩個問題：一是我對體育的認識和感情發生了變化，我已愛上了體育；二是我對仕途無所求，不是為了當官，只是為了幹事，五年太短了，還有許多事情來不及做。為了體育事業，我願意在這裡站好最後一班崗。」

陳培德不僅對體育有了感情，對體委也有了濃厚的感情。這五年來，體委發生了天翻地覆的變化，已不再是「求委」了。他任體委主任的第二年，將戰略的目光投向了千島湖。千島湖位於杭州西郊淳安縣境內，碧水呈奇，以擁有一千零七十八座翠島而得名，被譽為「天下第一秀水」。那年，千島湖發生一起沉船事件，「海瑞號」遊船載客觀光時起火，二十四位臺灣遊客與六名大陸船員及兩名大陸導遊遇難。此案驚動時任的總理朱鎔基。千島湖的地價一下落了下來，陳培德認為千島湖既僻靜，離市區又近，是建造皮划艇水上運動訓練基地的理想選址。他選中朱鎔基總理處理千島湖事件下榻的千島湖賓館，用浙江體彩獲得的一千二百萬資金將賓館連同四十八畝地一起買了下來。水上運動訓練基地建成後，不僅許多省的水上運動隊都跑到這裡來訓練，而且還吸引了國家體育總局水上運動中心的投資。

在建黃龍體育中心時，一位領導對陳培德說：「培德，有個想法跟你商量一下。建黃龍體育中心兩個億肯定不夠，能不能把黃龍這塊土地拍賣出去，然後到城外開闊的地方建設體育中心，這樣使用面積更大，資金缺口也有了著落。」

陳培德搖頭。二〇世紀五〇年代，國家欲在杭州市舉辦亞非拉友好運動會，杭州當時沒有大型體育場館，在周恩來總理的關照下，劃撥了這塊地。後來由於國際風雲的變化，亞非拉運動會未開成。陳培德上任後，建設黃龍體育場的事提上日程，省政府決定拿出兩億元做啟動資金。

陳培德對領導坦率地說：「我個人的想法，首先考慮政治上的影響，這塊地當年周總理拍板留下後，歷屆省委省政府都沒打過這塊地的主意，保留到現在，如果拍賣，一些健在的老領導在感情上通不過；其次是場館建在城外利用率低，維護成為負擔。全國有許多先例，建了體育場館，大型賽事一結束，場館就曬了太陽，老百姓鍛鍊不方便，誰願坐車到郊外去健身？連機關企事業單位搞體育活動都不願去。我個人認為，寧肯咬咬牙，還是在原地建設好。」

一九九七年六月十二日，陳培德到省體育局的第四個年頭，在這片原為農舍農田的地方打下第一根樁。黃龍體育中心總造價十五個億，浙江省政府財政撥款僅僅四億多一點，這意味著近百分之七十六的資金要體育部門自行籌措解決。怎麼辦？靠「政府撥一點、社會捐一點、開發籌一點、銀行貸一點」。

一九九七年後，機關的辦公樓和五千七百米的健身中心相繼落成，體工一大隊兩棟五千八百平方米的運動員公寓開工。

二〇〇一年，陳培德又帶領浙江省體育局各部門的領導來到蕭山，要在這裡買塊地，建訓練基地。這時蕭山的地價低迷，蕭山市的領導聽說省體育局要來這裡建訓練基地表示歡迎。體育局以五千萬元買下四百八十畝土地。一年後，同樣五百畝土地拍賣八個億。

浙江體育局不僅硬體上去了，工作也上去了，在奧運會屆屆有金牌的省份只有兩個省，浙江是其一。要做到這一點不容易啊，連廣東、上海、北京、遼寧等體育強省強市也沒做到。

陳培德本想就這樣默默無聞地在體育局退下去，不曾想卻遭到黑哨，被推到足壇打假掃黑的前沿陣地。

（三）甲B聯賽進入生死決戰，鹿死誰手？「甲B五鼠案」出現了，中國足球史上最黑暗最骯髒的一幕猝不及防地被拉開了。

十月六日，陳培德乘坐著奧迪趕往蕭山機場，要飛往深圳，督戰第九屆全運會的跆拳道比賽。

在機場的路上，手機響了，是江蘇省體育局局長孔慶鵬打來的：「陳局長，下午的比賽，綠城可不能讓球啊。」

「綠城讓球？不可能吧？」電話掛斷後，陳培德有點兒疑惑，孔局長是什麼意思啊，為什麼在賽前打這麼個電話，究竟是擔憂，還是聽到了什麼風聲？

二〇〇一年初，閻世鐸按照「一切服從、服務於世界盃」的方針，力排眾議，調整了足球賽制方案：二〇〇一年甲A只升不降，二〇〇二年不升不降。

甲B能不能衝上甲A那不是層次的問題，榮譽的問題，那是經濟的問題，是錢的問題。在中國人眼裡，似乎把一切都跟錢掛鉤，那就是市場經濟了。甲B甲A雖說都是甲級，可是關注度、廣告收入、門票收入可就差多了。二〇〇二年沒機會衝甲A，意味那一年的數千萬的投資就打了水漂。

形勢逼迫甲B俱樂部有條件要衝甲A，沒條件創造條件也得衝甲A。他們紛紛使出各種手段，明的暗的，磊落的卑鄙的。

九月二十九日，聯賽第二十一輪，成都五牛對四川綿陽，是德比之戰，結果是十一：二，創造了中國甲級聯賽比分和絕對進球數之紀錄。球迷認為，四川綿陽衝A無望，有意放水給本省的五牛。媒體稱這場球賽是中國足壇假球之最。中國足協怕再出現此類事件，在最後一輪比賽之前，將綠城、五牛、亞泰和舜天等四支與衝A有關的俱樂部老總召集到北京面示：不許買球賣球和讓球，希望大家好自為之，公平競爭地打好今年甲B最後一輪比賽。

比賽定在十月六日下午三時，杭州和南京兩個賽區同時進行，為防止黑哨，邀韓國和中國香港裁判執法。這是一種進步，不僅承認黑哨存在，而且還採取了必要的防範措施；這又是一種退步，堂堂中國足協連黑哨都治理不了，這種話說出去也不怕丟人？這跟食品監督部門為避免嬰兒受三聚氰胺的毒害，呼籲家長不要購買國內奶粉，購買進口奶粉有什麼區別？

不知從何時起，我們越來越不自信了，奶粉要喝進口的，幹紅要喝法國的，讀書要去美國，連裁判都要請外國的，如此下去，會不會有一天中國足協主席、體育總局的局長，以及部長、省長、市長、法官、公安局長都要請外國人來當？

據說，在前幾輪比賽中，上海中遠砸下億元資金，創下了主場全勝，客場在最後又贏得兩場，戰到九月底，上海中遠已經穩操勝券提前晉級甲A。晉甲A的名額還剩一個，有可能晉甲A的球隊有三個：成都五牛、長春亞泰和江蘇舜天。鹿死誰手，難以確定，這每支球隊會玩命競爭，場景將非常慘烈。

陳培德越想心裡越沒底，儘管他很信任綠城俱樂部的董事長宋衛平，相信他是不會幹出那種齷齪事情的。不過，前幾輪球賽已經充分證明了人民幣的巨大威力，只要錢到位，中國足壇任何人間「奇跡」都能創造出來。幾天前就有傳聞，有人想在這一輪比賽中出一百萬，給長春亞泰買一個球。有媒體猜測，四川綿陽與成都五牛是四川老鄉，浙江綠城——原吉林敖東與長春亞泰是吉林老鄉，綠城衝甲A無望，極有可能像四川綿陽那樣放水。

市場經濟，放水不白放，若像傳聞中說的那樣一百萬一個球，五個球就是五百萬，這樣亞泰獲得晉甲A，綠城撈取五百萬元好處，也算得上各得其所，皆大歡喜。有行家分析，若亞泰輸了或平了綠城，那麼舜天只要贏五牛就能晉甲A；綠城若要放水，舜天則無望晉甲A，五牛要晉甲A就要跟舜天買球，亞泰與五牛誰能晉甲A，取決於綠城與舜天的放水量。

如果說，「卑鄙是卑鄙者的通行證」，那麼甲B哪個球隊缺少這張通行證？當實力不能成為取勝的關鍵，那麼拼的就是卑鄙！

陳培德撥通宋衛平的電話，開誠佈公地講了孔局長的擔憂。

「陳局長，亞泰確實托人來過了，讓我們讓球……」宋衛平坦率地說。

「你答應了？」陳培德的心一下子提到了嗓子眼，緊張地問道。

宋衛平不會不知道我的態度吧？我在許多場合都表態：我是浙江省體育局局長，全國體育我管不了，浙江的事歸我管，我要「看好自己的門，管好自己的人」，要確保浙江體壇是乾淨的。

「沒有。」宋衛平回答得乾淨俐落。

陳培德懸著的心落了回去。

「絕不能讓球。輸球可以，但不能輸人！」陳培德斬釘截鐵地說罷，掛斷電話，登上飛機。

下午三時，球賽如期進行。上半場，劍拔弩張，杭州賽區的兩支球隊均無建樹，以〇：〇結束；南京賽區在比賽進行到四十四分〇一秒時，舜天率先攻進一球，比分一：〇。

杭州、南京相距數百公里之遙，可是現代通訊工具太發達了，加上現場直播，哪怕是場上的風吹草動都無法隱藏。

亞泰和綠城清楚南京賽場的情況，下半場，在十六時十五分三六秒，亞泰發威，攻進一球。

南京賽場對杭州的情況也瞭若指掌，十六時三十一分，舜天又進一球。

隨後，五牛發威了，連續攻進兩球，比分二：二。亞泰也不示弱，又兩度破門，將舜天晉A的希望澈底滅掉。

十六時四十九分三十四秒，五牛再進一球，比分為三：二。

十六時五〇分三十八秒，亞泰又進一球，四：〇。

臨近終場，五牛攻進最後一球，以四：二勝出。

在亞泰攻進第二個球時，有手球之嫌，綠城提出抗議，導致比賽中斷四分鐘。這樣杭州賽場就要比南京延遲四分鐘結束。一道懸念出現：亞泰若想晉A的話，就得在最後四分鐘攻進兩球。四分鐘進兩個球，這在甲B聯賽中是罕見的。可是，奇跡偏偏就出現了，亞泰不多不少攻進兩球，以一球之差獲得晉甲A。

在深圳督戰跆拳道比賽的陳培德一直關注黃龍體育場的賽事，不時打電話詢問。上半場比賽正常，他仍然放心不下，放水往往發生在比賽即將結束的那十幾分鐘，甚至幾分鐘！

跆拳道比賽結束了，陳培德匆匆趕回賓館，打開電視觀看球賽。他看到的正巧是亞泰踢進的最後兩個球。

看臺上的怒濤洶湧，球迷們揮舞著拳頭，疾聲抗議：「假球！假球！假球！」

陳培德震驚了，擔心的事情還是發生了：甲B真就墮落成了「假B」！這最後四分鐘，上演了「中國足球史上最黑暗最骯髒的一幕」。

他立即撥通宋衛平的電話，厲聲質問道：「這是怎麼搞的？你們這不是在踢假球是什麼？」

「陳局長，我沒想到啊，沒想到，幾千萬元錢買下球隊，卻被隊員給出賣！這足球太難搞了……我要開新聞發佈會，馬上開，將那五個隊員開除！」

出乎陳培德的意料，電話那頭傳出了宋衛平的號啕大哭。

宋衛平是一位有著強烈的社會責任感和人文情懷的企業家。他一九五八年出生於紹興嵊州的一個軍人家庭，六歲隨父母到了舟山群島。一九七七年，在浙江美術地毯廠織地毯的他考取杭州大學歷史專業。在大學讀書時，他懷著對社會改革有著強烈的願望辦報紙，開講座。大學畢業後，他被分到舟山地委黨校任教，仍然憂國憂民，為發表對社會問題的看法，辦了一張報紙《衝浪》。二〇世紀九〇年代初，為了建議修一條杭滬高速公路，他一天天地蹲在路邊統計來往杭滬的車輛。他愛讀武俠書，愛交朋友，好打抱不平，仗義執言，嫉惡如仇。據說，他年輕時敢講真話，不畏權勢，敢在市委領導的辦公室裡拍桌子，理論理論。他付出的代價是離開黨校，闖蕩珠海，從一家電腦公司的文員做起，一直做到老總。

一九九四年，他返回杭州創業。他向朋友借了三百萬元買地建房，沒想到一發而不可收拾。七年後，他成為杭州市最大的房地產商，銷售額達二十多個億。有錢了，他辦足球俱樂部，買球隊。

他萬萬沒想到在關鍵時刻自己的球員卻把綠城出賣了，把浙江球迷出賣了，把浙江的榮譽出賣了，他怎能不怒髮衝冠？

在賽後的新聞發佈會上，宋衛平聲嘶力竭地怒吼，不停地揮舞著拳頭：「可以肯定地講，這場球的隊員有問題，而且不是一般的問題。今天請大家來就是通報一個決定：俱樂部已經決定開除一些隊員，他們今天晚上就離隊！」

他當場宣佈開除五名隊員。他會邀請專家觀看比賽錄影，發現踢「假球」的統統開除，絕不留情。他說，哪怕將所有上場的隊員都開除了，也在所不惜。

「今年已經過去了，卻是以一個不光彩的六：〇的成績結尾。不是說我們不能輸這場球，但是不能這樣輸啊。一些運動員可能為獲得一些金錢，也可能有些家鄉觀念，但他們把我們的俱樂部和我們浙江的球迷給賣掉了。他們得到了一些他們自以為應該得到的東西，那麼俱樂部也認為他們應該得到的東西就是開除。在中國的甲級比賽裡不會再有他們的身影了，這是俱樂部的最後決定。被開除的五名隊員如果感到委屈，可以和我打官司。一切正當不正當的手段我都會奉陪到底。」宋衛平氣憤地說。

綠城的隊員來自五湖四海，經歷不同，背景複雜，一旦想不通，還可能會實施報復，當老闆的可要做好思想準備。宋衛平卻豁出去了，他想建的是一流的球隊，一流的球隊就不能容忍這種球員。

「現在看來中國足球有些醜惡的東西是我力所不能及的。」面對電視鏡頭，宋衛平再次申明：「這完全是隊員的問題，絕不是俱樂部的有組織行為……我們絕對沒有賣球，如果足協中誰敢簽懲罰綠城的文件，我都會和他理論，哪怕是閻世鐸，我也要掀桌子！」

十月十一日，宋衛平做客央視的《足球之夜》，講到假球黑哨，感到如鯁在喉，不吐不快了。他憤怒地說，中國足協就是黑哨的保護傘。裁判是足協派的，比賽的結果難免不被足協的一些官員染指。浙江人的膽子是真夠大的，這種事兒圈內人人皆知，卻無人敢說。

宋衛平說：「甲B肯定有兩個戰場在作戰，一個是比賽、訓練、管理的地面戰場，一個是做場外的工作，包括做裁判工作的地下戰場。從本賽季第三、四輪開始，兩個戰場都在同時進行。」

宋衛平承認綠城為了不吃虧也參與了地下戰場的角逐。

他是第一位勇於公開承認自己有污點的俱樂部的董事長。

第二章

選甲B為突破口

（一）「亂世」就這樣用「重典」？陳培德憤然致信袁偉民和閻世鐸：甲B的骯髒交易由來已久，要把中國足協的貪官送上法庭，必須司法介入！

夜色如水，在窗外默默地流淌著，深圳像艘巨輪安靜地漂泊在夜色的海洋上。

陳培德房間的燈執著地亮著，茶水涼了，煙缸的煙蒂滿了，思維像他吐出的煙霧一團沒散，又一團出來了，假球像黏糊糊的蒼蠅剛剛轟走，轉瞬又回來了，宋衛平歇斯底里地喊叫時而響在耳畔：「將吃裡扒外的隊員統統開除！」

陳培德睡不著覺，只得信馬由韁地想下去，想甲級聯賽以來發生的一樁樁怪事，想中國足壇的件件醜聞，想黑哨假球。黑哨、假球肆無忌憚地在攝像機鏡頭下出現，喪心病狂地在億萬球迷的眼前表演，這不僅是對足壇公平、公正、公開的挑戰，也是對足球良心的挑戰。「五・一九」黑哨之後，出現「甲B五鼠」案，視而不見的話，腐敗將愈演愈烈，甚至會像下山的猛虎撲下來，在中國足壇氾濫成災，不可遏制！

閻世鐸的「殺無赦，斬立決」沒有傷到黑哨和貪官的毛髮，重罰的只是俱樂部、教練和球員。「刑不上大夫，理不下庶人。」封建王朝九十年前就滅亡了，封建意識卻陰魂不散，左右著現實，閻世鐸的刀只對下「斬」，而不對上「殺」，足協明明是群團組織卻成了霸王，俱樂部和教練、球員卻成了他們的奴僕。足球成足協的王國，不論怎麼處罰不公，下面的人都沒有申訴和申辯的權利。裁判成了「小德張」，可以大肆受賄賂，可以大吹黑哨，可以耍弄球迷。

有人說，中國足壇的假球黑哨出現在二〇世紀八〇年代。其實自從有足球比賽和比賽規則，就有了違背規則的假球黑哨，只不過那個陰影或大或小，或重或輕，或明或隱罷了。二〇世紀八〇年代前，假球黑哨的背後沒有黑手，沒有金錢交易，動機單純。一九八四年，在第一屆中國足協杯第二階段比賽中，安徽與福建在複賽相遇，勝者不僅不能晉甲級隊，而且要在第三階段與強手八一隊相遇。當比賽將要〇：〇結束時，安徽隊出人意料地踢進自己球門一個球，當福建隊恍然大悟向自己球門發起猛攻時卻遲了，安徽隊已將他們的球門封住了。最終安徽隊為失敗發出勝利的歡呼。

第一樁轟動全國的假球事件發生在一九九八年，被媒體稱為「隋波事件」。這時已牽涉到收買球員的問題了。甲B聯賽第十六輪，陝西國力以二：三敗給雲南紅塔。在賽後的新聞發佈會上，國力隊主教練賈秀全氣憤地說：「個別隊員表現奇怪，場外東西很多，防不勝防。」記者問是哪名隊員時，賈秀全脫口而出：「三號隋波。」此事在媒體披露後，掀起軒然大波，中國足協派人赴西安、昆明等地調查取證，查到有一錄有巴西華人王素徽收買國力三名巴西球員的電話錄音。年底中國足協公佈調查結果：收買企圖沒有得逞，「隋波事件」是媒體炒作的，錄音帶不具備法律效力。這起假球事件不了了之。一九九九年初，二十六歲的隋波留下一封公開信退役。他心緒黯然地說，自己沒有什麼天賦，也沒有什麼雄心壯志，只是想吃碗足球飯，結果還是被砸了飯碗。

「隋波事件」之後，假球在中國足壇不僅沒斷過，而且愈演愈烈，由收買個別球員到收買整支球隊，由被動收買到主動販賣，中國足球的名聲愈來愈臭，叫罵中國足協的聲音越來越高。之後又發生衝甲A成功的遼寧天潤隊以二：四大敗成都五牛隊，使得成都五牛保級成功。「重慶紅岩在與雲南紅塔隊比賽中軍無鬥志，不求進取。」在社會輿論的壓力下，中國足協不得不以「消極比賽」為由，停止了遼寧天潤隊主教練王洪禮和重慶紅岩隊主教練陳亦明的執教資格，同時吊銷了他們的高級教練員崗位培訓證書。這是中國足球史上對教練員的最嚴厲的處罰。接著又發生了轟動全國、臭名昭著的「渝沈事件」。每一事件的真實內幕都沒有真正揭開，所有查處或不了了之，或僅僅處罰幾位當事人，從而使得假球越來越明目張膽，越來越喪心病狂。

黑哨在浙江發生了，假球也在浙江發生了。陳培德反復思考著該怎麼辦？管還是不管？不管完全說得過去，甲B聯賽是中國足協組織的，執法裁判是他們派的，對地方體育局來說，只要不發生球迷鬧事或踩踏事件也就沒有責任了。可是，假球黑哨出現在他的轄區，而且都與浙江綠城有關，事情出現在他的一畝三分地上。

陳培德怎麼也當了二十來年廳局級官員、八載的體育局長，官場上的遊戲規則他懂，體壇的潛規則、足壇的行規他也懂。八年意味著什麼？可以讓一位沒有學位的人拿到最高學位——博士！也可以讓一個門外漢變成老油條，能夠自如地應付一切，可以「不管風吹浪打，勝似閒庭信步」。

陳培德知道多一事不如少一事，知道足球的天塌下來有中國足協接著，砸不到浙江省體育局的頭上，也砸不到他陳培德頭上。他知道此事在其他省市也發生過，當地體育局像看著一隻蒼蠅從自己房間嗡嗡飛過，揮揮手，甚至怕把自己的蒼蠅拍弄髒了。這事管好了沒功，管差了有過，打著狐狸是別人的，打不著狐狸惹自己一身騷。

別人可以不管，陳培德卻不能不管。當官就有權，有權就有責，當官的人要為沒當官的人負責，有權的人要為沒權的人負責，他不能對「五・一九」黑哨、「甲B五鼠」假球熟視無睹。不管不符合他的性格，也不符合他做人的原則，更不符合父母對他的期望——正直、質樸、奮進、勇於擔當。

陳培德從政二十多年，兩件事沒忘，一是機關門口上那五個大字：「為人民服務。」二是做舅舅那樣的官。

舅舅十幾歲時被國民黨抓了壯丁。後來，他逃離了腐敗無能的國軍，投奔到了新四軍。一次，舅舅所在部隊被敵人圍困七天七夜，彈盡糧絕，仍然頑強戰鬥。後來，多處負傷的舅舅突圍了出去，沒有溜回家，而是執著地尋找部隊和組織。他被組織上派到江蘇地方武工隊任指導員時，英勇善戰，深受當地百姓的愛戴。敵人對他恨之入骨，懸賞五百塊大洋買他的人頭。那個年代共產黨是什麼？是魚，人民群眾是水！百姓冒著殺頭的危險保護了舅舅。舅舅要是像現在的貪官那樣，別說五百塊大洋，就是一文不給，老百姓也會把他交出去的。

廈門解放後，舅舅要求辭官回鄉，伺候老母。他被任命為晉江縣糧食局局長。

舅舅從來沒有官樣兒，也從來不端官架子，穿一身漁民穿的粗布衣服，站在百姓中間根本分不出孰民孰官。舅舅一直堅守著共產黨人的本色，堅守著共產黨人的理想和自己的責任，在舅舅的心目中，人民群眾的事兒就是天大事。

如果舅舅還活著，肯定會說，培德，當黨和人民的利益受到侵害時，你身為局長不像堅守陣地那樣堅守自己的責任，而是明哲保身，躲得遠遠的，還有沒有一個共產黨人的良心？黨的領導幹部都這樣的話，我們黨還能執政下去嗎？

如果父親健在，肯定會說：「當官不為民做主，不如回家賣紅薯。」

陳培德打開筆記型電腦，給閻世鐸寫信。他認為閻世鐸到足協時間短，對足壇瞭解不深，不論作為朋友還是地方體育局長都應該如實向他彙報情況，提供切實可行的建議。他相信，憑著黨性去做，憑著良心去做，閻世鐸會理解的，會明白的，會看得清的。

他跟閻世鐸相識多年，也算得上朋友了，在一起時常常有種志同道合的感覺，給他寫信算不得突兀。他真心希望閻世鐸能痛下決心，整治足壇腐敗，否則中國足壇真就爛掉了，全國球迷的心也就傷透了。

陳培德的手指尖在鍵盤上流暢地跳躍著，一行行仿體字出現在螢幕上：

閻世鐸副主席：

正當國足在世界盃亞洲區十強賽上譜寫中國足球史上最光明的一頁，中國球迷以至所有愛國的中國人都在為中國足球新世紀的新曙光而歡欣鼓舞，歡呼雀躍的時候，國內甲B聯賽卻在光天化日之下演繹中國足球史上最黑暗最骯髒的一幕。光榮與恥辱並存，光明與黑暗同在，形成最強烈的反差。執著的球迷被愚弄，善良的國人被欺騙，聖潔的體壇被玷污。這是中國足球的奇恥大辱，天理難容！不嚴加懲處不足以平民憤！

甲B的骯髒交易並非偶發，更不是始發，而是由來已久。它早就暗藏於整個賽季的全過程，操作於俱樂部制運作的全空間。足球的腐敗是全時空的，無時不在，無處不在。假球、黑哨、賭博，金錢成了中國足球轉動的唯一動力；水準最低，收入最高，問題最多，中國足球已成為中國全部運動專案中最獨特的一類。國人用「想勞累，去旅遊；要生氣，看足球」來表達對足球的痛恨。長此以往，中國足球只能走向更加黑暗的深淵，只能豢養更多的足球流氓、富翁，葬送更多的年輕人。

中國不能沒有足球，中國不能這樣踢球。為了足球魅力無限的轉動，應該立即停止今天足球的逆轉。中國足協從現在起，應該一手抓備戰世界盃，一手抓足球的整頓。首先宣佈今年的甲B聯賽無效，然後果斷地「休克」明年的各類職業聯賽，從對甲B治亂入手，對整個足球改革進行全面反思，從體制到機制，從足協到俱樂部，進行全面揚棄。從運動員到裁判員直至足協官員，進行全面整頓。

世界盃不會牽扯中國足協太多的時間和精力，中國足球的驕傲不在世界盃開賽之後，而在世界盃開賽之前，中國足協完全有足夠的時間和精力抓足球的整頓。只是擔心中國足協能否擔此重任，只緣足協「身在此山中」，難脫干係。並且懲治足球的腐敗光靠足協的章程是不夠的。中國沒有《足球法》，而《體育法》也不能把足球的腐敗分子送上法庭，必須司法介入，必須運用《刑法》。

陳培德寫得酣暢淋漓，知無不言，言無不盡。

足壇打假掃黑風暴還未興起，陳培德已設計出一整套作戰方案：打假（抓賭）、掃黑、反腐（反貪），列出了每一戰役的重點。可以說，陳培德的目光是準確的，極具前瞻性的，九年後，中國足協的高官紛紛落馬，印證了他的「足協身在此山，難脫干係」的預測，也印證了反腐不依靠法律不行。

「甲B五鼠案」的第二天，瀋陽五里河體育場，隨著結束的哨響起，全場沸騰。五萬多球迷站起來高唱《五星紅旗》和《歌唱祖國》。中國男子足球隊以一：〇勝阿曼隊，四十四年來第一次衝進世界盃決賽圈，實現了將近半個世紀的夢想！

閻世鐸像一代偉人似的莊嚴宣佈：「中國男足從此站起來了！」

多少代人的夢想，在他這一代足球掌門人手裡變為現實。在這個要結果不要過程、講政績不講代價的時代，作為一位正司職的領導幹部能有如此輝煌的政績理所當然地應該自豪，應該驕傲。閻世鐸如日中天，燦爛的陽光照亮著前途。可是，不論多麼熱烈的陽光都有被烏雲遮住的時候，足壇烏雲是腐敗。

腐敗的足壇能撐得住輝煌麼？齷齪的平臺能立得住政績麼？

陳培德回杭州後將起草的信交體育局黨組討論，得到認可後，傳真給了閻世鐸。

信發出三天後，沒得到回音。陳培德有點兒失望，有點兒沮喪，可是他不甘心，又以浙江省體育局的名義將信傳真給國家體育總局局長袁偉民。幾天後，陳培德在與閻世鐸通話時，閻世鐸說：「你寫給袁偉民局長的信已經轉交給我，他囑咐了，要重視這件事。」

十月十三日，在瀋陽召開的中國足球甲級俱樂部第二次總經理聯席會議上，閻世鐸說：「民心不可違，民意不可欺……如果中國足協在這個時候連這麼一點勇氣都沒有，我們對得起那些真心想搞好中國職業聯賽的俱樂部嗎？我們對得起全國廣大球迷和社會各界嗎？我們還有資格坐在這裡嗎？在這次事件發生後，我們很高興看到浙江綠城俱樂部和江蘇舜天俱樂部採取了比較積極的態度，浙江體育局和江蘇體育局的領導對俱樂部也提出了要求。」

接著，閻世鐸凜然表明足協態度：「一、此風不剎、遺患無窮，此次不打、民意難平。這次乃至今後對這類事件不管涉及誰、涉及哪家俱樂部，不管涉及多少人、多少家俱樂部，都必須嚴肅處理。二、亂世須用重典、矯枉難免過正。在這次事件中，首犯必辦，脅從必究，涉案必罰……。」

十月十六日，中國足協對甲B最後兩輪不正常現象作出中國足協有史以來最重的處罰：

一、除上海中遠隊外，其餘隊一律取消本年度升入甲A聯賽的資格；

二、取消九月二十九日，成都五牛對四川綿陽；十月六日，江蘇舜天對成都五牛、浙江綠城對長春亞泰，三場比賽國內球員的二〇〇二年註冊資格；

三、取消四川綿陽、成都五牛、長春亞泰、江蘇舜天和浙江綠城俱樂部以上三場國內球員二〇〇二年和二〇〇三年的轉會資格；

四、取消四川綿陽、成都五牛、長春亞泰、江蘇舜天和浙江綠城俱樂部二〇〇二年、二〇〇三年的甲乙級聯賽參賽引進國內球員的資格；

五、給予四川綿陽、成都五牛、長春亞泰、江蘇舜天和浙江綠城俱樂部，在上述三場比賽中執教的國內主教練以停止二〇〇二年賽季工作一年的處罰；

六、取消四川綿陽參加二〇〇二年全國足球甲級聯賽的資格，降為乙級。

寧錯殺三千，不放過一個。

「甲B五鼠案」所有上場球員不論參與不參與假球統統停賽一年！

輿論譁然。

足協連續收到幾封注明內有「炭疽粉」的信件。

第一個站出來喊冤的是王鋒，二〇〇一年年初他從大連實德轉到四川綿陽，前後耽擱半年時間，如果再停賽一年，他的足球生涯有可能斷送。他憤怒地說：「我沒踢假球！我在場上是前鋒，而且首發上場三十分鐘後被換下，因這個還跟教練吵了起來。我感覺自己在場上表現很好，對方李紅軍被紅牌罰下就是因為我的一次突破。最後我在場下看著比分逐漸成了十一：二。我絕對不能不明不白地被停賽一年，絕不能就因為閻世鐸一句話就廢了我的一生。」

他還說，他為足球付出了青春，在別人讀書的時候，他夢想著足球事業的輝煌，夢想著國家隊，夢想著歐洲五大聯賽。

可是，他不斷地與足協聯繫，足協就是不理他。這位二十五歲的球員還是被無情毀了，最後在大連開了一家酒吧：十一：二時尚吧。

像王鋒這樣受牽連的何止一個？

媒體披露，「甲B五鼠案」讓國家領導人氣憤，批評了體育總局的領導，時任政治局常委、國務院副總理李嵐清指示國家體育總局嚴查。

「甲B五鼠案」發生的第三天，袁偉民批示：打假需要重拳。這次乃至今後對這類事件不管涉及誰、涉及哪家俱樂部，不管涉及多少人，多少家俱樂部，都必須堅決嚴肅處理。首犯必辦，脅從必究，涉案必罰。

閻世鐸代表足協的表態與袁偉民的批示完全一致，只增加一句話：「亂世須用重典、矯枉難免過正。」

無論國家體育總局還是中國足協都沒有嚴查，而是「嚴辦」，像過去的嚴打一樣從重從速地處罰了五家俱樂部。

處罰下達後，陳培德徹夜無眠，「甲B五鼠案」怎麼畫這樣一個出人意料的、令人難以誠服的句號？尤其是在被處罰的六十一人中，綠城占十三人，超過五分之一！閻世鐸不是表揚浙江綠城俱樂部採取比較積極的態度嗎？處罰的怎麼比其他家還重呢？足協怎麼不認真調查就處罰了呢？綠城僅僅幾個隊員賣球，怎麼所有上場的隊員都處罰了，這不是濫傷無辜嗎？

第二天一早，陳培德就給宋衛平撥一個電話：「宋總，這個處理決定你能接受嗎？」

綠城初涉甲B還不到半年，連續遭受兩次嚴重處罰。「五・一九」、「十・六」的委屈、窩囊，宋衛平能撐得住嗎？宋衛平是浙江足球界的功臣，不僅讓浙江擁有了第一支足球甲級隊，而且在二〇〇一年創下歷史性的突破——浙江足球首次打進全運會決賽圈，綠城的乙級隊在聯賽中也進入了四強，青年隊在聯賽中進入八強。

陳培德擔心宋衛平一氣之下撤離足壇，不玩了。那樣不僅是浙江的損失，也是中國足壇的損失。

「陳局長，我能接受，您放心，我不會趴下的。」宋衛平的聲音綿軟無力，不過特別清晰。

陳培德略有放心，也許宋衛平跟自己一樣，也度過了一個痛苦的、思緒萬千的不眠之夜。

陳培德知道宋衛平是一門大炮，隨時都可能放炮，臨掛斷電話時，他不放心地叮囑一句：「在這個時刻，一定要保持冷靜。」

沒想到最先不冷靜的是浙江體育局副局長、兼浙江省足協主席杜兆年，他操著濃重的紹興口音走進陳培德的辦公室，「中國足協想處罰誰就處罰誰，簡直是無法無天了！」

他滿腹的憤怒躍然臉上。

杜兆年比陳培德小兩歲，留著平頭，髮絲烏黑。他是籃球運動員出身，身高一米九十多，性格直爽。他跟陳培德搭班子已八年了，彼此瞭解而親密，和諧而默契。

杜兆年是從浙江上虞農村走出來的，上小學時「鶴立雞群」，高出同學一大截，腳也跟著狂長，新鞋穿在腳上沒幾天就小了，搞得總為沒鞋穿而發愁。一九六三年，十八歲的杜兆年身高已經躥到一米八八，比同學們高出兩三頭。那年，省籃球隊的教練去學校選拔苗子，一眼就相中了他。於是，從沒離開過上虞老家的杜兆年挑著扁擔，穿著家裡做的布鞋來到了杭州。農村的孩子肯付辛苦，球技突飛猛進，他很快成為主力隊員。退役後，他從副領隊幹起，當過副處長、體育運動學校校長、省體委副主任兼訓練大隊大隊長。陳培德到體育局後，杜兆年分管訓練、競賽、科技、教育、外事，還兼任浙江省足協主席。

杜兆年對足球有點兒看不懂了。他不明白中國足協為什麼今天處罰這個，明天處罰那個，怎麼就不處罰他們自己？甲B聯賽是他們組織的，執法裁判是他們派的，出了這麼大的事兒，難道他們自己就一點兒責任都沒有？他們有什麼資格像探照燈似的照來照去，把燈光打在別人身上？這不就是名副其實的「燈下黑」麼？什麼時候，中國足協將探照燈換成一面鏡子，他們就知道自己是什麼東西了。

陳培德和杜兆年商量了一下，決定召開黨組成員碰頭會。

在會上，陳培德神情嚴肅地說，「黨和人民選擇我們擔當此任，創造成績和淨化環境這是我們義不容辭的兩項責任，我們要講真話，這是黨對每個共產黨員和領導幹部的起碼要求，如果講真話都需要勇氣，那只能說是黨風官風世風的悲哀。在此危難之際，浙江體育局沒有理由不作為，沒有理由在球迷呼籲和期待真實的足球比賽時無動於衷。為此，我們要召開一個媒體座談會，表明自己對中國足協處罰的態度。」

副局長李雲林說：「我贊成陳局長的觀點，我們不能這樣沉默。」

李雲林說著一口標準的普通話。他是從共青團省委副書記的崗位上轉業到省體育局的。四十出頭的他，典型的江南相貌，氣質幹練，分管群眾體育。他與陳培德在一起工作了六年，對陳培德的工作特別支持。

上午，媒體座談會在浙江省體育局十六層的多功能廳召開。

陳培德神態凝重，面對數十家媒體的記者宣讀了《浙江省體育局對中國足協處罰決定的表態書》。他強調四點：一是對中國足協對甲B聯賽中出現的不正之風進行嚴厲處罰表示支持。二是讚賞「亂世用重典」的態度，但認為只能對查有實據的違法亂紀者施用重典，而不應錯傷無辜。三是希望中國足協能以此為開端，把反腐敗的重點放在查處違紀違法的足球官員和執法裁判員上，從源頭上根治足球的腐敗。對觸犯刑律的腐敗分子，應訴諸法律，「殺無赦，斬立決」，以儆效尤。四是希望這次處罰不是足球界反腐敗的結束，而是開始。

宣讀完畢，陳培德言猶未盡，提高嗓門大聲說道：「浙江省體育局認為，在處罰的五個俱樂部中有我們浙江的，我們有責任，我們要出來說話。我認為，中國體育至今還是反腐敗的處女地。體育界反腐敗應以足球界為突破口，足球界反腐敗應以甲B聯賽為突破口，甲B聯賽應以綠城為突破口。足球界的反腐敗應該確立三項目標：打假、掃黑、反貪。打假的對象是俱樂部，掃黑的對象是吹黑哨的裁判，反貪的對象是足協的官員。可是，中國足協隻字不提少數官員的腐敗，隻字不提裁判的黑哨問題，對此我深表遺憾。假球與黑哨是一對孿生兄弟。隊員問題、俱樂部問題只能說是表層現象，還有更深層次的東西。我敢貿然地問一句，八年足球聯賽下來，裁判界的敗類收受的不義之財，是不是可以作為一個大案來查？」

陳培德仗義執言，說得明白。

陳培德已五十八歲，再有兩年就要離任了。他感受到了時間的緊迫，又有點兒牛車上坡越來越吃力。他感到納悶的是中國體壇已腐敗到這種地步，居然還是一塊反腐敗的處女地，從沒有貪官污吏落馬，也沒有大肆受賄的黑哨受到法律制裁，這說明什麼？這說明在體育界潛在著腐敗利益共同體和保護傘，他希望能在自己離任時取得階段性的勝利。

「保持沉默不是積極的態度，觀望也不是負責任的態度。黨中央鼓勵講真話，反對講假話、空話、套話和大話。我相信自己的言行與黨中央反腐倡廉是一致的，中國足協肯定也是與黨中央保持一致的。我對閻世鐸和足協領導有信心，對裁判界的主流也有信心。如果我沉默，那就意味著我徹底失望了。」

事後，有好心人悄悄問他，你為什麼要站出來捅這個馬蜂窩，難道就不怕被馬蜂蜇嗎？他用哲學來解釋：這是偶然中的必然。我和浙江省體育局以至全國體育界，對中國體壇的不正常狀況觀察已久，不滿已久，爆發是必然的。不過，「甲B五鼠」要是沒有浙江綠城的話，浙江省體育局也可能不會站出來說話，這是偶然。

也有人覺得陳培德的言詞「過激」，說的話與身分不符。陳培德卻認為，對有貓膩和垃圾的地方，就該掀一掀，曬一曬。

還有人認為，陳培德八成是瘋了，全國幾十位地方體育局長，哪個不知道足壇腐敗？哪一個又不對中國足協畢恭畢敬？陳培德居然提出了打假、掃黑、反貪三大目標，將反中國足協內部的貪官作為重中之重，這不是對中國足協地位和尊嚴的挑戰嗎？

（二）宋衛平說：在甲B聯賽的二十二場比賽中，綠城只有四分之一到三分之一場次是乾淨的。他甘願冒險掀桌子，請閻世鐸掃垃圾。

浙江省體育局的表態、陳培德的講話像勁風刮起，愈刮愈猛。

浙江的打假掃黑行動引起了世界足壇的關注，亞足聯秘書長維拉潘致函中國足協，表示亞足聯願意在中國打擊賄賂、腐敗、暴力及假球方面給予協助與合作。

中央電視臺等強勢媒體將鏡頭對準浙江，嗅覺靈敏、動作迅速的《新聞調查》派記者徐慨和羅陳赴杭州採訪。

陳培德對記者直言不諱地說出了自己的想法：如果綠城交出黑哨的證據，浙江省體育局向中國足協反映，向國家體育總局報告。如果他們支持，浙江省體育局就積極配合他們打假掃黑；如果他們不作為，我們就通過《新聞調查》揭黑。

十月三十一日晚八時，宋衛平和綠城足球俱樂部總經理沈強風塵僕僕走進浙江省體育局十四層的小會客室。他們剛從北京回來，還沒來得及休息就趕過來接受徐慨和羅陳的採訪。陳培德怕宋衛平有顧慮，有些話不說，主動陪同採訪。

宋衛平微笑著，眼睛眯著坐下，突然發現攝像機的鏡頭像只不眨動的眼睛對著自己，警覺地對記者說：「不要錄影吧，還是先聊聊。」

陳培德看了看徐慨、羅陳，對宋衛平說：「宋總，今天請你來是想聽聽你訴苦。大家都想為淨化足壇環境盡綿薄之力。可是，如果大家有苦都悶在心裡，不敢講，不肯講，不想講，那麼足球的環境只會越來越惡劣。」

宋衛平笑眯眯地看著陳培德，沒有說話。

徐慨和羅陳採訪經驗豐富，他們不急不躁，耐心地望著宋衛平，等他開口。

陳培德見宋衛平不想說，只好接著說：「搞一個球隊不容易。每當跟宋總談起足球，他總是熱淚盈眶，有倒不完的辛酸與苦衷。今天，有這麼一個機會，大家坐在一起聽宋總說說。」

陳培德說罷，滿懷期待地看著宋衛平，不再說了。

宋衛平清楚陳培德讓他說什麼。他有顧慮，不想將自己所瞭解的足壇醜惡與腐敗一股腦兒說出來，那樣不僅會得罪中國足協和裁判，甚至還會得罪其他俱樂部，綠城剛邁進甲B的門檻，弄不好會四面楚歌，在足球圈混不下去的。

可是，陳局長已把球踢到他的腳下，不接不合適，略思索一下說：「我非常贊成、擁護陳局長的講話……即便是這樣，哪怕是中央電視臺，討論這個話題，我還是有一些先決條件。」

他看了看大家，一邊思考，一邊說，「中國足壇的許多毛病是一個公開的祕密，包括隊員、裁判員、足球官員，他們不可能對這些問題視而不見。今天討論的這個話題牽扯面之廣、涉及人之多是很難想像的。如果把這個底翻出來，恐怕誰都負不了這個責任。國際足聯很有可能因此而取消中國隊參加世界盃的資格。」

說到這兒，他停了下來，眯著眼睛看了看陳培德和記者。他的意思很清楚，怕的是把這些「黑」揭出來誰都承擔不起。這可能是記者沒有預料到的，彼此看一眼，沒有說話。

陳培德接過話來：「這個擔心大可不必，就拿游泳來說，中國也出了好幾例興奮劑事件，國際泳聯也沒有禁止中國參賽。這樣的顧慮可以打消。」

陳培德這句話讓宋衛平沒路可退了，他沉吟片刻，一字一句地說道：「陳局長，像你這樣的體育局長站出來反假球黑哨是從來沒有過的。可是從中國足協處理甲B的結果可以看出，他們不想澈底解決問題。即便有中央電視臺《新聞調查》的介入，能不能撼動中國足壇，這還是個未知數。」

應該說，宋衛平的擔憂不無道理，誰敢保證這樣做就能撼動中國足壇，能從根本上解決黑哨、假球等醜惡現象？會議室的空氣似乎稀薄了，時間有點凝固，空間像被格式化了似的，沒有了動靜。

從中央到地方，有多少體育官員？難道只有陳培德發現了假球黑哨，其他的人都一無所知？為什麼，全國幾十個省市的體育局長，只有他一人呼籲掃黑反貪？難道其他局長在足球上都是門外漢，或沒有意識到這個問題嚴重性？肯定不是。冰凍三尺，非一日之寒，中國足壇爛到這種地步，原因種種，既有體制的，也有人為的，這是一潭深不見底的水，誰敢貿然跳下去？

陳培德知道黑哨和假球只是足壇腐敗冰山的一角，也知道腐敗與反腐敗是一場你死我活的鬥爭。他相信正義總會戰勝邪惡，相信那個發誓要獻身中國足球的閻世鐸會支援他的，他還相信新聞媒體也會站在這一邊的。

陳培德說：「我們商量過了，如果能拿到證據，先向上級反映。他們要是支持的話，我們再進一步配合；他們要是拒絕的話，我們就曝光。出現什麼問題，我來承擔責任。」

「談這個問題我肯定有顧慮。我想知道，我這一腳傳球能不能構成殺機。構不成的話，我只能退回中場。」宋衛平實實在在地說。他希望足球能回歸青山綠水，希望自己的傳球能直破球門，但這只是希望。

「你這一腳傳球，能不能構成殺機，關鍵是看你的料有沒有殺傷力。如果你的料沒有殺傷力的話，我們也只能淺嘗輒止。」記者羅陳接過來宋衛平的球，傳了回去。

「把這些東西全捅出來，會令人十分震驚的。這有點兒像廈門遠華走私案，中央下了那麼大的決心，派了那麼多的人才解決。我們這幾個人肯定是不行的，」宋衛平搖了搖頭，停頓一下，又說，「對這次調查，我們會積極配合的，可以給你提供百分之七十的內容。我們大不了今後不搞足球。應該說，中國足壇幾乎所有人都是受害者，假球、黑哨是眾人所恨的。四川綿陽俱樂部講，每一輪都有假球，我說每一輪都有一半以上的假球。做假球的有幾條線，有隊員的、俱樂部的、賭球的……甲B是這樣，甲A也是這樣。」

「你說了那麼多，有沒有什麼數字，足壇究竟黑到怎麼程度？」羅陳反叫宋衛平一板。

宋衛平沒退路了，也只好說下去了，「在甲B，做過裁判工作的比賽有幾十場，大約占百分之七十至八十。給裁判送錢有一個基數，每場六萬元，關鍵場次提高三倍至五倍。」

「你有證據嗎？」記者問道。

「給裁判送錢肯定不會有第三者在場。這樣的話，有人說給他送了錢，他就可以理直氣壯地說，這是瞎編。舉個例子，我們與中遠的一場球，在比賽中，我把那場停下來，看了裁判一眼。那個裁判是拿過我們好處的。但他的意思是，這是客場，我得照顧主隊。這一點我們也理解，但他吹給中遠的那個點球實在是太過分了。那個球中遠隊攻到禁區，我們的守門員搶先把球拿住，這應該是個好球，裁判卻判我們犯規，送給中遠一個點球。賽後，我托人帶信給他，別忘了，在杭州你得到過我們的好處，為什麼客場這樣吹？他打電話解釋。我說，電話裡不說，以後到杭州再說……我們可以找這個人。」

綠城對中遠的比賽，中遠的主場，「守門員搶先把球拿住」、裁判罰綠城一個點球，儘管宋衛平沒點名，憑這些要素也就知道是誰了，即便當時猜不到，查一下二〇〇一年甲B賽程和執法裁判也就知道，他就是北京的龔建平！

宋衛平越說越沒顧慮，越說越放鬆，他說：「裁判吹了三四年，幾十萬、上百萬，有的幾百萬。如果要抓幾個裁判太容易了，但這涉及面太廣……我們在整個賽季二十二場比賽，只有幾場沒做裁判的工作，只有四分之一到三分之一場次是乾淨的。」

「十一個主場，只有兩場球是乾淨的。」坐在門邊的俱樂部總經理沈強插話說。

陳培德氣憤了，足壇怎麼會腐敗成這個樣子？難道閻世鐸不知道？如果知道的話，他作為足協專職副主席怎麼會不管？

宋衛平直截了當地問：「能不能我們掀桌子，讓閻世鐸來掃除垃圾？不知道他能不能下這個決心和我們一起搞。」

宋衛平言之有理，一個足球俱樂部、一個地方體育，怎麼管得了中國足壇的腐敗？此時此刻，閻世鐸的態度至關重要，他是中國足壇的掌門人，他不動別人再搖也沒用。

陳培德信心十足地說：「閻世鐸的工作我來做，我要說動他。」

陳培德對閻世鐸兩度失望，可是仍然認為閻世鐸是可以相信的。對「五・一九」和「甲B五鼠案」處罰不公，那不是他有意那麼做，而是不瞭解情況，對問題缺少正確的認識。陳培德看一下表，已是二十二時三〇分，這時間給閻世鐸打電話是否不合適，會不會把他從睡夢中驚醒？可是，這麼大的事情怎麼能不跟他通報，再說帶著這麼個懸念誰能睡得著覺呢？陳培德是個急性子，辦事講究雷厲風行，他起身去隔壁辦公室給閻世鐸打電話。為將閻世鐸的看法和態度準確無誤地傳達給宋衛平他們，他讓體育局辦公室主任鄭瑤過去記錄。

電話撥通了，閻世鐸還沒有睡，很是熱情。陳培德如實通報了宋衛平的想法。閻世鐸沒有感到驚訝，平靜地說：「既然宋衛平說他給裁判送了錢，裁判也收下了，那麼就說明俱樂部與裁判之間的交易是存在的，而且還不會是個別現象。」

陳培德為讓鄭瑤聽清對話內容，特意把閻世鐸的話重複一遍。

閻世鐸又說：「處理『黑哨』必須有證據。只要證據充足，足協一定會按行規來處理的，決不袒護，構成犯罪的，足協會移交給總局，總局會移交給司法部門。為了讓調查能夠更好地進行，媒體在現階段不要介入。」

陳培德和鄭瑤回到小會議室，向大家通報閻世鐸的態度。

宋衛平聽後笑了笑，不置可否。其實，他和閻世鐸談過此事，雖然沒像今天談得這麼深入，大體情況也都說了。在足球圈，許多人都認為閻世鐸不好琢磨，比如他稱呼球員為「同學」，跟記者叫「哥們」，與俱樂部老總稱兄道弟，看起來親密無間，可是翻臉比翻書還快，開玩笑的話聲還沒落地，突然就拍桌子，瞪眼睛了。

陳培德見宋衛平有點兒猶豫，勸道：「宋總，閻世鐸在足球圈子裡是乾淨的，在複雜關係中是超脫的，不像那些老足球，老江湖，是可以信任的。我已經跟他約好了，明天我和你去北京，咱們三人對此事好好商量商量。」陳培德轉過身，抱歉地對兩位記者說：「閻世鐸希望媒體先不要介入。你們先回去吧，等我們談完後，需要介入時再通知你們。」

（三）陳培德、宋衛平去見閻世鐸。閻世鐸堅定不移地說：只要你們交出證據，我肯定一一查處，絕不姑息養奸。

二〇〇二年十一月一日中午，一架波音七三七呼嘯著衝入雲層。

陳培德本想在飛機上再做做宋衛平的工作，讓他把證據交出來。又一想，在沒見到閻世鐸之前，說什麼都等於零。算了，還是想想怎麼跟閻世鐸談吧。憑他的瞭解，閻世鐸應該能支持打假掃黑，肯不肯掛帥卻不好說。此行意義十分重大，他無論如何也要說服閻世鐸扛起這杆掃黑的大旗。

深秋，北京的天氣已有些涼了，樹葉還綠，可是生命已瀕臨終結，葉子的邊緣已枯黃。

下午十五時三〇分，閻世鐸出現在陳培德他們入住的賓館，頭髮梳得一絲不亂，身著深灰色西裝，沒打領帶，還是那麼精神抖擻，生機盎然。

握過手後，閻世鐸對宋衛平說：「我今天特意穿這件西服來，想跟宋總表明一下我和陳主任的關係。」

體委改為體育局已多年，閻世鐸還習慣於稱陳培德為「陳主任」。他穿的那件西裝是當年到杭州起草《二〇〇一～二〇一〇年中國體育改革和發展綱要》時，陳培德送給他的禮物，被他稱為「綱要服」。

閻世鐸的一件衣服就把陳培德心裡隱約的不快風捲殘雲般一掃而光。他感到閻世鐸還是那個閻司長，還是那位可以推心置腹的小老弟，還可能像過去那樣無話不談。

賓主落座，直入正題。

陳培德開門見山地對閻世鐸說：「閻主任，我今天是陪宋總來的，他想知道你對這場打假掃黑行動的態度。宋總手裡可是有黑哨的證據的，不過閻主任要是不給個說法是不能拿出來的。」

接著，陳培德又跟宋衛平介紹道：「閻主任過去是政法司的司長，很有理論水準，後來當辦公廳主任，為提高中國足球的水準，改善中國足球的環境，受命於足球危難之時。他在足球圈子裡是乾淨的，在複雜關係之中是超脫的，是當今足協最可信賴的領導。」

也許陳培德的介紹讓閻世鐸很受用，他儒雅地微笑著，默默地看著宋衛平。

宋衛平臉上掛著他那標誌性的微笑，眼睛眯成兩道縫，不動聲色地邊觀察邊揣摩著閻世鐸。

在甲B聯賽最後一輪比賽前，宋衛平與其他三家俱樂部的老總奉命進京，他和閻世鐸有過將近兩個小時的單獨談話。他坦率地講述了綠城俱樂部受大環境的影響，採取過一些不得已而為之的做法。他希望閻世鐸能有所作為，遏制日益氾濫的足壇腐敗。

那次，他越講越來氣，最後還憤憤不平地說：「聯賽如果不能公正對待綠城，我會把桌子掀翻，讓大家都看個明白，足壇到底有多麼骯髒。」

可是，接下來的聯賽，黑哨假球不僅沒有被遏制，反而更加明目張膽了。他不清楚陳培德所信賴的閻世鐸到底是怎麼想的，管還是不管，真管還是假管，是管不了，還是不想管，抑或是等待時機？

似乎官越大越複雜，越複雜就越深不可測。

儘管陳培德與閻世鐸是同級官員，想法卻簡單明瞭，希望閻世鐸給宋衛平一粒定心丸，讓他放心大膽地講出證據。閻世鐸像處理「甲B五鼠案」那樣大刀闊斧地「殺無赦，斬立決」，在足壇反腐上大有作為。他希望閻世鐸能力挽狂瀾，能拯救中國足球。

閻世鐸似乎發現宋衛平的笑眯眯中隱含著不信任，因此他不談打假掃黑，不談「甲B五鼠案」的處理，而是談起自己怎麼來足協的，到任一年多做了哪些事兒，為防止足協的官員涉黑涉貪進行了哪些必要的調整，採取了哪些措施。最後，閻世鐸峰迴路轉，言歸正傳，理直氣壯地說：「大家都說聯賽有假球，有黑哨，證據呢，證據在哪？沒有證據，讓我怎麼管？」

閻世鐸說得沒錯，沒有證據怎麼管？總不能憑猜測把哪個裁判給嚴懲吧？

宋衛平仍然笑眯眯地望著他，沒有吱聲。

閻世鐸說得特虔誠，說得掏心掏肺，可是總給人一種在臺上做報告的感覺，居高臨下，官氣盎然。他像戴著面紗的阿拉伯女人讓人難以確認她的靚麗，甚至有點兒深不可測。

宋衛平能把企業做成杭州地產界的「老大」，必定有過人之處。這些年，他見過的官員多了，省部級的，司局級的，縣處級的，怎麼會輕易地相信一個人？何況自己是污點證人，行賄受賄同樣犯罪，證據不僅對黑哨有殺傷力，對自己也有殺傷力。

陳培德，他信任，陳培德不僅是浙江的，而且人也沒那麼複雜，沒那麼深的城府。陳局長是真心實意支持綠城，支持足球，真心實意想打假掃黑。閻世鐸呢，不僅衣著講究，而且風度翩翩的，說起話來挺有水準，成語俗語名言警句，甚至於莎士比亞的話都像樹上的花朵信手拈來，什麼「橋歸橋，路歸路」，什麼「殺無赦，斬立決」，什麼「是和尚，都要剃光頭」，什麼「中國足球就像一個被扒光衣服的人，什麼也不怕，輸球也要輸得乾淨」，什麼「搞中國足球的工作人員應該像生石灰一樣，越潑冷水自己越要熱氣騰騰」，什麼「當愛情小船被浪掀翻時，讓我們友好地說聲再見」，說的事與愛情隔著一道天河，經他一說就居然天塹變通途，神不知鬼不覺就過去了。

「宋總，你說說吧。」閻世鐸見宋衛平不吱聲，說道。

「宋總，你承認你給裁判錢了，你給了哪些裁判，你給了多少錢，具體過程和細節都要寫下來，不要只在媒體上說你給錢了，這還不夠。」陳培德說道。

宋衛平不緊不慢地說：「教練的工作都是下面的人做的，詳細情況還要找中間人瞭解一下。」

這是實話，不過可以用其掩飾一個真實的心態，他不想竹筒倒豆子似的將所有實情講出來。

閻世鐸頗有耐心地說：「那我等著你的證據。我會站在懲治足球腐敗這一邊的。你要相信中國足協，要相信我閻世鐸，只要把證據交來，我肯定會一一查處。如果你們不相信中國足協，不相信我閻世鐸，還有國家體育總局，總局上面還有黨中央、國務院，總不能都不相信吧？現在的問題是你們要提供證據，沒有證據，我不好辦。」

閻世鐸語氣堅決。陳培德很興奮，覺得閻世鐸不僅有水準，而且為人正直，讓他來當「打假掃黑反貪」的主帥是對的。

宋衛平看了看窗外，夜色已降臨，轉眼間兩個半小時過去了。他提議下樓吃晚飯。

閻世鐸說：「我到足協後，不少俱樂部的老總想請我吃飯，我都沒答應，今天也不要破例了。」

宋衛平說：「人總是要吃飯的，我下樓買點兒三明治或漢堡包總可以吧？」

三人中，宋衛平年齡最小，跑腿的事自然非他莫屬。他跑下樓去，不一會兒拎回三塊三明治和三塊糕點。三人就著茶水，邊吃邊聊。

宋衛平先是講了一些俱樂部之間的不正常的交往，繼而講了俱樂部和裁判之間為某場比賽進行的交易。他最後說：「我回杭州準備一下，交給中國足協。」

陳培德喘了一口氣，笑了。這趟北京沒有白來，打假掃黑總算有了突破性進展。

晚八時許，閻世鐸離去，走前再次叮囑：「陳主任，這件事先不要向媒體披露，免得媒體炒作。」

閻世鐸走後，宋衛平對陳培德說，回去後，我先交兩個裁判的證據，其中一個是北京的。

這個北京的裁判是不是龔建平？

陳培德喜出望外，只要有了證據，打假掃黑就會進入新階段，過不多久足壇的污泥濁水就會浮出水面，並被清理出去。

回杭州後，宋衛平沒給陳培德打電話。

陳培德從北京回來之後，體育局班子成員還特意開個會，他將北京之行的情況作以通報。他自信地說，我和閻世鐸進行了面對面地溝通，彼此增進了瞭解，同時打消了宋衛平的顧慮，他準備近日就交出證據。

說是說，做是做，真行動，還得三思。宋衛平畢竟是位有文化、懂法律的人。從北京回來後，他也許有些後悔，交出裁判受賄的證據也就等於交出自己行賄的證據，這樣綠城足球俱樂部必須被牽扯進去。他是俱樂部的老闆，他不同意錢是流不進裁判腰包的。這等於放一炮，炮彈在空中繞一圈兒，在自己腦頂爆炸，這樣是不是太蠢呢？

發發牢騷，泄泄怨氣這都沒關係，證據怎麼能隨便交出去呢，那是要負法律責任的。一位坐擁數億資產的商人冒坐牢危險去證明別人有罪，哪能像閻世鐸那樣喊幾聲「殺無赦，斬立決」那麼簡單？

足壇腐敗路人皆知，可是只聽到轆轤響，不知道井在哪兒，多數人只是猜測，或者看到一些表像。在浙江，知道「井」在哪兒的，唯有綠城和宋衛平知道。宋衛平不開口，不交上證據，打假掃黑反貪就是乾打雷不下雨，即便放出炮是空炮。為了打消宋衛平的重重顧慮，陳培德當著宋衛平的面對閻世鐸說，「對提供證據的人必須要保護。」閻世鐸表示贊同。

宋衛平會相信嗎？證據一旦交出來，他就失去主動權了，不論後果如何都要自己埋單，石頭砸在自己的腳上，疼了腫了流血了也只有自己受著，所以這事得好好想一想。另外，把裁判供出去了，綠城在足壇上還混不混了？今後還怎麼跟裁判打交道？

再說，錢是通過「中間人」送出去的，「中間人」若否認把錢送交到裁判手裡，或裁判否認收了錢，最終查無實據怎麼辦？行賄受賄都是犯罪，數額大小不同，罪的輕重不同，比方說，綠城送給六裁判每人六萬元錢，那麼每位裁判受賄金額是六萬，綠城行賄金額可就是三十六萬了。裁判可能並無大礙，自己沒準就進去了，豈不讓世人恥笑？

宋衛平正蒸蒸日上，事業未竟，怎麼能甘心跟那兩個裁判同歸於盡？何況他們還不見得能陪同自己同歸於盡。

一言既出，駟馬難追。不過，閻世鐸可能不追，陳培德非追不可。陳培德做事認真執著，哪會功虧一簣，半途而廢？

從北京回來不久，陳培德就催宋衛平交證據了。

宋衛平憂心忡忡地說，一想到把證據交上去了，裁判妻離子散，家破人亡就感到良心上過不去。

宋衛平說的是實話，別的裁判不說，就說那位北京裁判龔建平吧，他跟宋衛平是同屆大學生，都是恢復高考第一年考上的，他讀的是足球專業。一九八二年從首都體育師範大學畢業時，北京南城二體校跟他一起踢球的哥們兒已踢進國家隊，成了國腳，他卻被從城裡踢到了遠郊，被分配到懷柔縣的一所中學當體育教師。

三年後，龔建平好不容易才調回市內，可是生活艱辛，居住窘迫，一家三口人住在一間十二平米的偏廈子內，冬冷夏熱。一九八九年，他和學體操的妻子一起調進北京石油學院附屬中學，才分到一套五十六平米的舊房。二〇〇一年，總算是苦盡甘來，命運終於露出了一臉陽光，龔建平晉升為國際級裁判，又從中學調回母校首都體育師範大學任教。他的家庭令人羨慕，妻子不僅賢慧，而且工作出色，女兒已經長大，將考大學。

宋衛平怎麼忍心讓龔建平妻離子散，家破人亡呢？

陳培德說，你這樣做不僅保不了那些裁判，也保不了自己。覆水難收，你的第一步已經跨出去了，沒有退路了，只有大膽往前走了。

宋衛平無奈地說，具體的事情是小方辦的，我讓他去跟你講一下細節吧。

十一月八日，一位三十多歲的小夥子怯怯地敲幾下門，躡手躡腳地走進辦公室，像惹禍的小學生似的說：「陳局長，您還記得我吧，我是小方。」

陳培德打量一下來人，見他個頭不高，長得白白淨淨，一件棕色的皮夾克套在上身，不僅沒烘托出粗獷，反倒顯得清秀。這個人有幾分眼熟，在哪兒見過呢，想不起來了。

小方拘謹地看一眼陳培德，見他有點發蒙，說道：「我過去在咱們體育局工作，現在在綠城。宋總叫我過來。」

陳培德想起來了，他原來是摩托艇運動員，退役後在體育系統工作。後來綠城足球俱樂部成立後，把他借了過去。

陳培德一邊請小方坐下，一邊從寫字臺後面走出來，坐在沙發上。

「聽說你在綠城負責做裁判的工作，我想瞭解一下你是怎麼做的工作。當然啦，你不是決策者，不負主要責任，只是執行者、當事人。」

小方謹慎地說：「今年綠城是第一年踢甲B聯賽，在這方面沒有什麼經驗，其他俱樂部比我們多多了。陳局長，綠城是個受害者，是不得不做……。」

「綠城為什麼選你來做這事？」

「也許看我老實吧，宋總讓我負責這個工作，我是不大情願的。這種事風險挺大，交錢時都是一對一的，連白條都沒有，搞不好兩邊受懷疑。我這人做事很盡力，開始的時候沒人教，也不知道怎麼做，只好琢磨著做。我從來沒有貪污過錢，這點兒宋總是清楚的。」

俱樂部給裁判送錢，這在中國足壇早已不是什麼祕密。宋衛平早就知道這一潛規則，所以在聘請谷明昌為主教練時，提出的先決條件就是綠城不做裁判的工作。聯賽剛打第一輪時，谷明昌就挺不住了，對宋衛平說，宋總，看來裁判的錢是不能不送了。

宋衛平沒答應，堅持憑本事踢球，乾淨地衝甲A。

打到第二輪時，谷明昌焦急地說，宋總，主場的六萬元「例牌錢」是一定要給裁判的，這錢是走遍天下都得給的，客場是對方給，跟我們沒關係。這筆錢主裁拿一半，兩個邊裁各拿一萬五。這是指獲勝的情況下，如果打平了，可能減半。

宋衛平仍然堅持不給。

聯賽進行幾輪後，宋衛平發現綠城越來越陷於被動，衝甲A的希望眼看就要破滅了，內心深處陷入痛苦的矛盾與衝突之中。話說出去，二〇〇一年綠城要衝進甲A；要想衝甲A必須給裁判送錢，不送錢是不可能的。這一潛規則由來已久，根深蒂固，哪裡是他宋衛平改變得了的？要想在這個圈裡混下去就得按照規則來，潔身自好沒法立足。

宋衛平明白了，裁判雖然不能完全左右比賽，但是在雙方勢均力敵、相持不下之時，黑哨卻可以干涉比賽的結果，比如在可判可不判的點球，看得見看不見的越位球上吹吹黑哨。別小看黑哨，不僅關係到衝甲A成功與否，甚至關係到球隊的命運，俱樂部的收入。

陸俊說：「好的裁判吹黑哨，外行根本看不出來。」

宋衛平對黑哨的認識還不夠「專業」，陸俊向中國足協常務副主席韋迪介紹黑哨執法秘訣時說：「如果要在比賽中照顧甲隊，那麼在乙隊連續進攻時，在不是很危險的地方吹幾次甲隊防守犯規，表面看是向著乙隊，其實乙隊的進攻節奏已經被吹罰完全打亂，對甲隊更為有利。另外，也有一種情況是如果正常比賽判罰看上去都是照顧某隊，但在關鍵的時候判給對方一個點球，這樣也不會被發現。」

站在矮簷下，哪能不低頭？當所有的球隊都做裁判的工作，那麼不做的球隊就要吃虧。對於浙江綠城這樣的足壇新軍來說，要想在甲B中立足，要想贏球，要想衝甲A，要想找回一點兒公平，那麼只有低下高貴的頭顱，入鄉隨俗，像其他俱樂部那樣去做裁判工作。

宋衛平放棄了清高與自律，同意做裁判的工作。

潛規則也是規則，它猶如荒山野嶺上被別人踏出來的羊腸小徑，後者順著道往前蹚就是了，只要不下道就不會走丟。甲B聯賽都在週六進行，裁判們通常在週四趕到比賽所在的城市。裁判下飛機時，當地足協要派人去接。當地的俱樂部只要給足協打個電話就能摸清來的裁判是誰，住在哪家賓館。對在圈子裡混久的人來說，不難猜出這四個人哪個人是主裁，哪兩人是邊裁，哪一個是第四官員。

俱樂部要想自己做的話也很簡單，假裝去看看主裁，過去寒暄幾句，走時把帶去的包往沙發上一丟，或者放在茶几上就行了。主裁自然知道那包不是落下的，是你孝敬他老人家的。當他見到那一捆捆的鈔票，還沒等比賽，那顆本來就不公正的心就像天平似的找到了傾斜的方向。第二天，主裁、邊裁都懷著傾斜的心出現在綠茵球場，有條件會吹黑哨，沒條件創造條件也會吹黑哨。

當然了，在市場經濟下，也用不著事必躬親，許多事都會有人替你去做。俱樂部只要有態度和金錢就行了，哪怕你是個傻子，手裡的錢都不會窩在手裡送不出去的，它會像長著翅膀的小精靈似的鑽進裁判的腰包。圈裡人習慣於說「做裁判的工作」，其實裁判的工作是不需要你做的，會有人主動幫你做的。每場賽前，中間人就像魚攤上的蒼蠅似的出現了，他們的電話會一波波地打過來，我是這場主裁的朋友，他對你們球隊的評價不錯，你們如果出多少錢就會怎麼樣。這個電話剛掛斷，又一個電話像空卡接龍似的打了進來，我是主裁的同學，他委託我跟你們聯繫。這些被稱為「中間人」的人有的在體育界混過，有的是某位裁判的老鄉、朋友或同學。假如你擔心這場球能不能贏，他會說，你只要出多少錢，我保證你贏這場球。假如你擔心這場球會輸，他會說，我保證你這場球不輸，只要你出多少錢就能擺平。每場比賽的重要性不同，中間人開出的價碼也不同，對有望衝甲A的隊來說，從第一輪到最後一輪，價碼將越來越高，在最關鍵的賽場價碼會高達幾十萬元，甚至上百萬元。有時俱樂部與中間人還會像在菜市場買雞蛋那樣討價還價，俱樂部認為價碼太高還可以砍砍價。當然了，中間人也還還價說，這場球很關鍵的，你出的價太低，做不了的。

中間人收錢後，往往會在一定時間內打電話告訴俱樂部「工作」進展情況，比如錢已經給了主裁，你們放心吧。如果俱樂部不放心，還可以給裁判打電話印證一下，當然不能直截了當地問主裁錢收沒收到，只要你電話打過去，主裁就會心照不宣地暗示給你：錢他收到了。

事實上，錢並非裁判吹黑哨的唯一理由，有時他對這個俱樂部沒有好感，收了錢也不見得就幫你的忙，甚至答應幫你，實際上卻幫助對方，也有可能客觀上幫你，主觀上幫助協力廠商，比如另一支球隊希望你的對手輸，他會做裁判的工作，讓裁判給你的對手吹輸，或者不吹輸，最多讓他得一分。協力廠商還有可能賭球，賭冷門，想讓你輸。

綠城通過中間人做過幾次工作，發現在比賽時裁判並沒有幫忙。在綠城為主場對舜天的比賽前，綠城想做主裁孫葆潔的工作，結果遭到拒絕。這也是遭受的唯一的拒絕。

綠城與廣州吉利比賽前，在中國足協裁判委員會工作過的孫培彥說幫助綠城做孫葆潔的工作，於是綠城給了他七萬元錢，其中有一萬是勞務費，六萬是「裁判費」。當綠城發現孫葆潔執法時沒有幫忙，與孫葆潔聯繫。孫葆潔聞之大怒，說他不僅沒收這筆錢，而且連中間人也沒見過。

宋衛平覺得中間人是不可靠的，他們不僅拿了錢，還會誤了事，他決定撇開中間人，在綠城內部選擇一個專門做裁判工作的人。宋衛平認為，最好是送錢少效果好，比如賽前不送錢，逢年過節，紅白喜事，生日、結婚紀念日送一些錢，這樣既做了工作，又拉近了感情。可是，這位專門與裁判打交道的人不好找，他不僅要辦事穩重，精明強幹，為人可靠，還要跟裁判搞好關係，並取得裁判的信任。他選來選去最後選中了在體育系統工作過的小方。

小方是個老實人，他不願做這事，錢給了裁判，又不能打條子，到時候說不清道不明，弄不好兩頭遭懷疑。可是，小方又是一個比較好說話的人，儘管不想幹最後還是幹了。

陳培德對小方說：「你要主動配合宋總把證據交上來，在這種情況下，你個人的表現非常重要。」

小方為難地說：「陳局長，我過去不是搞足球的，跟裁判不熟悉。做這工作後也沒做幾場。如今，那些裁判都給我打電話，讓我替他們扛一扛，有的還求我千萬別出賣他們，他們混到今天不容易。可是，他們不容易，我也不容易啊，我替他們扛著，那就等於說那些錢讓我貪污了……。」

小方說到這裡抬起頭看了看陳培德說：「陳局長，宋總讓我找證據，我不能不找。可是，我把證據交上來，就不能再在足球圈混了……我是從省體育局出去的，能不能讓我回來，給我安排一個適當的工作。」

小方想讓陳培德給他留條後路。綠城給裁判的錢基本上都是通過小方的手送出去的。小方在送錢時，裁判沒給他證據，現在又讓他搞到證據，這是不講遊戲規則，裁判怎麼會不憤怒，怎麼會不翻臉？小方知道這樣做是要犯眾怒的，要遭到圈裡人唾棄的，從此他將臭名遠揚，再不會有人跟他打交道了，在足球圈裡沒法混下去了。

要小方交出證據就不能不考慮他以後的生存。還好，他的組織關係還在體育局，給他安排一份工作應該沒問題。陳培德對小方說：「小方，你不要有思想負擔，只要積極主動配合工作，交上證據，你的工作我會考慮的。」

小方喜出望外說：「陳局長，你放心，我會積極配合的。」

小方知道陳培德是一位很有人情味的領導，局裡不論誰有困難他都肯幫忙。前些日子，嘉興市體校有位學生得了惡性淋巴腫瘤，他不僅帶頭捐五百元錢，還號召全省體育系統捐款。陳局長生病去衛生所輸液，聽人們說省體訓一大隊的後勤科長突發心臟病去世，他的愛人下崗了，女兒還在讀大學。陳局長掏出三百元錢，托人轉交給後勤科長的愛人。

小方相信陳局長會幫他的。

「好。材料什麼時候能交？」陳培德盯著問。

「我回去就搜集，搜集好了就給您送來。」小方說完，輕鬆地離去。

兩天後，陳培德作為浙江省體育代表團副團長隨團去廣州參加中國全國第九屆運動會。這屆全運會讓陳培德堅定了反腐的決心。

（四）陳培德做官快二十年，還像熱血青年那樣「國家興亡，匹夫有責」，寧可掉腦袋也要講真話。

晚上回家，陳培德發現餐桌的飯菜已悄然發生變化，不僅比以往豐盛，而且每一盤都是他喜歡吃的。他一下就讀懂了夫人李珍環的良苦用心，望著那菜那飯，又情不自禁地看了看夫人。她總是那麼低調，那麼少言寡語，不論做什麼都是那麼悄無聲息，那麼平平靜靜，毫不張揚。他心裡充滿了溫馨。

陳培德很少跟家人談體育局的事，家人對他工作情況的瞭解一靠媒體，二靠猜測。一位明智的領導是不會讓家人攪和到自己的工作中去的，那只會越攪越亂，難以收拾。可是，作為家人不可能不關注捲入政治和輿論漩渦中的陳培德，他們只好通過媒體報導來解讀，這在別人來看有幾分好笑，在他們家卻習慣成自然。

飯後，珍環滿懷憂慮地說：「培德，算了，別跟那些人爭什麼是是非非了。你是一個人，他們是一個利益集團，有級別不低的足球官員，有貪婪又怕事兒的裁判，還有財大氣粗的俱樂部，有有權的，有有錢的，還可能有黑社會的。你再過兩年就退下來了，體壇和足壇也就是他們的了。」

「我既然還在這個位置就不能視而不見，見而不管吶。那樣的話，我對得起國家和人民嗎，對得起這份責任麼，對得起自己的良心麼？」

珍環看了看他，真是江山易改，秉性難移啊，幾十年過去了，他還像高中時那個樣子，寧可掉腦袋也要講真話，講實話。年輕時那腔熱血還在他胸膛沸騰，「國家興亡，匹夫有責」的擔當精神還在，仍然堅持著自己的理想和追求。現在人管他這種人叫什麼來著？憤青。

珍環是一九五九年從印尼回國的，那年才十五歲。回國後，先是在集美僑校的補習班學一段時間漢語，然後考入廈門一中，跟陳培德分在一個班。人生像一條曲線，不經意間兩條曲線就相交了。那時的陳培德就高高的個子，滿腔熱血，朝氣蓬勃，雖然家境貧寒，可是一件縫著好幾塊補丁的衣服穿在他的身上也有幾分風度。他是保送生，從小學保送到初中，又從初中保送到高中。保送生都是品學兼優的好學生，他在入學不久就被選為團總支書記。他待人真誠，熱情奔放，愛好廣泛，還擁有著像話劇演員似的富有磁性和穿透力的嗓音，讓許多女同學怦然心動。她是其中的一個，可是她性格內向，不善交際，不顯山不露水的，同窗三載，她除了多看他幾眼之外，再沒有什麼交往。

一九六二年，高中畢業了，陳培德以優異成績考取北京大學哲學系，她考上了泉州華僑大學中文系。離開高中後，在他心裡沒有什麼印象的她卻低調地追求他了。她是一個內心豐富、心細如發的姑娘，知道他離家後最惦記的就是年邁的父母，她每週都回到廈門去看望他的父母和家人，然後把家裡的情況寫信告訴他。一來二去，他的父母和姐姐、弟弟、妹妹都喜歡上了這個言語不多的姑娘。

一次放假，母親跟他談起了婚事：「培德，我對你的婚姻沒有別的要求，只要她不是北方人就行。」陳培德理解母親的心情，母親不識字，不僅不會說普通話，還聽不懂普通話，母親是怕在北京讀書的他找一位北方的媳婦，那樣母親跟兒媳之間連話都說不了了。

「媽，放心吧，我一定會給你娶一個會說閩南話的兒媳婦。」陳培德笑著對母親說。

母親早已讀懂珍環的心思，她想要這麼個兒媳婦就好了，不僅是廈門人，會說閩南話，而且還知書達理，孝順老人，不論跟培德的姐姐、妹妹還是弟弟處得都很融洽。可是，母親還沒摸清兒子的心思，沒有把心裡的話兒說出來。

一九六七年，陳培德和珍環大學畢業了，正巧趕上「文革」，百業俱廢。一九六八年，好不容易盼到分配工作，陳培德想回廈門，可是分配方案偏偏沒有福建的名額，浙江有七個名額，離廈門最近的是金華縣，他只好選擇了金華。

陳培德揣著報到證，背著行李，風塵僕僕走進金華縣「革委會」。負責分配工作的領導聽說他是北大哲學系畢業的，笑盈盈地問：「小夥子，你有什麼要求儘管提吧。」

「我沒有別的要求，只要離火車站近一點兒就行。我父親已經六十八歲了，母親也六十歲了，他們身體不好，萬一哪天病了，我好儘快趕回去……。」

「你就去羅埠公社吧，那地方離火車站只有八里地。」領導看了看分配方案說。

陳培德聽錯了，以為派他去蘿蔔公社，爽快地說，「行。不管蘿蔔還是青菜，只要離火車站近就行。」

領導沒想到陳培德這麼好說話，在他之前來的五位大學生一聽去農村教書，說什麼也不幹了，待在縣招待所等著重新分配。

陳培德成為羅埠公社小學的語文老師，住著木板房，喝著蘭江水，吃著百家飯。

陳培德從北方回到了南方，珍環卻從南方到北方，被分到山西大同機車廠。一九六八年十月，珍環去大同機車廠報到時路經浙江，她想到金華看看陳培德。

陳培德畢業前回家探親，父母見他已經二十五歲了，該考慮婚姻大事了，提出把他和珍環的親事確定下來。陳培德是大孝子，從不違母命，他把珍環找了過來，商量了一下，確定了戀愛關係。珍環的母親也是一位開明的老人，知道陳培德家裡非常窮，對珍環說：「只要你喜歡就行，媽媽尊重你個人的選擇。」珍環說：「我看中的是人，而不是錢財。」

同事聽說陳培德的未婚妻要來了，紛紛起鬨說：「陳老師，等你女朋友來了之後，你們就去公社登記結婚，要不然的話，她來了之後住哪兒？」陳培德蒙了，是啊，珍環來了之後住在哪兒呢，公社沒有招待所，他們又沒結婚，不能住在一起。登記就登記吧，反正關係已經確定了，結婚是遲早的事情。

十月十日，陳培德在車站接到珍環之後，倆人商量一下，婚姻大事哪能擅自做主？他們去了郵政所，分別給自己的父母拍電報請示結婚。

陳培德的父母接到電報就蒙了，不是商量好他們放假後回廈門結婚嗎？那樣可以把婚禮辦得隆重一點兒，他們怎麼這樣匆匆忙忙地要結婚了呢？會不會是奉子成婚？這事兒又不好問，於是父母回電：同意結婚。

學校黨支部書記知道珍環的家庭出身，問道：「陳老師，她有海外關係，你難道就不考慮考慮自己的前途嗎？」陳培德家庭出身好，根紅苗壯，本人又在大學入了黨，是很有發展前途的。

陳培德想，珍環家裡經濟富裕，又被分到城市，她跟自己結婚屬於下嫁，她都沒嫌棄自己家裡窮，沒嫌棄自己在農村教書，這樣賢慧的妻子上哪兒去找？他不假思索地說，不再考慮了。於是，書記給他開了結婚介紹信。珍環聽說他為婚姻放棄了政治前程感動不已。

當天晚上，陳培德花了十一元五角錢購置點兒茶葉和糖果，把同事找來熱鬧了一番就算結婚了。新房是跟同事借的。

結婚之後，珍環就去大同報到了，被分到機車廠當氣焊工。

陳培德想調回廈門，回到父母身邊。他的請調報告從公社遞到縣裡，領導說：「我們縣好不容易才分來一位北大的畢業生，怎麼能輕易就放他走呢？這樣吧，把他妻子調來吧，這樣他也就能在金華安心工作了。」山西大同不管怎麼說也是一座較大的地級市，生活條件比金華農村要好得多，她會放棄大型國企來金華麼？沒想到他跟她一商量，她義無反顧地同意了。

一九七一年，珍環為了愛情調到金華縣。夫妻兩地分居的問題解決了，隨之而來的問題又出現了，她被分配到一所廠礦子弟學校當教師，學校距離羅埠八里多地，他們由兩地分居變成了一地分居，只有週末才能團聚。她從學校趕過來，給他洗洗衣服，做頓可口的家鄉飯菜。

一九七一年重陽節，珍環回廈門生下了大女兒陳寧。四個月後，她把女兒留在婆婆身邊，回到金華陪伴陳培德。陳培德在農村教十年書，她陪了他七年。她在海外有許多親戚，他們紛紛寫信勸她出國，離開浙江農村，她卻為愛情留了下來。

後來，陳培德調到省裡，珍環隨他調到杭州，在一所職業技術學院教英語。陳培德經常想，當初珍環要是走仕途的話，也許比自己更有前途。一九八一年，陳培德還是普通教師時，珍環已是浙江省人大代表和省僑聯常委了。她不僅是歸國華僑，有文化，還是年輕的女同志，很有政治前途。可是，他走上領導崗位後，她就主動退了下來，甘心當賢內助。

珍環知道像陳培德這樣的官員實在是太少了，少得已有點兒另類了。有些人猜疑，陳培德到底想幹什麼？一個省體育局長幹嗎要捅中國足壇這個馬蜂窩？國家體育總局的領導不管，中國足協的高官不管，你算是哪路神仙？你這不是越活越不懂事了麼？無利不起早，你到底想撈什麼好處？

「既然話已經說了出去，那麼該怎麼辦就怎麼辦吧，社會自有公論。你也不要怕，大不了這官兒咱們不當了，回學校去教你的書，有什麼呢？你又不是不能教書。放心吧，培德，不論到什麼時候，家人永遠跟你站在一起！」

陳培德感激地看著夫人，眼裡閃爍著淚花：「臣本布衣，躬耕於南陽。」這是諸葛亮《出師表》的一句話，最近這句話總盤桓於他的腦際，常常情不自禁地從嘴邊溜出來。

假若說陳培德是一部書，她就是最忠誠的讀者，一晃已熟讀四十二年了，每章每節，甚至每個標點符號，她都了然於心。她知道他處境的艱難，這場鬥爭事關於利益，事關於榮辱，體壇的貪官、黑哨，以及行賄的俱樂部必然會拼死抗爭。他儘管有省委省政府的支持，有媒體和全國人民的支持，可是出場是他自己。他把閻世鐸、宋衛平視為同一戰壕的戰友，可是目前站在前沿陣地上的只有他一人，宋衛平說提交證據，至今還沒交上來。他萬一不交證據，或沒有確鑿證據，他這位體育局長將怎麼收場？人家會不會說他破壞足壇和諧氛圍，「唯恐天下不亂」？如今，打假的被打，反腐的被反的例子還少嗎？

第三章

吉利、綠城炮轟中國足協

（一）李書福憤然宣佈退出足壇，不玩了。他面對央視的鏡頭說，我們手裡有黑哨的證據，如果司法介入，我們願意站出來作證。

十二月十一日，陳培德與全省體育系統的代表和省有關委、辦、廳的特邀代表雲集東陽橫店。浙江省體育局在這裡召開全省競技體育持續發展戰略研討會。這是陳培德主政以來每年一次的重要會議。

陳培德在金華地委當宣傳部長時，橫店在金華地區還是一個名不見經傳的小鎮，在地圖上都難以查找，經濟落後，無論鐵路還是國道都忽略了它的存在，即便從金華去橫店都不大容易。如今橫店已成為國家四A級旅遊區、亞洲最大的影視拍攝基地，不僅浙江人人皆知，而且全國聞名。你走在杭州，不經意就會發現一塊路牌廣告或公車廣告——一位身著龍袍的小男孩霸氣十足地指著你的鼻子說：「還不去橫店玩？」

陳培德希望浙江的體育能以橫店的速度發展，能像橫店一樣橫空出世。

晚飯後，體育局常務副局長杜兆年走進陳培德的房間，想商量一下會務，見陳培德正準備收看央視的《足球之夜》，也就在沙發上坐了下來，一邊跟陳培德說話，一邊看電視。二〇〇一年甲B聯賽以來，《足球之夜》成為陳培德每期必看的節目，雷打不動，哪怕不吃不喝也不能不看。

《足球之夜》開始了，螢屏上出現「吉利足球俱樂部告別足壇」新聞發佈會的現場，吉利集團董事長李書福身著藏青色西裝，雪白襯衣，繫著淺格領帶，神情莊重地坐在臺上。他旁邊坐著吉利俱樂部總經理桂生悅、常務副總經理鮑仲良，還有一位大家都不認識的人，他的桌前沒有桌簽。鮑仲良介紹說，他是吉利集團的法律顧問樓韜。

陳培德和杜兆年大為震驚。二〇〇一年三月十六日，李書福出資一千四百萬元買下廣州太陽神足球隊的百分之九十股份。連足球有多少人踢，什麼叫越位都不懂的李書福組建了廣州吉利汽車足球俱樂部。

李書福是商人，進入足壇的目的很單純——提升吉利汽車的知名度。在二〇〇一年甲B聯賽中，吉利成績不俗，前十輪五勝五平，這是廣州足球隊在一九九九年降為甲B之後取得的最好成績。李書福覺得衝甲A的希望像鑽出地平線的太陽冉冉升起，興奮之下提出要「投資足球三十年」。

圈內的人對此不屑，認為他是門外漢，根本就不懂足球。

一位足壇資深人士嘲笑說，「他們連怎麼做裁判的工作都不知道，也想衝甲A？笑話！」

在第六、七輪時，總經理羅曉明突然問李書福：「想不想衝甲A？想衝甲A的話，計畫就要重新制定了。」

「怎麼重新制定？」李書福莫名其妙地問道。

「這裡邊黑得不得了，要想衝甲A就得做裁判工作，給裁判送錢，不送錢是不行的。」

李書福一聽就火了：「一個破吹哨的，他憑什麼掙錢比我還容易！不給！你們罵我是農民，我就是農民！」

接下六場吉利一場都沒贏，名次從第一、第二掉到第七、第八。羅曉明辭職，桂生悅接手，吉利內部圍繞做還是不做裁判工作爭論激烈。李書福堅持不給裁判送錢。有人說，你不給裁判送錢不行，足球就這樣子。

這樣子我就不玩了。李書福一氣之下想退出足壇。

「只要功夫深，鐵杵磨成針。」在大家的勸說下，李書福終於開了竅，同意送錢。錢真好使，送上後廣州吉利的名次像墜落的蒲公英遇到一陣和煦的小風，漸漸飄起來了……。

陳培德心想，吉利進入足壇還不足九個月，怎麼說退出就退出了呢？而且還破了中國企業投資足球時間最短紀錄。不過，以這種方式告別足壇倒符合李書福的性格——愛折騰、能折騰，也善折騰。

李書福神態凝重地說：「我們為什麼選今天的日子召開發佈會？因為今天是一個特別的日子，十二月十一日中國正式加入了世貿組織，在今天召開新聞發佈會是我們精心策劃的，『WTO』原則就是公正、公平、公開，我們選擇這一天宣佈離開足壇，是因為足壇缺少公正、公平和公開。」

桂生悅宣讀《致全國球迷的公開信》。桂生悅也是西裝繫領帶，可是氣質與李書福迥然不同，他戴著眼鏡，鬢髮有點兒花白，舉止儒雅，不像足球俱樂部的老總，反倒像個學者。桂生悅充滿了失望、憤懣與無奈地說：「臨近聯賽的末期，我們也得到很多內部消息，大致意思就是不管吉利怎麼努力拼搏，反正肯定衝不了甲A，但我們還是固執地以為，一分耕耘一分收穫，只要我們努力了，幸運之神會最後眷顧我們的……在最後的最後，我們終於認識到，那只是一個噩夢，我們只是無助的風中之燭，註定要熄滅在這黑暗之中。我們發自內心的抗爭和努力顯得那麼蒼白和渺小，我們原本認為那麼崇高的足球事業竟是如此這般……」

吉利的夢醒了，面對著殘酷的現實，再也回不到夢中。

桂生悅提高了聲音，一針見血地指出：「我們認為，中國足協現有的作為根本沒有觸及自身的問題，而今年甲B聯賽之所以醜惡不斷，腐敗叢生，其根子在中國足球管理層身上。中國足協的某些作為，既不講遊戲規則，也無視球迷呼聲，致使參與了中國足球的企業和廣大球迷對國內的足球競賽失去了信心。這也是我們吉利集團退出中國足球的根本原因。」

桂生悅是浙江省富陽人。「文革」後恢復高考時考入西安交通大學，畢業後在香港華潤集團工作了十六年。他是作為李書福的朋友加盟吉利俱樂部的，自稱是不拿工資、不拿獎金，「友情出演」的總經理。

陳培德十分清楚，導致廣州吉利退出足壇的主要原因是吉利對決中遠的比賽。那是甲B聯賽的第二十一輪，中遠為主場，廣州吉利為客場。這是兩隊的生死之役，廣州吉利勝上海中遠就榮獲甲B聯賽的第一名，也意味著衝甲A成功，此舉可給廣州吉利帶來三千萬元的經濟效益。假若上海中遠勝廣州吉利，將提前晉A，上海中遠置業集團約八千五百萬元的投資也算得到回報。據《中國足球報》報導，中遠「俱樂部與球員簽訂合約，並制定了工資及獎懲制度。主力球員工資為一萬元，替補為八千元，單場贏球獎是四十萬，平球是二十萬，連勝獎為四十萬，進球獎為十萬。全部二十二場比賽唯一一場比賽多發了四十萬，那就是主場四：〇贏廈門紅獅的比賽，發了一百一十萬。最多一場比賽獎金是最後一場對天津立飛，贏球獎加上翻倍獎和進球獎是一百七十萬。」

在第十輪主場，吉利曾以二：一勝了中遠。有媒體說，這場球賽「不僅讓一貫心高氣傲的徐根寶遭遇到了下課危機，也讓吉利榮登甲B積分榜「領頭羊」位置。可是，接下來吉利走了麥城，連續五場沒贏，積分從榜首跌至第五，衝甲A的希望像落日似的掉了下去。在最後六輪比賽中，吉利引進了外援圖穆，連贏三場，讓太陽從西邊升了起來。

中遠、吉利之戰，不論對於哪一方都是一場惡戰。

儘管吉利赴上海前已做好充分心理準備，可是仍然大感意外。球隊到上海後，先是找不到住的地方，許多的賓館以「怕球迷鬧事」為由拒絕接待。最後總算找到個地方住了下來，可是門口拖來八門仿古炮的模型，炮口對準他們，你說憋不憋氣？

一片片不快的陰雲還沒消散，週五下午又看到《新民晚報》的報導：

中國足協關注甲B生死大戰
張建軍執法中遠吉利之戰

本報訊（記者高興）據悉，執法本周六甲B聯賽上海中遠與廣州吉利的主裁判是來自北京的張建軍。甲B聯賽還剩下最後兩輪，目前有五隊存在衝甲A可能。本輪中遠與吉利、亞泰與舜天以及下一輪的舜天與五牛均為生死大戰。中國足協給予了極大的關注。為保持公平公正，足協還擬在個別場次安排國外裁判執法。

在這篇報導左側是一篇通訊：《輕鬆賽前行，贏你沒商量——中遠隊訓練探營》

廣州吉利蒙了。中國足協九月初在北京召開的俱樂部總經理會上，副主席張吉龍不是說，為確保最後三輪比賽的公平與公正，中國足協將聘請外籍裁判執法麼，怎麼變成了北京的張建軍呢？廣州吉利不相信這是真的，可是又不放心，於是給中國足協打電話證實，向比賽監督部門反映。足協的官員說，因為國際航班的問題，外籍裁判來不了，這場比賽還得由中國裁判來執法，不過主裁是誰還不知道。

早在一九九八年，國際足聯和亞洲足聯根據《遼沈晚報》對十二家俱樂部就黑哨問題的調查結果，要求中國足協對此迅速調查。中國足協將足壇反腐列為當年六大任務之一。時任足協裁判委員會秘書長的張健強表示在比賽前對裁判人選嚴格保密，賽前一小時公佈。後來又改為比賽前幾小時公佈，怎麼可能將主裁判的名字刊登在前一天的報紙上呢？不可能，肯定是假新聞。

結果主裁判名字一揭曉，就是張建軍！這屬於洩露機密啊，按常規應該更換主裁判，可是中國足協卻沒更換。

還沒等比賽廣州吉利的心已經涼了一半。在二一體育網和中國足球新聞網主辦的「我心目中的二〇〇〇年中國足球最佳黑哨評選」中，張建軍和陸俊等國際裁判均為候選人。

有人說，陸俊是中國足球裁判的「NO.1」，一九七八年，年僅十九歲的陸俊考入北京體育學院，踏上了足球裁判的生涯。一九九一年，三十二歲的陸俊成為國際裁判，成為首屆世界女子足球錦標賽中國足協推薦的唯一主裁判。一九九八年，陸俊被評選為亞洲最佳足球裁判員。二〇一〇年三月，亞足聯委員會六大委員之一、中國足球裁判的楷模陸俊被警方帶走。據說，早在二〇〇一年全運會，他就操控部分足球比賽的結果。有人說，陸俊不僅向俱樂部收錢，而且方法高明。其他裁判都是賽前跟俱樂部談妥，賽後由中間人收錢。陸俊一開始就擺脫了中間人，自己和俱樂部單獨結算。當時社會流行一個段子，「陸俊聽人說龔建平是黑哨，不快地說：『他哪是黑哨？他哪有我黑呀？』」在聯賽中，場次的重要性與裁判的名聲都將是價碼，據說像陸俊這等裁判幾萬元錢是打發不了的，最起碼要幾十萬，甚至於上百萬。這種裁判給了也不白給，他只要收了，一定會幫你做好。價碼好，貪得多，進去後也就要判得重，所以說陸俊腦袋上的光環既成全了他，也害了他。

張建軍雖然不能跟陸俊相比，也算得上有名的黑哨，不僅屢屢上榜，而且還「榮」登過榜首。

事後，據廣州吉利常務副總經理鮑仲良的披露，在甲B聯賽最後階段，廣州吉利做了兩場比賽的裁判工作，其一是廣州吉利與綠城比賽的主裁判張建軍。那場比賽廣州吉利以三：〇獲勝，按照事先與中間人達成的協議，他們支付了六七萬元的好處費。記者問鮑仲良，你們為什麼不繼續做張建軍的工作呢？鮑仲良坦率地說：「我們是在星期五的下午才得知這個消息的，之所以沒再去想辦法，是因為我們根據當時的情況已經得出這場的結論：這場比賽的裁判不僅可能是黑哨，而且還可能是官哨，就算我們做了也只是白做。」

比賽前，廣州吉利又發現那場球賽的門票印的不是「上海中遠與廣州吉利」，而是「上海中遠與廣州太陽神」，這要說不是有意的，恐怕傻子都不信。

可以說，廣州吉利在賽前就知道了這場比賽凶多吉少，贏了是奇跡，輸了很正常。上海中遠實力雄厚，甲B諸雄均對其畏懼三分，如果裁判「工作」到位，所向披靡。

九月二十九日，上海中遠對廣州吉利拉開惡戰序幕時，天降大雨，似乎為悲壯的廣州吉利潸然淚下。

廣州吉利不甘失敗，決一死戰。在比賽進行到第十三分鐘時，圖穆一腳勁射，破門得分，士氣陡然高漲。可是，兩分鐘後，中遠隊安德雷斯一球破門，一：一平……。

比賽進行到九十分鐘時，場上比分二：二。這時，看臺上的李書福發現在對方前場至少有八九個任意球，裁判一個都沒判，看來裁判是鐵心不讓吉利贏球了。突然，中遠隊的加西亞接到隊友的球後，一腳傳給外援馬克，馬克將球輕輕一踢，球滾進廣州吉利的球門。張建軍判定進球有效，場上比分三：二。

吉利隊員認為，馬克明顯越位，此球無效！廣州吉利的主教練周穗安跟主裁判張建軍交涉，張建軍堅持該球有效。廣州吉利隊憤然以罷賽抗議。張建軍對此不予理睬，九分鐘後吹響比賽終結哨聲。上海中遠以一球獲勝，提前晉A，廣州吉利不僅痛失晉A的機會，而且痛失三千萬元的經濟效益。

桂生悅在雨中仰天長嘯：「蒼天在上，公理何在？」

事後，廣州吉利的老總李書福悲痛地說，吉利集團從寧波開去七十輛大巴，三千名員工觀看了這場比賽，看到這一結果時，很多員工都哭了，要衝下去打張建軍，要不是我們及時攔住，他就被打死了。

中國足球裁判挨打經歷似乎隨著收入而日益增多。張建軍在三月份就挨過一次打，左眼眶被鐵制汽車搖柄砸了一道口子，鮮血直流，在醫院縫了兩針。中國足協裁委會說，在甲級賽場，裁判員遭受攻擊的事件已司空見慣，襲擊物品有高爾夫球、望遠鏡和球迷用的小喇叭，像張建軍這樣遭到汽車搖柄砸傷，並引發流血事件還是第一例。

事後，張建軍說：「如果這一砸能引起大家對裁判員安全的重視並出臺對裁判的保險措施，我真覺得這點血沒白流。」按此來說，假如張建軍被吉利的員工打死也算得上死得其所，沒有輕於鴻毛，反而重於泰山，為中國足球裁判事業做出了傑出的貢獻。可惜，吉利集團沒有成全張建軍。

曲終人散，廣州吉利隊沮喪退場。當外援二十二號哈拉拎著足球鞋走過攝像機的鏡頭後，突然放慢腳步，轉身回頭，對著攝像機鏡頭意味深長地做出數錢的動作。一位記者將他攔住，他對著鏡頭說：「我們比中遠有實力，為什麼中遠衝甲A成功？因為他們比吉利更有錢。」

可能在哈拉的眼裡，在中國只要有錢就可以為所欲為，就想要什麼有什麼。

最後，哈拉失望地說：「中國足球太讓我傷心了，我不知道明年還會不會留在這裡。」

廣州吉利輸給中遠後，大部分的球員都哭了，外援圖穆把自己關在房間裡，哭得天昏地暗。他是一位優秀的球員，不僅有職業道德，而且特別敬業。在廣州吉利與綠城那場比賽前，他得到母親去世的消息，沒對任何人說，照樣參賽，並且還為吉利攻進一球。

吉利隊主教練周穗安在賽後的新聞發佈會上氣憤地說：「今天是國際足聯的公平競賽日，可是大家看到公平了嗎？沒有人看到。」

上海中遠隊主教練徐根寶勸道：「小周，你冷靜一點，你時間還長，你還年輕，還在當教練，幹嗎呢？」周穗安憤懣地說：「你怕我說了以後沒的當嗎？我說這些話是衷心希望中國足球好。」

十月十六日，中國足球協會紀律委員會宣佈長春亞泰和成都五牛被取消了升甲A的資格後，廣州吉利認為他們的總分為四十分，位居二〇〇一賽季甲B聯賽的第四名。晉甲A的名額是兩個，一個被上海中遠獲得，還有一個名額，廣州吉利前邊的兩隊均被罰掉，現在排名是中遠第一，吉利第二，吉利理所當然應該獲得那個晉甲A的名額。廣州吉利提出申請，結果被中國足協駁回。李書福憤然決定退出足壇，在二〇〇一年十一月二十九日，他與廣州市足協負責人孔茂勝分別在寧波和廣州簽訂終止合作協定。

這個被稱為「汽車狂人」的人出生於浙江台州的一個貧窮落後的小山村。他的發家史不僅生動而且富有傳奇色彩。十九歲那年用父親給的一百二十元錢買了一架照相機，騎著一輛破自行車到處兜攬生意。半年後，他用賺得的一千元錢開了一家照相館。當他發現用鹽可以在顯影液中過濾出銀之後，開始收集顯影液，並挖到第一桶金。他後來轉行賣冰箱、生產冰箱，做摩托車生意，迅速完成了原始積累，最後將目光聚焦在汽車上。

李書福最初在汽車領域遭到擠兌，拿不下來生產許可證，每年車展時他生產的汽車只能跟零配件擺在一起。他抱著「讓吉利車走遍世界各國，而不是讓世界各國的車走遍中國」的夢想屢敗屢戰，最終造出了中國第一輛自主智慧財產權的跑車，成為中國民營造車的「第一人」。

有人說，李書福的狂只是一種表現形態，執著才是他的做事態度。他不論做什麼都要做第一，他想造世界第一的汽車，想辦像哈佛那樣的大學，也想打造中國第一的足球隊。可是，這位二〇〇一年在《福布斯雜誌》中國大陸財富排名第四十九的企業家沒想到足球遠比汽車要複雜得多。

失之東隅，收之桑榆，廣州吉利沒獲得甲B聯賽的第一，李書福卻獲得「中國足壇揭黑第一人」榮譽。有人說，李書福是中國第一位退出足壇的企業家。這桂冠早在三年前被大連萬達集團董事長王健林斬獲。當時，王健林也像李書福一樣在新聞發佈會上義憤填膺地宣佈：「中國足壇太黑暗了，萬達將永遠退出中國足壇！」

那是一九九八年九月二十七日，在大連萬達與遼寧天潤的比分為〇：〇的情況下，以點球一決雄雌。結果遼寧天潤以六：五勝大連萬達。王健林譴責主裁判俞元聰有三個點球判罰不公，從而導致大連萬達雙冠王的夢想破滅。第二天，王健林悲愴地宣佈：大連萬達將對大連企業無償轉讓足球俱樂部的全部股份。

中國足壇傷透了王健林的心。

離婚可能源於一件雞毛蒜皮的小事，積怨卻是冰凍三尺，非一日之寒。對王健林來說，離開足壇之念已不是一天半日了。事後他說，「管理足球的機構是官辦的，它管理的事情是市場化的，似乎想讓它按市場化來走，這個體制和市場化的運動存在很大的矛盾。管理部門是任命的，而不是選出來的，這是很難調和的。」

他還說：「我在退出足壇的前兩年，已經明顯感覺到賭博行業已經滲透到我們這個行業裡來了，有賭球的，而且影響了賽場的一些比賽。我還找過當時體育總局的主管領導反映過，堅決要求和公安聯手打擊，但很遺憾都沒有被採納。」

王健林只有選擇退出足壇。可以說，王健林的退出是中國足壇的一大損失，在其麾下的大連萬達足球俱樂部從成立到轉讓的六年期間，先後取得四次聯賽冠軍，一次聯賽季軍和五十五場不敗的紀錄。

接著是李書福發言。他先是拿著稿子照本宣科，這一講稿由鮑仲良起草，李書福、桂生悅、樓韜等人從昨晚十時商量到凌晨兩點多鐘。

樓韜認為這份講稿的內容在法律上沒有問題，說「今年甲B聯賽之所以醜聞不斷，腐敗叢生，其根子在中國足球管理層身上」有點不妥。「萬一有記者問，你有事實根據嗎？如果回答就必須提供證據；如果不回答，就會授人以柄，人們會認為吉利信口開河。」

李書福想了想，連這麼一句解氣的話都不說，這新聞發佈會開得還有什麼意思？他說：「這個問題我們不會展開講，簡單帶過就算了，留著吧。」

李書福念著稿，眼看就要大功告成，卻越念臉越紅，聲音也越高，突然他氣憤地把稿子丟在一邊，揚起了頭說：「吉利集團是帶著迷惘和希望進入中國足球的，在我眼中，原來以為足球只不過是個踢來踢去的球這麼簡單，但介入不久就讓我大吃一驚，一場球一百萬、兩百萬地行賄，可是從來沒有一個搞足球的官員、裁判員給抓起來。」

一場球要行賄一兩百萬？這不禁讓球迷震驚，陳培德也大為震驚。

李書福想借足球打響吉利汽車的品牌，提升產品知名度。結果廣州吉利輸了，輸得讓人憤憤難平，讓人憋氣又窩火，當然有話要說了。

記者提問：「你們有沒有給裁判賄賂過？」

李書福回答道：「我們沒有直接送錢給裁判，是通過中間人，至於中間人有沒有把錢給裁判我們就不清楚了。」

記者追問道：「如果要你當污點證人你願不願意？」

李書福說：「我願意。」

記者問：「有沒有人出錢讓吉利輸球？」

李書福說：「有。」

記者說：「如果你有根據的話，你將是中國足球的第一人，將是中國足球走向光明的第一人。」

李書福說：「你說裁判開的車、住的房和他們賺來的是不是成比例？法律上有一條巨額財產來源不明罪，在其他領域，不是有很多官員都因為這個原因給抓起來了嗎？如果我說錯了，我願意接受法律的處罰。」

記者說：「你一定要有根據。」

桂生悅接過話說：「就像閻世鐸說的，現在的假球還要證據嗎？他們當時指責俱樂部成也蕭何敗也蕭何，這個蕭何指的是俱樂部，現在我們看來這個蕭何就是足協本身。包括中國足球官員在私下聊天時都知道有哪些裁判有問題，楊一民也這樣說，只有兩個裁判不會收取賄賂，一個是劉鐵軍，一個是孫葆潔。什麼叫只有兩個裁判？中國這麼多裁判，這說明中國足協的官員都知道，但是就是從來沒有像處罰俱樂部的官員和球員一樣公開處罰過。」

楊一民時任中國足協聯賽部主任。他在一九九八年就當選為亞足聯技術委員會委員，二〇〇〇年從技術部換崗到聯賽部，負責聯賽、裁判、技術等方面。在中國足壇第一波打假掃黑風暴之後，他當上中國足協專職副主席，二〇〇九年接任南勇，當選為中超公司董事長。二〇一〇年三月一日，他和南勇、裁判委員會原主任張健強一起被捕。

楊一民對於黑哨瞭若指掌，就是不管。是啊，足壇那潭水要清了，他們這些人上哪兒去貪去撈呢？如果不貪，楊一民何至於在快要退下來，眼看就功德圓滿時被抓了進去，不知猴年馬月才能出來。

即便是楊一民眼裡的不會受賄的孫葆潔，媒體不是也質疑過嗎？在吉利與綠城那場比賽，孫葆潔是主裁。當比賽以〇：〇結束後，孫葆潔對記者說：「這個比賽結果我在賽前就知道了。」此話在媒體中引起軒然大波，裁判怎麼能預先知道比賽結果？難道有只黑手在操縱比賽？在《足球報》的《一個最無恥的賽季——二〇〇一賽季甲B聯賽「疑案」一覽》中，將矛頭直指孫葆潔：「主裁判孫葆潔上下半場的判罰尺度明顯不一，上半場有利於主隊，下半場卻偏向客隊，但整場比賽卻沒討好任何一方。」

李書福說：「如果要打官司，我還要求法庭現場直播。如果不應戰，說明他們心虛；如果應戰就講道理，事實就是事實。中國足球有很多內幕別人都不知道的，你們媒體應該有責任做到讓司法機關都知道，這樣才能把中國足球引入光明。我在涉及足球之前還不知道中國足球有多黑，進來以後才知道一場比賽可以收三萬、五萬、十萬多的黑錢。我看連十強賽都有可能是錢買下來的。我講的話是負責任的，我這個人就是想怎麼說就怎麼說，人活在這個世界上怎麼連說話的勇氣都沒有，憋在心裡很難受。張吉龍欺騙人，中國足協都在騙人，我們怎麼搞足球？」

他接著說，「我是搞經濟的，有時我們也需要請主管官員吃頓飯，或者送點小禮品。但是，這些官員非常謹慎，吃飯都很小心，禮品多了就不敢收。但足球界就不同了，送錢不怕多，越多越好，一大包錢都敢收，少了不要……整個足壇似乎與中國經濟的市場化進程格格不入，場內的遊戲規則基本上是被場外的黑幕交易所左右。中國足協為所欲為，沒有規矩。」

在中國，還沒有一位足球俱樂部的老闆膽敢這樣公然叫板中國足協，炮轟中國足壇，而且李書福不是小鋼炮，而是「古斯塔夫巨炮」，足以讓足壇產生震動，讓足球官員心驚膽戰，讓黑哨們惶惶不安。看來這個汽車狂人已變成足壇揭黑狂人，要把足壇的所有骯髒都揭出來。

李書福的火由來已久。在第十七輪，廣州吉利隊在主場對江蘇舜天的比賽中，吉利的外援卡塔納伊突入禁區，被舜天的門將范和平撲倒，主裁張寶華卻視而不見。李書福一氣之下賦詩一首：「千年鐵證越秀山，渾身正氣天長眼。狗吹黑哨滿天飛，吉利直撲鬼門關。」也許李書福的詩道出了全國球迷，以及媒體對黑哨的憤恨，這首詩第二天出現在全國各體育報的顯著位置。

一個網友評價：「李書福太有才了。」

另一個網友說：「簡直TM蓋了帽兒了！我向中國足球史上最偉大的詩人李書福同志致敬！」

李書福越說越激憤：「這次中國足球衝出去了，但與我國經濟取得的成就相比，這算個屁！」

「接觸足球不久，有人告訴我要跟裁判搞好關係。我開始以為只要一起喝喝酒，或者給個幾千元也就行了。但是他們的胃口很大，幾萬、幾十萬的要。」

「也有俱樂部向我們行賄，讓我們放掉某場比賽，但我們沒有答應。在聯賽後期，圖穆接到一個電話，對方表示願出二十萬元要求圖穆在比賽中不要進球。」

這事，廣州吉利的翻譯劉振強在《足球報》上披露過。二〇〇一年九月份的晚上，他去看外援圖穆，見圖穆心事重重，怕影響下一輪的比賽，於是問道：「圖穆，有什麼難處麼？」圖穆說：「這幾天有人給我打電話，讓我在這週六的比賽中別進球。」劉振強大驚，他早就聽說在甲B聯賽中有買球賣球之事，沒想到這種事居然發生在圖穆身上。

劉振強急忙問：「圖穆，你打算怎麼辦？」

圖穆說，他想跟總經理和教練談一談。於是，他們來到桂生悅的房間，並找來周穗安。圖穆說：「這幾天，有一位會講英語的中國人打電話給我說，只要我在這個週六比賽時不進球的話，他們就給我二十萬元錢。我沒有答覆他們。」

桂生悅和周穗安感到事件重大，倆人商量了一下，讓圖穆跟對方聯繫一下，想弄清到底是怎麼回事。

圖穆的電話撥了過去，他說：「你說的那件事情，我還沒考慮好。」

對方說：「其實很簡單，只要你不進球，就可以得二十萬元錢。」

圖穆說：「那我得好好考慮一下才能答覆你，我們如果衝甲A成功了，吉利也可以給我二十萬元獎金。」

對方說：「那麼這樣吧，過五分鐘之後，我再給你電話好嗎？」

五分鐘後，對方來電話說：「圖穆，我們商量過了，可以給你再加十五萬元。只要你在這週六不進球，我們就可以給你三十五萬元錢。」

圖穆沒有立即答覆，掛斷電話後對桂生悅和周穗安真誠地說：「我來吉利後，跟大家合作得很愉快，作為職業球員，我應對俱樂部負責，況且我們衝甲A希望很大。我不會為三十五萬元出賣自己的球隊，我現在可以打電話拒絕他們的要求嗎？」

得到桂生悅他們的同意後，圖穆給對方回話，拒絕了買球的要求。

憤怒讓李書福越說越控制不住，反正已金盆洗手不玩了，中國足協不論怎麼恨他也奈何不得了，他希望「讓暴風雨來的更猛烈些」，哪怕雞蛋大的冰雹砸下來。最後，他挑戰地說：「歡迎中國足協對我們的發言回擊，最好把我們和吉利集團告上法庭，我們不怕，因為我們手頭有中國足球黑假的具體證據，如果司法介入，我們願意站出來作證。」

李書福最後悲傷地說，得不到政府在政策上的支持也是吉利集團退出足壇的原因之一。他說，在他的家鄉浙江，有關部門的主要領導給予綠城足球俱樂部以強有力的支持，每當綠城遭受委屈或不公平時，領導就會通過媒體發表意見，為綠城伸張正義。這種強烈的反差讓廣州吉利感到特別的寒心。

陳培德想起閻世鐸說過的一句話：「要做好中國足球出大事的思想準備！」

看來閻世鐸頗具遠見卓識。用辯證唯物主義的觀點來說，好事可以變成壞事，壞事也可以變成好事。大亂達到大治，達到脫胎換骨，陳培德希望閻世鐸能認識到這一點，不僅為治理中國足壇的腐敗，而且為淨化中國的體壇做出貢獻。

中國體壇治理腐敗的時候到了！陳培德不禁想起剛剛結束的全運會。

（二）全運會堅定了陳培德的打假掃黑反貪的決心。面對興奮劑、黑哨、造假氾濫成災，陳培德怒不可遏地說：「如果全運會的賽風不能得到根本扭轉，浙江將退出全運會，今後不再參加。」

十一月十一日，中國全國第九屆運動會在羊城廣州開幕。這是中國體育界四年一次的盛會，中國全國各省市有四十五個代表團、八六〇八名運動員參加。浙江省代表團的團長是副省長魯松庭，副團長是陳培德。出發前，浙江省委書記張德江一再告誡：「一是乾淨，二是幹事。」省長柴松岳、副省長魯松庭要求浙江省代表團：「保持一身正氣，寧失金牌也決不使用興奮劑。」陳培德發誓：這次全運會要乾乾淨淨參賽，堂堂正正拿獎牌，打造浙江「信得過，靠得住」的品牌。

廣東省為九運會修建的奧林匹克體育場恢弘氣派，火炬由螺旋狀的飄帶和球體構成，懸浮在兩組飄逸的緞帶屋頂間。飄逸的緞帶如龍騰飛，看臺區猶如花瓣，整個體育場合起來就是一朵盛開的木棉花。沒想到是興奮劑、黑哨、造假等醜陋現象在花中氾濫，像排放的污水到處橫流。

陳培德的心越來越沉重，沒有心情欣賞場館和觀看比賽。他以為袁偉民出任國家體育總局局長後，中國體壇將會濯汙揚清，賽風賽紀會有所好轉，沒想到這屆比上屆還齷齪。九運會興奮劑檢測數量比上屆翻一番，超過一千三百例，針對違禁藥品的新成分ＥＰＯ也進行了四百例血檢，可是仍有三分之一的代表團鋌而走險。瞞報虛報年齡和「人才交流」的現象更嚴重了，部分東道主的運動員不會講粵語。裁判執法不公現象由隱到顯，由偷偷摸摸到公開和半公開，由個別場次到多數場次，有的裁判員不僅向浙江的教練員索要「茶水錢」，還理直氣壯地質問：「在江湖上走了這麼多年，這點兒道理都不懂？」

難道這就是當今體壇通行的「道理」？陳培德聽後，氣憤地說：「什麼江湖？這些都是中國體育肌體上的惡瘤，不剷除行嗎？」

早在二〇〇〇年四月，陳培德聽說袁偉民擢升為國家體育局局長，他感到中國體育有希望了。陳培德認為，袁偉民不僅是率領中國女排創下「五連冠」的英雄，也是一位熱愛體育、懂得體育的領導。

當夜，陳培德浮想聯翩，難以入寐。袁偉民上任了，我作為地方體育局長應該助他一臂之力，除管好浙江的體育，不給他添亂，不讓他添堵之外，還能做點什麼呢？我可以幫他出謀劃策，把自己所見所聞的體壇情況反映給他。他爬起來伏案疾書，給袁偉民寫信。他在信中寫道：

「新官上任，燒什麼火？我想進一言：不必燒三把，一把就行！在體育戰線大刮橫掃腐敗的『龍捲風』……『一打綱領不如一個實際的行動』，現在行動比綱領、宣言更重要。現在普遍存在的興奮劑行為、賽風不正問題屢禁不止，多半屬於組織行為，而虛假成績，又可以名利雙收，針對這個，我提議……。」

他提出了五點制裁措施。在結尾處，他寫道：「我在體育戰線工作了八年，所見所聞，深感體育應該多出政治家，而杜絕政客；凡是不正之風屢禁不止的地方，其背後都有搞權術的領導撐腰。我常為此感到悲傷。我真誠希望我的進言能得到採納，並願意從我做起，從我管轄的浙江做起，當尚方寶劍臨頭，我決不會眨眼。」

陳培德已五十七歲了，距仕途的終點僅一步之遙了，憑著自己對黨的忠誠，對體育的熱愛和對袁偉民的信任，願意為體壇反腐付出自己的一切，即使倒在尚方寶劍之下也心甘情願。可以說，在現今社會這樣的高官，這樣的忠良已是鳳毛麟角。

信呈上了，卻泥牛入海，杳無音信。陳培德沒有灰心，他想袁偉民剛剛上任，日理萬機，可能沒時間回信。不論袁偉民回不回信，我說了就要做，要為體壇反腐盡自己一份力量。二〇〇〇年夏天，華東六省市體育局長會議在浙江溫州召開，陳培德在會上提出向全國體育界發出反興奮劑的倡議。他回來後就立下了軍令狀：如果全運會上浙江出現一例興奮劑醜聞，除了讓直接責任人身敗名裂外，還拿自己是問，「我會向省政府引咎辭職，請求黨紀政紀處分。」

體壇腐敗，興奮劑是集中的表現之一，這是禍國殃民的毒瘤，必須加大力氣管。世界上第一例興奮劑案件發生在一八八六年，導致參加法國六百里自行車賽的一名運動員死亡。二〇世紀六〇年代，濫用藥物直接或間接導致三十多名運動員死亡。一九六二年國際奧會在莫斯科通過了反興奮劑決議；一九六九年的冬季和次年的夏季奧運會首次設立興奮劑檢查機構。可是，將近半個世紀過去了，興奮劑卻屢禁不止。

一九九八年，在澳大利亞舉行的第八屆世界游泳錦標賽上，中國個別教練員和運動員攜帶違禁藥物被查獲，有四名運動員尿樣檢測呈陽性，給中國造成了惡劣的影響。

中國體育要上去，必須走正道，興奮劑不嚴厲查處，體育的公平公正會喪失殆盡。陳培德發誓：站好最後一班崗，決不讓體壇惡勢力在浙江抬頭！在九運會之前，他與浙江省體育訓練單位立下了約法三章：一、嚴格把好用藥關。如果出現使用興奮劑事件，將嚴厲處罰直接責任人，並追究領導責任。二、嚴格把好年齡身分關，如有弄虛作假行為被證實，將嚴厲處罰直接責任人、相關責任人，並追究領導責任。三、嚴格把好參賽關，要為裁判執裁創造良好的環境和工作條件，但決不允許行賄裁判，一經發現，將追究直接責任人和領導的責任，觸犯法律的，依法追究刑事責任。

在浙江省全運會動員大會上，他大義凜然地說：「如果浙江出了問題，拿我開刀，殺一儆百。為了中國體壇的聖潔，即使我做出犧牲，也值得。」

有媒體說，陳培德是自絕後路，他拎著烏紗帽叫板興奮劑。全國三十多位省市體育局長，除了陳培德之外，誰敢保證自己的運動員、教練員不出問題？

有人認為陳培德單純，不會做官。說領導幹部單純，潛臺詞就是傻。全國各行各業哪個不腐敗？有哪個高官跟腐敗較真？陳培德清楚自己在做什麼，在這段時間他經常說的兩個字就是「犧牲」。在他的心目中，要想遏止氾濫成災的腐敗，必須要做出犧牲。後來，他在支持綠城、吉利揭黑時，也大義凜然地說出過「犧牲」兩字。許多人對此不理解，現在又不是戰爭年代，不需要冒著槍林彈雨衝鋒陷陣，幹嗎要犧牲，幹嗎跟自己過不去？要犧牲也得別人去犧牲！有誰能理解陳培德的心呢？

陳培德說，沒有一大批富有獻身精神的領導幹部，反腐是不會成功的。陳培德可以犧牲自己，但不能犧牲浙江體育，不能眼看著應屬於浙江運動員的金牌掛在別人的脖子上，不能不感到委屈，不生氣，不盛怒，不痛苦……

陳培德把他的痛苦、憂傷和憤怒都寫在《團長日記》裡了。

從杭州出發之前，《體壇報》總編李烈鈞跟他約稿，說《體壇報》在九運會期間開一專欄：《團長日記》，請他每天晚上發回一則日記。

陳培德不是第一次給《體壇報》寫稿。第八屆全運會期間，他就給他們寫過十一篇《團長日記》，發表後反響甚好。有人開玩笑地說，陳局長成了《體壇報》的特約記者。

十一月十日，陳培德在《團長日記》中寫道：

出征時，我們的心沉沉的。雖然說預賽階段成績不錯，首次突破三百名運動員打進決賽的大關，成為全運會史上進入決賽人數最多的一屆，並且眾多項目的成績相當喜人，但是決賽以來，浙江開局一直不順，計畫內的金牌已經丟了兩三塊，實現既定目標的難度更大了，我們多少天沒有笑臉了。征途無坦途……。

在十一月十四日寫道：

羅雪娟一上泳池，對記者的攝像機說的第一句話就是「這一池水並不乾淨，我欣慰的是我能用自己乾淨的身軀游過泳池，並第一個到達終點。」一個年方十七歲的白淨姑娘，她說出如此驚世之語。我驚歎她的成熟，敬佩她的勇氣，感謝她的爭氣。浙江游泳隊是這池貌似乾淨實則不清的池水的最大受害者，可貴的是我們的姑娘小夥在這泓池水中，奏響了浩然的正氣之歌。幾天來，滴酒未沾的團部人員終於聚在一起，第一次開懷暢飲，為初戰告捷乾杯，為明天的勝利祝福。

羅雪娟憑自己的實力榮獲一百米蛙泳冠軍。這位一九八四年出生的杭州姑娘，七月份在日本福岡的世界游泳錦標賽上包攬了五十米和一百米蛙泳兩枚金牌，那是中國游泳隊在這屆世錦賽中僅僅收穫的兩塊金牌。

在奪冠後的新聞發佈會上，這個小姑娘一針見血地說：「為什麼有那麼多的選手在九運會上表現出色，卻不參加奧運會或世錦賽呢？如果他們的成績真那麼好，國家利益該大於他們省的利益吧？」

近三年，浙江游泳隊重現輝煌，在世界游泳錦標賽、世界盃短池比賽等國際重大比賽中取得了優異成績，奪得了八項世界冠軍、五項亞軍；在亞洲重大比賽中奪得了十九項冠軍、九項亞軍；在國內重大比賽中，奪得一百四十四項冠軍，一百六十八項亞軍。浙江省游泳隊是全國公認的強隊，也是全運會眾所矚目、寄以奪冠厚望的游泳隊。

可是，九運會游泳比賽一開局就出現咄咄怪事，在國內國際大賽極少露面的運動員，一舉創下驚人的成績。金牌被這些「黑馬」奪去。陳培德氣憤地說：「興奮劑檢測中心拍著胸脯說，他們的技術是過關的。可是，有著明顯男性化表徵的女運動員，他們為什麼就檢測不出來？這屆全運會興奮劑氾濫，裁判問題突出，已不能充分體現體育競技的公平、公正原則，失去了比賽的意義。」

今天，浙江游泳隊終於奪得了一塊本該屬於自己的金牌，陳培德有點欣喜若狂了，大聲喊道：「今天晚上，我請大家喝酒！」

陳培德天生與酒無緣，一口酒下肚，渾身的皮膚就揭竿而起，出現種種過敏反應。因此，他平時滴酒不沾，每逢應酬都以茶代酒，還編了一套順口溜：「以茶代酒，天長地久。」今天，他高興了，高興不能沒有酒啊，過敏也要喝！

正被皮膚過敏折磨的陳培德突然接到中央電視臺《五環夜話》編導的電話：「陳局長，請你支持一下我們的工作。讓你們浙江獲得女子八百米自由泳銀牌運動員楊雨到我們直播室來做節目。」

按照大賽的規定，凡是獲得金牌的運動員和教練員須接受中央電視臺《五環夜話》欄目的採訪。

陳培德生氣地說：「為什麼請楊雨去？她又沒有拿金牌！」

編導說：「是國家隊副總教練要求換掉獲得女子八百米自由泳金牌的張。」

陳培德見過張，年僅十五歲，身高一米七八，有著明顯的男性特徵：喉結突出，嗓音粗啞。此人在以往的比賽中成績平平，在上半年的全國游泳比賽中沒進入前八名，卻在九運會的游泳比賽中獲得女子二百米、四百米、八百米自由泳三枚金牌。有人說，張就是為九運會而生的。

原來在錄播節目前，張來到直播室，化妝師疑惑地說，這個運動員到底是男的還是女的？國家隊的副總教練看了她一眼說，「誰讓你來的？我不跟你同台對話。」說什麼也不同意跟她一起接受《五環夜話》採訪，要求跟浙江隊的銀牌獲得者楊雨一起接受採訪。

編導知道興奮劑氾濫使得浙江應得的獎牌沒得到，陳培德有情緒，所以請他支持一下。陳培德當然明白情緒歸情緒，對編導的工作還是應該支援的。再說，興奮劑氾濫又不是編導的錯。陳培德看一下表，距離直播時間還有半小時，趕緊找車把楊雨送了過去。

最終，浙江游泳隊從「不乾淨的水池」殺出重圍，奪得四金、五銀、七銅。羅雪娟以一分〇六秒九六的成績，不僅獲得一百米蛙泳冠軍，還打破亞洲紀錄。游泳比賽結束的第二天，浙江的羅雪娟、楊雨等四名運動員接到通知，代表國家參加世界盃短池比賽。在九運會出現的「黑馬」一個都沒入選。

陳培德不解地打電話給國家游泳管理中心說：「全運會是世界盃短池比賽最好的選拔賽，只有拿到金牌的運動員才有資格代表國家參賽。羅雪娟、吳鵬拿了金牌，應該去，其他兩名運動員沒拿到金牌，沒資格出國參賽，應該讓獲金牌的運動員去。」

管理中心的一名副主任說：「陳局長，派你們浙江運動員去，我們最放心。」

陳培德反問道：「最放心？那麼為什麼在九運會浙江游泳隊接受尿檢血檢的運動員比其他代表團多一倍？這是放心嗎？」

副主任怕陳培德不讓那兩名運動員出國參賽，只好搬出主任李華。他知道陳培德和李華的關係不錯，這個面子總會給的。

「這是一個原則的問題，是你們沒把假的查出來。」陳培德見好就收地說，「我當然知道浙江運動員最讓你們放心，我會以國家利益為重，放行。」

世界盃短池比賽中，羅雪娟、陳樺和楊雨又獲得佳績，分別奪得金牌和銀牌，為國家爭了光。

九運會不正之風讓人觸目驚心。陳培德在接受《人民日報》採訪時氣憤地說：「如果全運會的賽風不能得到根本扭轉，浙江今後將退出全運會，不再參加。」

這句話在全國掀起軒然大波，引起體壇的震動。記者把陳培德的話寫進報導，發在了人民網上。這篇報導的點擊率飆升。一石激起千層浪，陳培德成為九運會的焦點，他的電話也被打爆了，支持聲一片。可是，那篇報導不到兩小時就被封殺了，記者和部主任被勒令回京檢查。

陳培德望著羊城的夜空，一支接一支地吸著煙。當了八年的體育局長，參加過三屆全運會，每一屆都讓他失望，讓他心裡犯堵，思緒難平。

初任省體委主任時，陳培德還以為搞體育的人純粹，認為體壇是塊淨土，競技體育的生命是公平、公正和公開，一個不純粹的人，怎麼能在體壇混得下去？可是，沒過多久，他就發現體育這條潔白的哈達已成了腐敗的抹布，骯髒得失去了本色。全運會的「東道主現象」（在哪個省市舉辦全運會，那個省市就理所當然拿第一），興奮劑氾濫，年齡或體重的弄虛作假，賽風不正，裁判受賄，執法不公；還有足球甲級聯賽的買球、賭球和黑哨……

可怕的是體育腐敗已成為組織行為，不是領導默許就是領導支持的，甚至是領導主抓。腐敗猶如一具腐屍，食客豈止是蒼蠅蚊蟲，烏鴉、禿鷲、鬣狗，甚至老虎和獅子均各得其所。體壇腐敗的深度和廣度均遠遠超出了陳培德的想像，讓他深感震驚。

在一九九七年上海的八運會，浙江鉛球運動員黃志紅與上海的隋心梅在爭奪冠軍時，隋心梅投得最遠的一次沒過石灰線，黃志紅的最後一投落在石灰線上，石灰撲地揚了起來。可是，裁判在測量距離時，有意用臀部擋住攝像機的鏡頭，判定隋心梅奪冠。

這是陳培德第一次親眼目睹競技場上的貓膩。事後，上海體育局的同事跟陳培德含蓄地表示歉意，說他們太想要那塊金牌了。金牌誰不想要？憑什麼他們想要即便敗了也能得到，別人想要就是贏了也得不到？還不是他們「做」了裁判的工作，黑哨豈止是足壇？

為什麼全運會的不正之風越演越烈？為什麼興奮劑越來越猖獗，為什麼運動員、教練員甚至是體育官員越來越多地攪進去？陳培德思考的結果是全運會已不是單純的體育。

體育界流傳著一句話，奧運會是大考，亞運會是中考，全運會是小考。小考不可小看，獎牌的數量將決定體育局長的仕途，運動員和教練員的房子和票子，裁判員趁火打劫，撈取好處……納稅人的巨額資金都砸在金牌的惡性競爭上，「唯金牌論」讓全運會變形，體態虛弱，面容枯槁，變成了一個怪物。

魯松庭認為，重競技體育，輕群眾體育已成為頑症，體育系統多年來從上至下基本上圍繞備戰全運會、亞運會、奧運會在運轉，拿著國家大把大把的錢，從國內到國外跑來跑去，看來看去，都是為了幾場比賽。這樣下去，體育局充其量只能稱為「競技體育局」。

陳培德深思已久，儘管他五十歲才到體育局，可是他善於學習與思考，善於透過現象看本質，所以體育的弊病沒能逃過他的眼睛。

全運會的問題根源在哪？在於舉國體制的弊端，中國培養一名運動員，教練員、場館、器械、服裝，伙食、醫療等所有費用都由國家來出，各級政府為了政績「不計成本，傾國傾城」，金牌成為英雄與狗熊的分水嶺。在全世界像中國這麼做的，沒有幾個國家。舉國體制讓全運會積勞成疾，成為重患的病人。

我們的專業運動員和人家的業餘運動員同場競技，要是國際奧會跟中國計較的話，中國運動員恐怕連參加奧運會的資格都沒有。

全運會到底是為體育部門辦的，還是為老百姓辦的？泱泱大國，十三億人民，群眾體育一直都是「業餘」的，排在第二位的。我們把大量的經費投入到少數運動員身上，全民健身和群眾體育成為次要工作。體育不再快樂，金牌帶來了焦慮，運動員、教練員層層都在焦慮中醞釀怎麼樣不擇手段地奪取金牌，體育的快樂拋到了九霄雲外，違背了「發展體育運動，增強人民體質」的體育工作的宗旨。

中國養了那麼多的體育官員，那麼多教練員和運動員為什麼就沒人站出來說話呢？為什麼有的人肚子裡說話是咬牙切齒的，說出來卻不疼不癢？為什麼體育官員遇到問題要繞著走，講出來的言不由衷？如果每個人都繞著走，都視而不見的話，那問題靠誰去反映，不公平靠誰去解決，醜陋靠誰去剷除？

像陳培德這樣級別的體育官員在全國少說有幾百人，為什麼沒有一個願意站出來和他並肩作戰，沒有一個人站出來支持他？陳培德感到孤獨，感到困苦，感到無奈。

陳培德想，若干年後，眼下的一切不就「事若春夢了無痕」嗎？自己有必要這麼較真麼？陳培德想到此不禁一激靈，如果人人都這麼想，那中國體育真就沒希望了。當今中國體壇首要解決的問題是治理腐敗。腐敗問題不解決，興奮劑、造假、黑哨是沒法解決的。對一個患有癌症，或染有三期梅毒的病人來說，首先要治病，然後才是強身。病治不愈，怎麼滋補，怎麼鍛鍊都沒用。

治理體壇的腐敗要從足球開始，治理足球的腐敗要從甲B開始。

（三）媒體見面會，宋衛平揭黑：有的比賽比分是早就設計好的。吉利承認在甲B聯賽中行賄幾十萬。權威人士說，有的甲B球隊在最後幾場就花費一千多萬元。

陳培德目不轉睛地看完吉利的新聞發佈會，李書福不見了，可是這一揭黑行動像從高山湧下的激流在他心裡流淌，那振聾發聵的聲音在耳畔回蕩。這哪裡是新聞發佈會，這是發向中國足壇的重磅炮彈，是俱樂部打響的打假掃黑第一槍！

中國足球的打假掃黑反貪增添了一股有生力量，在李書福之後也許還有俱樂部的老總站出來說話。陳培德越想越興奮不已時，接到宋衛平的電話：「陳局長，你看到李書福了吧？」

宋衛平有種抑制不住的亢奮和欣喜。宋衛平欽佩李書福的魄力與膽識，佩服他敢於在央視上揭黑，敢說「有裁判收黑錢，吉利敢出來作證」。宋衛平感到自己終於有了戰友，儘管是退役的戰友。

「我看了。」陳培德說罷，小聲對身邊的杜兆年說，「是宋衛平打來的。」

「我看到新聞了。」陳培德抑制住興奮，鎮定地說。

宋衛平說：「我向李書福、桂生悅發出邀請了，請他們到杭州來，綠城和吉利兩家俱樂部聯合召開一個新聞媒體見面會。我們聯手揭露黑哨力量會更大，陳局長你能不能來參加？」

為讓杜兆年瞭解通話內容，陳培德把宋衛平的話重複一遍。

杜兆年站在一旁頻頻點頭。他是省的足協主席，足球是他主抓的競技項目。

「好啊，這個行動我支持。」陳培德見杜兆年表示贊同，又補充道，「省體育局支持你們這個行動。不過事關重大，我要向閻主席通報一下，然後再答覆你。我這幾天在橫店開一個重要會議，不能趕回杭州。我回杭州之後，可以接受媒體的採訪。」

杜兆年不僅特別信賴陳培德，還將他視為戰友加兄弟，在這場打假掃黑中，堅定不移地站在陳培德的一邊。陳培德任體委主任的第二年，上級派他去日本廣島觀摩亞運會，為了開闊杜兆年的視野，他把名額讓給了杜兆年。他說，杜局長主抓競技體育，他去能學回更多的經驗。

一九九五年，杜兆年的妻子宋小曼突患大腦水積瘤，生命垂危。杭州的醫院不敢動手術，只好將她轉到上海的醫院。禍不單行，一九九六年，杜兆年的十八歲兒子又得了肝炎。杜兆年給妻子治病花掉十幾萬元，兒子生病住院又花掉好幾萬，每天都為妻兒的醫藥費發愁。

這時，國家體育總局發給陳培德奧運會貢獻獎金八千元。陳培德全部給了杜兆年。儘管錢不多，畢竟是雪中送炭，讓杜兆年夫妻感動不已。

陳培德回廈門過春節時，不僅為杜兆年的兒子淘弄中草藥偏方，還和夫人李珍環把草藥背了回來。杜兆年感動地望瞭望陳培德夫婦，又望瞭望那沉重的草藥，這哪裡是草藥，這是兄弟的情誼！在陳培德的幫助下，杜兆年渡過了一道道難關。

宋衛平說：「請你替我邀請閻主席，讓他來參加我們的會吧。」

掛斷電話後，陳培德就撥通閻世鐸的電話，陳培德轉達了宋衛平的邀請。

從北京回來之後，陳培德對閻世鐸的信任又加深一層，不僅將他視為同一戰壕的戰友，而且還把他當成打假掃黑的主帥。

閻世鐸說：「非常感謝陳主任，把這麼重大的事情及時地告訴我。」謝完之後，他的話鋒突然一轉，語氣陡變：「但我不可能去參加他們的媒體見面會。再說一句，我不能，也不可能參加，除了我在外地不便去之外，我也不知道他們要對媒體說什麼，我的身分不適合到場，不參加比較主動。」

陳培德想了一下，閻世鐸說的有一定道理，他來了就要表態，沒經過足協研究表態是不明智的。陳培德只好把閻世鐸的態度轉告給宋衛平。宋衛平平靜地說：「我理解。」看來他對此並不感到意外，也許壓根就沒抱什麼希望，只不過想試探一下閻世鐸的態度。宋衛平畢竟當過黨校教師，對官員複雜的心態或多或少也瞭解一些。

陳培德認為，浙江省體育局應該對宋衛平和李書福的揭黑行動表明態度。他跟杜兆年商量後，把體育局黨組成員找過來，開了一個臨時黨組會議，經討論後形成五點意見。

二〇〇一年十二月十三日。杭州。世貿中心飯店的二樓會場。

宋衛平、李書福、桂生悅等人坐在「二〇〇一年浙江足球媒體見面會」會標下，新華社、央視和浙江媒體的記者的「長槍短炮」對準他們，閃光燈不停閃爍。

中國足協通過各種管道打電話告誡他們：說話一定要注意。宋衛平、李書福會「注意」嗎？他們壓抑已久，悲傷已久，憤懣已久。那種情緒像火山的岩漿似的在心裡湧動，否則怎麼可能丟下生意開媒體見面會？

浙江綠城和吉利集團聯手向中國足協「開火」了。

李書福先是狡黠地「嘿嘿」笑兩聲，然後說：「中國足球的資源是豐富的，問題是如何去挖掘。這裡很重要的一點就是需要一個公平競賽的環境……各個行業都有辭職、跳槽、下海的，但裁判沒有，連被撤銷裁判資格的都沒有。」

宋衛平接過李書福的話說道：「現在的足球管理體制、組織架構確實存在很多問題，嚴重到可以把中國足球毀掉。球迷、媒體都認識到了比賽的真假問題，包括最引人注目的裁判問題。但這幾年並沒有得到治理，反而有愈來愈烈之勢，到今天都沒有引起足夠的重視。今年的比賽有多少是真實的？」

說到這裡，他憤懣地說：「中國足協不僅沒有追查黑哨，反而下發通知說，『足協沒有組織過任何調查，俱樂部接受任何調查都必須經過足協同意。』我很納悶，一個行業協會居然可以命令我們不能講話。中國足協說，百分之九十九的裁判沒有問題，難道他們真的不知情？《足球報》發表過一篇文章《我給黑哨送紅包》，中國足協真想追查黑哨是件很容易的事。」

《我給黑哨送紅包，一個俱樂部官員披露絕對內幕》是擔任過深圳平安隊副領隊的李洪文寫的，「迄今為止，中國的職業足球俱樂部幾乎無一不受到過『黑哨』的侵害，而這些曾飽受侵害的俱樂部卻往往又成為了下一次『黑哨』事件的製造者——為了球隊的成績、投資人的利益和地方的榮譽，他們『不得已』鋌而走險。」

文中還引用了在某甲A俱樂部任職多年的王先生的自述。王先生說，一九九八年，黑哨已經橫行。他所在的球隊主場對大連萬達的前一天晚上，他受委託找到主裁判，按事先摸清的行情談妥：吹勝一場，主裁判兩萬元，邊裁一萬元，平局則減半。第二天在上半場二十分鐘左右，主裁判就吹給他們隊一個點球。結果，實力相差懸殊，他們隊還是以一：四慘敗。他給主裁判送去一套價格不菲的運動服。此後，這個王先生再做裁判工作時，事先給每位裁判送一個兩千元紅包，然後再講妥，勝一場主裁判四萬，其他的裁判兩萬；平局則減半。「接觸裁判多了，也算是有了幾個熟人。得知『他』要執法這場比賽，我拎著錢就與球隊一同趕到了賽地。賽前趕到裁判們下榻的酒店，在大堂裡見到他，只一個眼神，一切就都『盡在不言中』了。」

李書福一針見血地指出，閻世鐸將打假的矛頭指向足球俱樂部，似乎中國足協、裁判都沒有責任。

記者問：「吉利對中國足球是不是不抱有希望？」

李書福調侃地說：「中國足球是十三億中國人的足球，當然是有希望的，但近幾年看不到。如果足協說話算數，吉利就應該是甲A了。」

桂生悅補充一句：「吉利受了巨大的欺騙和侮辱，我們非常氣憤。吉利和上海中遠隊賽後，我們就向中國足協申訴，我幾次進京找閻世鐸、張吉龍，可是他們都敷衍我們，我們只能將中國足協告上法庭。中國足球腐敗不斷，根子就在中國足協身上。甲B最後兩輪出現的現象，就是足協對我們的申訴沒有好好處理的結果。閻世鐸在打假檄文中，何曾提到『足協』二字？」

這時，李書福收到一條短信，是北島的一首詩《回答》。李書福看後，高聲朗讀道：

卑鄙是卑鄙者的通行證，
高尚是高尚者的墓誌銘，
看吧，在那鍍金的天空中，漂滿了死者彎曲的倒影。

冰川紀過去了，
為什麼到處都是冰凌？
好望角發現了，
為什麼死海裡千帆相競？

……

李書福朗誦完之後，笑了笑說：「我們是帶著死亡的威脅來講這些的，有人勸我們不要告了，很可能被葬送掉，不過我們並不害怕，我們怕的是法庭根本不來取證，不需要我們提供這些證據。如果犧牲了，我們能令中國足球扭轉乾坤的話，高尚就是我們的墓誌銘。」

宋衛平痛心疾首地說：「場外工作過去我們做過，但十月六日的六：〇給了我們六個響亮的耳光，把我們打醒了。綠城內部已經形成共識，在今後的比賽中，對裁判、球員的收買和賄賂這樣的場外活動，我們不會再進行，否則將在犯罪的泥沼裡越陷越深。我倒要看看哪些裁判敢明目張膽地欺負我們？在合適的時候，我會公佈收錢裁判名單的。」

宋衛平看看在場的記者說：「我們在聘請谷明昌做主教練時就表明，綠城不會做裁判的工作的。聯賽進行幾輪後，我們發現情況不對，為了贏球開始給裁判送錢了。」

李書福笑著說：「這些裁判太有意思了，收了主隊又收客隊，而且開口就是六位數啊！還有什麼比賽監督啊，在比賽中既不監又不督！」

當記者追問具體給裁判多少時，宋衛平說：「幾千總拿不出手。」當記者再次追問時，他說：「要看比賽的重要性，最多的可以達到六位數。」

李書福無可奈何地說，送錢送得我都送怕了，幾千塊錢裁判看不上眼。不論主場還是客場都要給裁判送錢。送了錢還不見得管用，裁判往往吃完原告吃被告。

有記者提問：「能不能說出具體的數字和裁判的名字？」

桂生悅想了想說：「我們今年做裁判工作的總金額有幾十萬吧。」

李書福挑戰地說：「我們給的是現金，當然沒有收據，但肯定有記錄，只要法院需要，我們可以把所有的證據都拿出來，現在問題是好像誰都不需要這些證據，沒有人需要。」

桂生悅把話接過去：「在瀋陽開會時，我提出過這個問題，沒人感興趣。」

記者問：「這些錢怎麼走賬？」

真是哪壺不開提哪壺。李書福聞後拍案而起，憤怒地說：「根本沒法走賬！這是我們面臨的最大問題，審計沒法通過。」

又一位記者問道：「你們說，場外工作是通過中間人做的，那麼中間人是誰？」

李書福說：「我們每場比賽前都會接到很多電話，說給他多少錢，他就可以把這場的裁判搞定。我們想，這事也不能不信，所以有的就給了。當然上當受騙是在所難免的。對方俱樂部也會給我們打電話：『你們這場比賽想不想贏？比賽後期了，價位比較高，一百萬以上可以讓你們過關。』這個我們從來沒做過。」

宋衛平坦率地說：「九運會浙江隊和山東隊比賽之前，有人找我們說，只要出錢就可以拿到三分，進入八強。我們沒有做。今年浙江足球受到了重創，以後我們會老老實實，可以被消滅，但決不能犯罪。」

接著，他悔恨和悲痛地說：「我們很清楚自己行為的性質是在犯罪，我們今天這麼做，是在爭取坦白從寬，努力洗刷，減輕自己的罪責。我們對於自己的人性的弱點並不諱言。既然做了就要承擔。鐵窗，不是沒有可能的事。為了足壇的純潔，我們認為是值得的。不過，為此我們就不能做別的事情了，對個人來說，代價實在是過於沉重了。」

宋衛平是懂法的。對此說還是不說，他有過猶豫，最後決定不回避，因此無論跟陳培德還是閻世鐸都坦白交待：「自己違心做了不該做的事情。」

一位記者問：「你們想沒想過，中國足協聽到你們這些話後會有什麼反應？」

宋衛平說，「我對足協如何對待我們所提供的證據不抱幻想，反而擔心會有『小鞋』等著我們。可是，對吉利的行動，我們不能不表示支持，否則就是昧良心了。我們等著處罰，大不了就是行賄罪。」

李書福開玩笑地說：「那我們就牢裡見了。」

全場轟然大笑起來。

宋衛平沒有笑，他嚴肅地說：「不要笑，這是個嚴肅的問題。我們無意給中國足壇抹黑，也無意毀壞中國足球的形象，但是足壇腐敗問題必須解決，不能任其氾濫。一位業內資深專家對我說，他聽說一支甲B球隊最後幾場比賽的花費在一千萬以上。我絕對相信閻世鐸的人品，但是不能寄希望於他個人，而是要有一個好的機制和組織架構。我們俱樂部應該結成聯盟，維護自己的合法利益。」

記者又問：「假如說中國足壇是一個賭場，賭徒是否要追究責任？」

李書福反應極快：「假如這個賭場是被批准的，我就沒有問題；但這個賭場未被批准，所以我要退出了。」

宋衛平說，「對裁判問題如果不出手，付出的代價將是非常沉重的。我為什麼不把有些裁判的故事具體地講出來？講出來的話，這些裁判肯定夠得上判刑的。我不想讓他們家破人亡，妻離子散。足球本來是個遊戲，搞得都是鮮血和眼淚，那太殘酷了。可是，你們去看看中國足協對今年甲B裁判工作的總結，只有三例錯判，百分之九十五以上是對的，形勢一片大好。我一邊看一邊心痛。金錢控制的比賽有多少？我們心裡清楚。有些比賽結果早就設計好了，包括我們主場的某些比賽。球迷被愚弄了，還熱血沸騰地在賽場上助威和歡呼，看著真讓人心酸。」

李書福說：「要想解決中國足球的問題，必須要引起全社會的重視。我們準備投資拍一部電視連續劇，就叫《黑哨》。」

宋衛平的發言比李書福顯得沉重，他太熱愛足球了，因此不會選擇像李書福那樣退出。

吉利認為，二〇〇一年十月十六日，中國足協向央視等媒體提供的《關於對廣州吉利隊違規違紀的處罰決定》內容嚴重失實，從而造成吉利的名譽受到嚴重侵害。十二月十三日，他們已在廣州天河區人民法院起訴，要狀告中國足協侵害其名譽權。

李書福說：「我們決不會步他人後塵，我們一定會堅持將足協告到底。」

廣州天河區人民法院收取吉利七千一百一十元訴訟費，這意味他們受理了此案，也意味中國足協將站到「被告席」。有律師稱，能夠依法受理此案是中國司法實踐的一大突破，也是對社會上流傳的「如果『吉利』告中國足協，法院不會受理」說法的否定。

李書福成為第一個開新聞發佈會揭黑的人，又成為第一個狀告中國足協的人，在短短的幾天裡，他創下中國足球史的兩項第一。

也有人說，李書福太精明了，花七千一百一十元訴訟費不僅能折騰不可一世的中國足協，又可出一口惡氣，讓他們知道李書福已不再是把汽車擺在零部件展區的憋憋屈屈的小商人，不是誰想玩就能玩了的。另外，全國媒體紛紛報導此事，花這麼點兒錢就為吉利做了一個這麼大的廣告。

陳培德又度過了一個難以入眠的夜晚。他的眼前不時浮現出李書福那張被激憤漲紅的娃娃臉。在李書福的猛烈炮轟中，陳培德看出俱樂部對黑哨憤怒與無奈，對足壇腐敗的切膚之恨。

這天，在橫店主持研討會的陳培德對與會代表說：

中央電視臺爆炸了一顆原子彈，吉利集團通過央視公開揭露足球黑哨，今天又跟綠城聯手在杭州揭露黑哨。

這個事情我已經通報給了閻世鐸，對於足球掃黑問題，現在我表明我的態度：一、體育界至今仍然是反腐敗的處女地，體育界反腐敗應該以足球為突破口，足球反腐敗有三大任務：打假、掃黑、反貪。二、我支持吉利集團董事長對裁判收黑錢、吹黑哨的揭露。三、我呼籲全國各俱樂部為中國足球的未來，為了求得公平公正的競賽環境，捨棄自己的得失安危，揭竿而起，向腐敗宣戰。四、這一把火一旦燒起來，肯定會成為燎原烈火。俱樂部和球員將在烈火中淨化，黑哨將會在烈火中熔化，貪官也將難以倖免，足球官員們將在烈火中接受考驗。五、揭露問題的目的是解決問題。我認為足球反腐敗必須有司法介入。

陳培德樂觀地認為，打假掃黑反貪已進實質性階段，希望能向縱深發展，能將足壇腐敗澈底解決。

足球腐敗，其他行業就不腐敗嗎？教育、衛生、司法、科技就不腐敗麼？只不過足球備受關注，而且言論自由。現今，在中國有哪個部門可以像罵足協這麼罵？罵哪個司局級領導幹部可以像罵足協的領導這麼罵？球迷對腐敗深惡痛絕，百姓對腐敗深惡痛絕，黨對腐敗也深惡痛絕，幾次黨代會都下決心整治腐敗。

陳培德認為李書福是個人物，他雄心勃勃地投資足球，結果卻被足球給玩了。他沒有像其他人那樣打掉牙往肚子裡咽，而是站出來大膽揭黑。這是好事啊，打假掃黑反貪的隊伍壯大了，星星之火，可以燎原。

陳培德認為，黑哨在浙江賽場吹響了，自己作為省體育局長不能視而不見，不能對黨和人民不負責。讓它悄無聲息地過去，那就是縱容，就是對體育的公平、公正、公開的背叛。自己只有站出來支持宋衛平和李書福，鼓勵他們把這場鬥爭進行到底，讓全國的百姓看到共產黨的天下是公平的、正義的，是容不得邪惡存在的。

他在位的時間不多了，越是在位的時間不多越想為黨為人民多做一些有意義的事情。作為體育局長應該就足球講足球，就體育講體育，為治理本行業的腐敗盡一份力。假如全國每個領域、每個行業、每個系統的負責人都能把自己的兩畝三分地管好，社會腐敗還會存在麼，黨的長久執政問題不就解決了麼？所以這個事情非同小可，非做不可！

幾乎所有代表都被陳培德的錚錚之言感動，他的講話獲得熱烈的掌聲。是啊，有幾多高官能像他勇於反對本行業的腐敗，有幾多高官能做到他這樣無畏呢？

當夜回到杭州，陳培德瞭解完媒體見面會的情況後，請局辦公室通知《新聞調查》的記者，他明天在黃龍體育中心接受採訪。

（四）陳培德對著《新聞調查》的攝像機鏡頭大聲疾呼：「假如鮮血能擦亮更多人的眼睛，我就是死也在所不惜。黑哨將在烈火中死去，貪官也難以倖免。」

十五日上午，杭州的天有點兒陰，讓人有種掉進冰窟窿的感覺，冷得讓人心抖。

下午，天突然多雲轉晴，明媚的陽光撒向大地。陳培德身著駝色絨領休閒皮衣，淡藍色襯衣，繫著一條深藍色領帶，風度翩翩地出現在黃龍體育中心，等候在那裡的十幾位記者迅速圍了上來。

陳培德本來想穿得莊重點兒，小女兒陳凱卻給他找出這件休閒皮衣。小女兒說：「體育本來是件輕鬆活潑的事情，作為體育局長不能把自己包裹得那麼嚴肅，讓人覺得不好接近。」

當今的體育哪還是輕鬆活潑的事情？假若如此，他又何必接受《新聞調查》的採訪？不過，陳培德相信一點，女兒是做外貿的，在服飾方面絕對比他在行。小時家裡窮，他穿什麼從來不講究，有件衣服穿就行了。長大後，他在穿著上也沒有什麼主見，先是聽母親的，後是聽夫人的，現在聽女兒的。女兒已成為他的形象設計師，每逢重要活動，他穿什麼，戴什麼，都是女兒說了算。他漸漸對女兒有了依賴，有時出門前問女兒一句：「陳凱，你看我穿這身衣服怎麼樣，合不合適？」

《新聞調查》欄目記者楊春說：「陳局長，我沒有準備好採訪提綱。」

楊春戴著眼鏡，西服領帶，整個人就像他那身著裝似的，充滿著理性和冷靜。他是昨晚抵達杭州的，下飛機後連飯都沒吃就去採訪要赴歐洲商談汽車項目的李書福。

陳培德揮揮手，爽快地說：「不需要採訪提綱，你問什麼，我就答什麼。」

楊春在上午採訪了宋衛平和綠城足球俱樂部總經理沈強。沈強是綠城俱樂部的一線指揮，對足壇內幕瞭若指掌。當說到綠城與中遠之戰，由於裁判不公葬送了綠城晉A的機會時，沈強不禁淚水湧出，聲音哽咽。他憂心忡忡地說，中國足壇問題的嚴重性在於有人觀望，有人麻木，有人絕望。中國足協的態度至關重要，如果他們沒誠意治理足壇腐敗的話，僅一兩家足球俱樂部挺身而出是沒有作用的。

陳培德來到黃龍體育中心足球場的球門附近，這是記者事先設定的採訪地點，他的身後還安排一群踢球的青年。央視和浙江電視臺的幾架攝像機早已支好，其他媒體的話筒和錄音筆伸過來。

「陳局長，您對昨天的『二〇〇一年浙江足球媒體見面會』是怎麼看的？」一位記者問道。

「綠城和吉利兩個俱樂部打響了揭露黑哨的第一槍，我個人表示支持！浙江省足協支持！浙江省體育局支持！」陳培德堅定不移地說道。

作為一名地方體育局長，沒請求過國家體育總局，沒與中國足協溝通就公開表態支持吉利和綠城，是要承擔巨大政治風險的。

陳培德掃視一下在場的所有記者，慷慨激昂地說：「吉利和綠城或多或少介入了黑幕，這當然是錯誤的。可是，對他們的所作所為應該放在特定環境中去看，自一九九四年中國足球有職業聯賽以來，足球水準沒見有多大提高，裁判收黑錢，吹黑哨，球員收黑錢踢假球的水準卻在不斷提高。二〇〇一年，權球交易已達到登峰造極的地步，黑哨已成為足壇的潛規則，每場的起步價為六萬元，關鍵場次三十萬元，這在業內不僅司空見慣，見怪不怪，而且已得到普遍的認可。吉利、綠城正是在這一背景下進入足壇的，他們要想在足壇立足，要想在甲B聯賽中踢出好成績，只能花錢買『公平』。現在他們能夠批判性地否定自己，在不惜毀滅自己的情況下站出來揭黑，是難能可貴的，浙江體育局應該給予支持和保護，否則就沒人敢挺身而出揭露腐敗了。當務之急是要趁熱打鐵，澈底揭開足壇腐敗的蓋子，而不是怎麼處罰吉利與綠城。」

有記者問：「陳局長，您對中國足協是什麼態度？」

他說：「我支持中國足協向假球開刀，同時也希望他們拿出同樣的勇氣整治黑哨。假球與黑哨是足球腐敗的兩個方面，可是中國足協總是嚴懲俱樂部、教練和球員，對黑哨卻睜一隻眼閉一隻眼。我要問一句：在足球聯賽中，裁判究竟發了多少財？這是不是應該作為大案加以調查。甲B這樣，甲A和乙級聯賽就乾淨嗎？我不敢盲目樂觀，這筆賬是該清算了。可是到目前為止，中國足協還沒查處過一位黑哨，這是足球腐敗的根子。俱樂部老總應該像宋衛平、李書福這樣為淨化中國足壇作出貢獻，中國足協也應該有所作為。」

楊春問：「根據你所掌握的情況，遏制『黑哨』，根除『黑哨』，是一件很困難的事情嗎？」

陳培德說：「現在問題嚴重到裁判已經通過聯賽大發橫財，這已經是涉及到法律的問題了，所以一定要司法介入。只有司法介入才可能使這個問題得到澈底解決。光靠行規是解決不了黑哨的問題的。」

陳培德越說越激動：「我手裡有涉及到具體裁判的受賄證據，現在不能公開，因為還需要查實。不過在恰當的時候，我會拿出來的……我們揭露的目的不是為了炒作，是為了解決中國足壇的腐敗。」

陳培德想到數萬名球迷的怒吼，想著宋衛平和李書福的咆哮，父親慈祥滄桑的臉龐，舅舅那期待的目光，他突然提高嗓門，大聲疾呼：「假如鮮血能擦亮更多人的眼睛，我就是死也在所不惜……黑哨將在這場打假掃黑反貪的烈火中死去，貪官也難以倖免。」

陳培德熱血沸騰了，手指對向攝像機的鏡頭高聲喝問：「那些心裡有鬼、拿過黑錢的人，你們現在一定躲在陰暗的角落裡發抖吧！」

有人說，這是陳培德最富有激情的講話，也是他給人印象最深，最精彩的講話。他的話不是說出來的，而是從心裡湧出來的，不僅有力，而且犀利。在場的每一個人都被他那種在腐敗面前無所畏懼的浩然正氣而征服和打動。在中國，有幾個官員敢於像陳培德這樣英勇無畏地向腐敗宣戰？有幾位高官敢於挑戰本行業的潛規則？

在採訪結束後，陳培德突然看見宋衛平站在人群中笑眯眯地望著自己，走過去用力地握住了他的手。這是兄弟式的握手，戰友間的握手，從對方的手不僅感受到一種溫暖，而且感受到一種力量。

「說得怎麼樣？」陳培德問道。

「很好！很好！」宋衛平真誠地說。

他在陳培德的講話中感受到了強有力的支持，感受到一種鼓舞，感受到得道多助。

陳培德又開始追問：「小方的材料準備好沒有？」

宋衛平臉露難色說：「材料倒是準備好了，我實在不忍心交。把它交上去，這些裁判就得身陷囹圄，家破人亡。他們大多是國家幹部和教師，上有老下有小，我於心不忍啊。」

陳培德變得嚴肅了：「你怎麼還堅持這種觀點呢？你保得了他們嗎？你不上交證據，他們就會沿著那條黑哨的道路走下去，躲過初一也躲不過十五，早晚要翻船的。我認為只有法律能保他們，這要看他們認罪的態度。」

第四章 證據震撼沉寂的足壇

（一）在宋衛平和李書福的猛烈炮火下，中國足協派李冬生潛抵杭州調查。次日攜「一個來杭執法裁判的自白」匆匆飛回北京。

二〇〇一年十二月二十一日八時二〇分，中國足協裁判辦公室副主任李冬生和監察部主任秦小寶奉閻世鐸之命飛往杭州，到綠城調查黑哨。

十一時，一輛黑色桑塔納在杭州金溪山莊停下，李冬生和秦小寶下車。他們沒有與浙江省體育局和浙江省足協聯繫，而是與綠城俱樂部單線聯繫，綠城俱樂部派一位工作人員陪同他們到前臺辦理入住手續。

浙江媒體見面會以及陳培德公開發表支持宋衛平、李書福揭黑行動以後，中國足壇不要說打個噴嚏，歎口氣，哪怕輕微呼吸異常都會被記者敏感地發現。還沒等李冬生他們辦好入住手續就鑽出幾個記者，一位記者問李冬生：「您此行的目的是什麼？」

「這次不接受採訪，中國足協的態度已經很明確了。」李冬生以距人千里之外的冷漠語氣說道。

「你在杭州要待幾天？」

「不說了……」李冬生說罷，轉身離去。

記者猜測李冬生的杭州之行可能是中國足協打黑行動的第一步。

李冬生做人很低調，是足協曝光率很低的官員，即便他與謝亞龍、蔚少輝一起被批捕後，網上不僅查不到他的詳細個人資訊，連他的名字都難以確定，報導和書上有的寫的是「李冬生」，有的寫為「李東升」，還有寫「李冬升」的。我反復查對四個多小時才確定他叫李冬生的。有人說，他的履歷有幾分神祕。有人說，他在北京體育師範大學當過教師，在匈牙利留過學，真假不得而知。

他在一九九七年調進中國足協，擔任過清遠基地青少年冬訓辦公室負責人、中國足協裁判委員會辦公室副主任，後來當過主任，還擔任過技術部主任和女足領隊。

真人不露相，此君深不可測，有點兒像《潛伏》中的余則成。他到底是怎麼發跡的至今還是個謎。二〇一〇年九月，他與中國足協前副主席謝亞龍、國足前領隊蔚少輝一起被立案偵查時，許多人都感到驚詫，連連搖頭說，沒想到啊，沒想到李冬生能進去。

李冬生在位時讓人感到神祕，進去了仍然讓人感到神祕，可謂神祕到了極致。有人說，他是被別人咬出來的，看來牽涉面還是寬了點，要像余則成那樣也許就沒事了。

如今腐敗已不是個人行為，每個腐敗分子都是那骯髒網上的一個結，綱舉目張，一旦動真格的將綱舉了起來，即便余則成也跑不掉。

吉利的告別足壇新聞發佈會，宋衛平、李書福的公開揭黑，陳培德對綠城、吉利的支持，一系列風暴在浙江生成，迅猛刮遍神州。中國足協四平八穩地坐不下去了，立即開會分析事態，研究對策。有兩種截然不同的意見，一是消極的，睜隻眼閉隻眼算了，一兩家俱樂部是翻不了天的，不管刮什麼風總要停的，到時候自然就風平浪靜了；二是積極的，對此不能回避，睜隻眼閉隻眼會導致中國足協的公信力、聯賽的公平性喪失，應該借此清除聯賽中存在的腐敗現象。閻世鐸支持第二種意見。向總局彙報後，總局領導指示：「在原則的問題上不能退讓，要以此為突破口，積極與有關方面協調配合，深入調查職業聯賽中的腐敗問題，全面整頓聯賽賽風。」

足協成立調查小組，組長是聯賽部主任楊一民，副主任是綜合部主任秦小寶、新聞辦公室主任董華。閻世鐸要求調查組：一是對宋衛平和李書福在「媒體見面會」上所揭露的裁判受賄問題展開調查，如果證據確鑿，嚴懲不貸；二是本次調查屬足協內部機密，非調查組人員不得隨意打聽。

十二月十九日下午三時，足協在北京昆侖飯店召開新聞通氣會，董華就李書福、宋衛平揭露裁判受賄的問題，以及廣州吉利俱樂部起訴中國足協表明中國足協的態度：「一、中國足協歷來旗幟鮮明地反對足球行業的不正之風和腐敗行為；二、歡迎舉報，凡是有舉報線索的，不管涉及誰，中國足協都將進行認真調查，一經查實，將依章、依法進行處理；三、糾正足球行業不正之風和懲治腐敗現象是一個過程，需要時間、需要全社會的共同努力。」

董華確認中國足協已收到廣州天河區人民法院的訴訟通知書和起訴書副本。中國足協將尊重法律和足聯的有關章程，通過法律程序來解決這一問題。

十二月二〇日是中國足協最繁忙的一天。上午十時是「二〇〇一年度中國足球甲A聯賽最佳」頒獎典禮，孫葆潔榮獲最佳裁判。閻世鐸主持召開緊急會議，決定派秦小寶和李冬生前往杭州調查。

次日，閻世鐸在中超研討會上講話：「我對這個假球黑哨的看法是——『橫看成嶺側成峰，遠近高低各不同。』假球也好，黑哨也好，各有各的表現形式，各有各的私下手段，讓他們表演吧。我們從不同角度看這個問題會有不同的感覺。說實在話，這是任何改革中必然要遇到的問題，中國足球也要為此付出代價，付出犧牲。我認為天下不會大亂，中國足球不會因為這個事件而崩潰，中國足球有信心，既打擊業內不良行為，又不因此而把足球界弄個雞犬不寧。」

閻世鐸意味深長地說，「我有充分信心。當年毛澤東帶領紅軍撤離井岡山時，隊伍足足有三十萬人，可經歷二萬五千里長征後，人數僅剩下不到三萬人，結果呢？中國共產黨奪得了政權。所以對中國足球我有信心……還是那句話，別只看腳下有灘爛泥，還要看前頭有的是光明大道。」

閻世鐸話鋒一轉說：「有人說這是一個退出的時代，我認為所謂退出的僅有極少數，大多數還是為了適應未來的中超進行資產重組。莎士比亞說得好：『讓我們友好地說聲再見。』不能在分手後就破口大罵，就揚言要捅破天，這不是建設，而是破壞。你能不能把有關材料向中國足協反映？不能沒得到好處就破口大罵。」

晚飯後，秦小寶和李冬生直奔綠城俱樂部，與事先約好的宋衛平等人見面。

李冬生已五十來歲，人長得排排場場，挺直的鼻樑，碩大的腦袋已經謝頂，頭皮赫然可見，沒辦法只好動員「地方」支援「中央」，用幾縷左鬢的頭髮去遮掩。這樣一來，李冬生就得舉止謹慎，小心翼翼，擔心那些不情願支援「中央」的頭髮從頭頂滑落，讓他尷尬。這不僅適合他的性格，而且也適合於調查的心態。

李冬生的聲音略有點兒沙啞，語速不緊不慢，話很少。不論宋衛平他們講什麼，他都不發表任何看法，不透露任何資訊，這種人即使做特工也綽綽有餘。在整個談話中，他僅洩露一句實情：「這是我們足協第一次直面這個問題。」

看來中國足協過去一直沒有正視過這一問題，更談不上想要解決這個問題了。

宋衛平覺得中國足協能有這一姿態已經很不容易了。尚不知對綠城來說是福是禍，表示積極配合，有啥說啥，知無不言。

第二天就是冬至。受寒流的影響，杭州持續多日陰雨，氣溫驟降。江南的冬天，最冷的不是外邊，而是屋裡。房間沒有取暖設備，人們都準備兩套禦寒衣服，外出穿薄的，回家穿厚的，這一點正好與北方相反。李冬生他們只有一套衣服，在屋外不覺得熱，在會議室坐下來，就猶如大冬天在外邊跑一圈，然後坐在寒風中，不一會兒就凍得心都收緊。南方的陰冷是像牛毛似的順著毛孔往裡鑽，一直鑽進骨髓裡。

宋衛平以為兩小時左右就可以談完，沒想到他們談了整整四個多小時，將近半夜十二點才結束。據說，綠城俱樂部的會議室溫度很低，只要在裡邊站十幾分鐘就會冷得發抖，真不知這四個多小時李冬生他們是怎麼過來的。也許人們低估了他們的承受力。

我不禁想到一個故事，過去有位高官，在睡覺時特別挑剔，一次，他說床上有東西硌得他睡不著覺。僕人急忙跑過去查看，找了半天也沒發現什麼。高官再次上床，不一會兒又叫了起來。僕人又查一遍，最後在床單上取下一根頭髮，高官才上床安然入睡。過若干年後，僕人見一人睡在柴垛上，過去一看竟是高官。原來高官丟了烏紗帽，窮困潦倒，無處安身。僕人驚問：「當年床上有一根頭髮就硌得你睡不著覺，如今在柴垛上如何睡得著呢？」高官看一眼當年的僕人說：「此一時，彼一時。」

現今南勇、謝亞龍、李冬生等人身陷囹圄恐怕也是「此一時，彼一時」了，據報導說，他們現在住的是六人間，早餐吃的是饅頭大米粥鹹菜，應老百姓的一句話：「有享不到的福，沒有遭不了的罪。」

宋衛平說，自己打假掃黑行動的初衷不是因為綠城在聯賽中成績不好，衝甲A沒有成功而發洩私憤，有意跟裁判過不去。事實上，綠城與其他俱樂部相比吃虧還算少的。綠城認為，中國足壇再不能這樣下去了，這樣下去非出大事不可。

李冬生希望他談得具體些，最好能提供一些證據。他猶豫一下說，按常規主場要出六萬元好處費，主裁判三萬元，兩個邊裁各一萬五千元，客場是客隨己便，豐儉由人。最初場次可以不加價，越往後加得越多，比如某一主場，綠城答應事後給主裁判二十萬元好處費，要求是淨得三分，平局不付。在這場比賽中，綠城順風順雨，沒有遭遇黑哨。後來遇到有爭議的判罰，打成平局，綠城一分沒付。

李冬生在中國足壇、在足協裁判辦公室也不是一天兩天了，對這些情況能不瞭解麼？沒準他知道的比宋衛平還多呢。可是，李冬生毫不動聲色，他是來調查取證的，宋衛平說什麼他就記什麼。他也許最想知道的是宋衛平那杆槍到底有沒有子彈，有什麼樣的子彈。讓裁判辦公室主任來調查黑哨，如同讓老子去調查兒子家教不嚴，偷雞摸狗，嫖娼賭博，一是外人不會說，二是說了沒準老子會惱羞成怒。傻子都清楚父子是怎麼回事兒，知道巴掌打的是兒子的屁股，傷的卻是老子的臉，誰會幹這種蠢事？裁判受賄，執法不公，他裁判辦公室主任就沒過麼？

過去，人願意追究別人的責任，不願意追究自己的責任；如今，人既不願意追究自己的責任，也不願意追究別人的責任，因為追究別人的責任往往就等於追究自己的責任。

宋衛平不無擔憂地說，足球裁判吹一場球賽就能撈幾萬元的好處費，一年下來就是幾十萬元，兩三年就上百萬，一旦出事，要判多少年？而且這種現象特別普遍，假如真追究起來，裁判都坐牢了，中國足球怎麼辦？

出乎李冬生意料的是嫉惡如仇的宋衛平卻反過來為裁判求情：「說實話，這個問題我很矛盾。我憎惡黑哨，可裁判也是環境的受害者啊。我不希望由於我揭黑讓那些裁判丟了飯碗，甚至坐牢。我認為最好不要糾纏某個裁判，而是從整體上解決黑哨的問題。」

宋衛平沒交代受賄的具體人，跟李冬生解釋說，綠城之所以不交出這些裁判的名單是基於兩點考慮：一是未經司法部門認定，綠城私自公佈名單有侵犯名譽權之嫌；二是在綠城所支付的好處費中，有一部分是通過中間人轉的，中間人是否將錢交到裁判的手裡，這還有待於司法部門的調查。

不過，宋衛平清楚地告訴了李冬生綠城在哪些場次做了裁判的工作。李冬生笑了，宋衛平雖沒點名，把受賄的裁判交代出來，足協若想深入調查，可以順藤摸瓜。

宋衛平還交給李冬生一封信。李冬生滿臉驚詫，目光沿著「一個來杭執法裁判的自白」的字裡行間看了下去：

我是一名裁判，曾經來杭州執法過綠城主場的一場比賽，也曾經通過中間人接受過綠城主場的黑錢，對吉利和綠城兩個俱樂部就目前敢向中國足壇的黑暗勢力發起挑戰的勇氣，表示由衷的敬佩和讚賞。特別是綠城，因為他們明年還要參加甲B聯賽。

我執法足球聯賽多年，吉利和綠城所講的假球和黑哨的確存在，我自己就有過這樣的親身經歷。雖然我執法的初衷不是這樣，也不願意這樣。但一旦進入這個所謂的「圈子」，就身不由己，參與了這種罪惡的交易。每參與一次那種罪惡的交易，我都會受到一次良心的譴責。現在兩個俱樂部不惜受到打擊報復，敢於向中國足壇的黑暗勢力發起挑戰的行為，深深地震撼了我。在我心底的良知還沒有完全泯滅之前，我也要站出來就這件事談談我個人的感受。

現在寫的這份材料，我不知道會給我帶來怎樣的結果？但我還是願意從我做起：

一、退回通過中間人收取杭州主場的「黑錢」。

二、對吉利和綠城現在向中國足壇的黑暗勢力發起挑戰表示堅決地支持。

由於我深愛足球這項運動，所以請諒解我以匿名的身分寫這份材料。通過這次事件，我相信包括我在內的足球裁判都會從自我做起堅決抵制假球、黑哨，這樣中國足球才會真正有希望。

一個還有良知的裁判

二〇〇一年十二月十七日

信是列印的，而且還是影本。

談話結束了，窗外如墨，萬籟俱寂，似乎杭城除他們之外都已進入夢鄉。宋衛平將李冬生他們送出來時，突然有種如釋重負的感覺。自媒體見面會後，集聚在杭城的記者不斷追蹤採訪，搞得他疲憊不堪，現在好了，裁判的信和贓款交給浙江省體育局了，信的影本交給李冬生了，他猶如中場的球員，將球傳給了前鋒，至於能不能破門得分就看足協了。他相信閻世鐸聽取李冬生彙報後會高度重視，會拿出解決方案的。他不禁長舒一口氣，點燃一支萬寶路，吸了一口。從「五・一九」以來，他從沒這麼輕鬆過。

次日上午，李冬生、秦小寶帶著那封「懺悔信」離開杭城，回北京向南勇彙報。

「原件帶回來沒有？」南勇看了看影本問道。

「他們說了，中國足協除閻主席之外，別人都不相信。所以，他們只給了我影本。」李冬生不滿地說。

綠城俱樂部的總經理卻對記者說，雙方洽談氣氛融洽，中國足協得到了想要的東西。

有媒體分析說，中國足協掌握這些情況之後，將會感到頭痛，不處理吧，不行；處理輕了沒作用，處理重了國內聯賽有崩盤的危險，弄不好這還會嚴重地影響中國足球在國際上的形象。

還有媒體認為，李冬生沒找吉利，只找綠城的調查讓人深感意外。

桂生悅對記者說，如果李冬生他們來吉利調查的話，我們會認真對待。

他說，面對中國足協的所作所為，我們必須要討回公道。另外，我們雖然不玩了，可是對足球仍然很有感情，面對當前的假球黑哨的氾濫特別痛心。我們呼籲：救救中國足球！

他還說：「從一開始，我對結局並沒有什麼明確的想法。包括我們打官司也沒說一定要贏。我認為從我們揭黑幕、打官司的這些舉動本身、這些事件程序中就能說明很多東西，意義很大，作用也很大。綠城宋總、我們吉利李總還有我，在說這些話之前都已經作好了思想準備，畢竟我們也是送錢的，也要負責任。所以對於結果只能說順其自然了。我覺得閻世鐸也是一個想做點事的人，我們這樣做，他應該高興才是。如果他也認為我們在胡鬧，那中國足球就真的沒救了。」

這天晚上，李書福對媒體表明瞭自己的態度：「如果中國足協是真心實意想把黑哨一事澈底弄明白，吉利集團會認真配合足協把調查工作做好；反之，如果足協只是走過場，那麼足協完全沒有必要來吉利集團調查。」這無異於叫板足協，想激他們把調查進行到底。

（二）宋衛平交出證據。陳培德認為，打假掃黑進入新階段，大規模的進攻就要開始，黑哨的保護傘——足壇貪官將暴露於光天化日之下。

這些證據是十二月十七日交給陳培德的。

在廣州揭黑和杭州「媒體見面會」的兩股勁風之後，媒體的報導和評論鋪天蓋地，全國球迷期待著黑哨和背後的貪官一一浮出水面，受到公正的審判；貪官惶惶不可終日，收受賄賂的黑哨如坐針氈。李書福那句話像喪鐘在耳畔不停地敲著：「只要法院需要，我們可以把所有的證據都拿出來。」李書福跟足球拜拜了，光腳的不怕穿鞋的，誰知他手裡有多少證據？交出來怎麼辦？足壇還不得將發生十二級地震，甲級聯賽還不得房倒屋塌？

誰知陳培德遭受的煎熬？

宋衛平承諾交證據已過去四十八天了，陳培德的心一直懸著。在黃龍體育中心接受《新聞調查》採訪時，他又催了一遍宋衛平，可是綠城還是沒有動靜。綠城和吉利的「媒體見面會」開過了，浙江省體育局表態了，再過幾天《新聞調查》的《黑哨內幕》就播出來了，還沒有確鑿的證據。這樣一來，足壇反腐第一槍豈不就成了沒有子彈的空槍？媒體是柄雙刃劍，宋衛平和李書福再不交出證據，媒體會質疑的，黑哨貪官有可能聯手反攻，說綠城、吉利無中生有，造謠滋事，破壞足壇的大好形勢，打假掃黑就會陷於被動了，沒打著狐狸反而惹身騷，足壇腐敗不僅不會收斂，反而會更加猖狂。

法律重的是證據，沒有證據一切等於零。宋衛平到底有沒有證據，證據是否充實？宋衛平越是不交，陳培德的心裡越沒底。宋衛平說過，給裁判送錢肯定不會有第三者在場，這樣的話，有人說給他送錢了，他會理直氣壯地說，這是瞎編的。沒有第三者在場，裁判又不可能出具收條，這意味當時沒留下任何證據。當時沒有現在會有嗎？裁判又不是傻子，見綠城打假掃黑了，給他們提供證據？裁判要是不承認收受過賄賂，不承認吹過黑哨，中間人說錢沒送交裁判的手裡，這場打假掃黑豈不成了鬧劇？

陳培德忍不住又拿起電話。唉，一個堂堂的體育局長怎麼像黃世仁逼債似的一遍又一遍地催宋衛平，連自己都感到不好意思。可是，沒辦法，自己都催不來，手下的人就更催不來了。

「宋總，你不能只造聲勢，不交證據啊，這樣下去會有負面影響的，別人會認為綠城衝甲A不成，又玩了假球，受到懲罰，泄泄私憤。你要趕快把證據整理交上來，不想交浙江省體育局可以交中國足協。總之，不能光打雷不下雨。」

「陳局長，剛收到一位裁判退回來的四萬元錢和一封沒署名的自白書。我馬上讓小方給你送過去。」

北京面見閻世鐸之後，宋衛平的心理壓力與日俱增，陳培德一遍遍地催證據，媒體見面會後，聚集到杭州的各地記者也讓他出證據。小方猶如溺水者，黑哨怕被他拽進去，恨不得一腳把他踢到另個星球，永遠見不到他。他找誰誰回避，有的裝不認識，有的一口否認與他有過接觸，取證一籌莫展。

宋衛平不得不親自出馬。老奸巨猾的、良心早被狗吃了的裁判自然是找不得。你不找他，他還以為你手裡有證據，不敢囂張；你若找他，反而暴露了你手裡沒證據，他說不定還倒打一耙，說你誣陷他。找只能找良心未泯的人，他們拿了黑錢會惴惴不安，稍有風吹草動就心驚膽戰，草木皆兵，恨不得立馬將贓款送回去。

宋衛平首先想到的是龔建平，也就是在《新聞調查》欄目記者採訪時，他說過的那位北京的裁判。四十一歲的龔建平是一個命途多舛的倒楣蛋。

他從小就熱愛足球，在北京南城二體校足球隊踢得不錯，在隊裡數一數二。可是，這麼熱愛足球的人，一九八二年大學畢業時卻被分到了足球沙漠——北京的遠郊懷柔縣，那裡別說足球隊，連個足球都難找。他不僅組織足球比賽，組建足球隊，所執教的球隊還代表懷柔縣參加過北京市比賽。

龔建平認為，裁判最好踢過球，這樣悟性會強一點兒。還真別說，在中國足球裁判中，像龔建平這樣全面，踢過球，又當過教練的人為數不多。

龔建平的確是「一個還有良知的裁判」，他說過：「不管做什麼工作，人要正直，做教師要有師德，做足球裁判要有職業道德。為人師表，以身作則，一言一行都要注意各方面的影響。」

遺憾的是這位「一個還有良知的裁判」卻沒有守住自己的球門，讓人攻破了。

龔建平這種人壓根就不該腐敗，也不能腐敗，別人有點貓膩沒事兒，他一沾邊就倒楣。近三年來，他這位「悟性強一點兒」的裁判卻一波三折，屢遭重創。一九九九年，萬達與平安之役，他對孫繼海判罰黃牌之後引起強烈反響，受到停哨半年的處罰；二〇〇〇年三月，廣州太陽神認為他在比賽中有三處「不公正的判罰」，理直氣壯地向中國足協申訴。

足球圈內的人說，龔建平是黑哨不假，不過他只是「小黑」，絕對算不得「大黑」，他距離「大黑」還甚遠，說白了，他還不具備「大黑」的素質和能力。「大黑」者如陸俊，可以一邊吹黑哨，一邊獲「金哨」，先後拿了六個金哨獎，比陸俊小一歲的「小黑」龔建平不僅沒拿到「金哨獎」，反而屢受處罰。

《克雷諾夫寓言》中有句話：小偷不能跟大盜相比，大盜可以逍遙法外，小偷卻要挨揍的。

陸俊說：「為什麼我年年拿金哨？你必須能把握大局，上邊要你怎麼吹，你得學會揣摩領導的意圖。這方面的重要性，有些裁判壓根不瞭解。」陸俊還說：「好的裁判吹黑哨，外行人根本看不出來，想發現確鑿的證據太難了。」

按陸俊的說法，龔建平不僅沒揣摩透領導的意圖，也不是個「好裁判」。有人說，在中國足球職業聯賽出現那一刻，一條看不見的食物鏈就形成了——俱樂部賄賂裁判，裁判賄賂足協裁判委員會。在這條食物鏈中，陸俊如魚得水，龔建平像旱鴨子，總也遊不到保護傘下面，所以只要有冰雹就要挨砸。可是，他偏偏又沒記性，屢屢挨砸卻屢屢犯事兒。

四月二十一日，在甲B聯賽第五輪浙江綠城對天津立飛比賽之前，龔建平作為主裁來到杭州，入住杭州國際大酒店。傍晚，小方悄然來到他的房間，悄悄塞給他一個紅包。

他拒絕了：「我們規定很嚴的，球賽這事不好幫忙，你還是拿回去吧。」

這些想贏球的俱樂部不僅給裁判送紅包，也給閻世鐸送。據說，有一次閻世鐸到下邊調研，半夜十一時，一位年輕人來到他的房間，送來一個沉甸甸的文件袋，說：「我們領導說，主席很辛苦，這是一點意思，請收下。」

閻世鐸往文件袋裡掃一眼：是一捆捆的鈔票！

「你想幹什麼？你是不是想害我？你是幹什麼的？哪單位的？」閻世鐸火了。

小夥子拔腿就跑了。

閻世鐸能把「小鬼」嚇跑，龔建平卻難以拒絕小方，最後還是把紅包收下了。

有人說，龔建平待人誠懇，辦事實在，拿誰都當哥們。也有人說，龔建平性格直爽，是個直腸子，心裡想啥嘴上就說啥，好交友，講義氣，能為朋友兩肋插刀。還有人說，你要是把自己的朋友介紹給他，過不多久，他們就是朋友了，你的朋友跟他的關係比跟你還鐵。還有人說，龔建平最大的缺點就是太實在，太仗義了，在他眼裡狗戴帽子都是朋友，他在這上沒少吃虧，還沒記性……。

也許龔建平覺得拒絕紅包就等於拒絕信任，拒絕交情，拒絕朋友，俗話說，官還不打送禮的呢，自己算啥？不就一個在球場上跑來跑去吹哨的嗎？人家給你送禮是看得起你。也許他意志不夠堅強，沒抵擋住金錢的誘惑。也許他覺得大環境就是這樣，哪個行業不收紅包？整個社會都是這樣，你給我紅包，我給他紅包。他給你紅包，再說了，連法官都收紅包，而且還吃完原告吃被告，裁判收點錢又算得了什麼呢。何況這事對他來說也不是第一次了。

在現實中，許多傳統觀念都被顛覆了。過去說，吃人的嘴軟，拿人的手短。如今，吃人者未見得嘴軟，拿人者未見得手短。醫生即便收了紅包也不見得就不宰你，裁判拿了黑錢也不見得就不吹你的黑哨。

龔建平還是個老實人，收了錢後就開始琢磨怎麼幫忙，這個忙比較好幫，天津立飛明顯弱於杭州綠城。

第二天，上半場綠城進了兩球，立飛一個球也沒進。

在下半場第十分鐘，綠城的外援安東尼將球碰進球門，龔建平裁定有效。立飛抗議，認為安東尼越位，「黑衣法官」龔建平賜給立飛的外援阿米爾一張黃牌。

第二十四分鐘，綠城隊員在後點將隊友發出的角球頂向大門，立飛隊中衛迅速將球從球門線後勾回，龔建平判罰球有效。

第三十二分鐘，綠城又攻進一球。

第四十三分鐘，還有兩分鐘比賽就要結束時，衝入禁區的綠城外援瓦倫西亞被鏟倒，龔建平判罰點球，瓦倫西亞罰球命中，綠城以六：○大勝。

七月七日，第十三輪浙江綠城對廈門紅獅比賽，龔建平作為主裁又來到杭州。小方跟他聯繫上了，並把話遞了過來，只要他幫忙，綠城還會感謝的。

上半場第二十八分鐘，紅獅隊員將衝入禁區的瓦倫西亞撞倒，龔建平判給綠城一個點球，瓦倫西亞罰球命中，綠城一：○領先。下半場，綠城隊員在自己禁區附近手球，紅獅的法比奧任意球命中。比賽以一：一平。

綠城沒贏三分，可是心悅誠服。龔建平吹得一點兒問題都沒有，手球麼，自然該罰，不罰也說不過去。小方說，老闆覺得龔建平這人還不錯，想跟他交個朋友，讓他給龔建平送個紅包。

龔建平的房間住兩個人，另一位也是裁判，見小方拎包來了，鑽進衛生間去洗澡了。衛生間傳出嘩嘩的淋浴聲，小方見機行事，從包裡掏出一個沉甸甸的紅包。

龔建平慌忙擺手拒絕：「不要不要，真的不要。我又沒幫什麼忙，無功不受祿。」錢既然拿出來了，哪有背回去之理？小方好說歹說把錢塞進龔建平的包裡，起身離去。龔建平既不能高聲叫嚷，又不能跟小方撕摶。

綠城沒贏三分，也不等於龔建平沒賣力，這場比賽他費的心思比立飛那一場還多。紅獅不同於立飛，與綠城是棋逢對手，將遇良才，誰都想贏球，這種情況下不僅裁判的態度很重要，而且裁判想吹黑哨也不容易，弄不好就會出現抗議和罷賽，引火焚身。龔建平好不容易才抓住機會判給綠城一個點球，下半場綠城那個隊員要不手球的話，也就贏了，真是人算不如天算。

第二天，在小方開車送龔建平去機場的路上，他真誠地說：「這錢你還是拿走吧，你自己留著用也行。我可不想為這點錢毀了自己的前程。」

這錢可能攪得他輾轉反側，一宿未眠。龔建平不是不需要錢，他是太需要錢了，他們夫婦都是教師，收入有限，父母體弱多病，孩子還在讀書，家裡住的五十六平米房子不僅小，而且也太舊了，需要改善一下；他特別喜歡車，開的還是像計程車似的夏利；他愛好飲酒，喝的是廉價的北京二鍋頭……

龔建平更在意的是前程和剛剛獲得的國際級裁判榮譽。他自豪，也的確該自豪，國際級裁判中國才有七位，這說明在足球裁判上，他已步入中國前七。他不想讓這點兒錢威脅和摧毀自己的事業與家庭，思來想去還是決計將錢退回。

可是，拒絕是一種能力，龔建平不僅缺乏闊世鐸的權力，也缺乏他這種能力。見小方實心實意要給，他那道壘了半宿的堤壩又管湧了，崩潰了。

沒能力拒絕這是現實中國的通病，不僅僅是足球裁判龔建平，有多少官員栽在這上，為那沉重得壓彎了腰的、一輩子也花不出的錢搞得身敗名裂。

九月十五日，甲B聯賽第十九輪中遠對綠城，龔建平又是主裁。這場球不論對中遠還是綠城都特別關鍵。可是，這是中遠的主場，綠城可能想到即便做龔建平的工作也沒用，他們以為有前兩個紅包墊底，龔建平不會吹得太離譜。

第八分鐘，綠城隊的譚恩德率先攻進一球，被龔建平判為越位，進球無效。這讓綠城大為惱火。

第十四分鐘，中遠隊員突入禁區，宋衛平認為「我們的守門員搶先把球拿住，這應該是個好球，裁判卻判我們犯規，送給中遠一個點球。」中遠罰球得分。

龔建平的處罰激怒了綠城，他們罷賽三分鐘……。

最終，綠城以〇：一敗北，失去衝甲A的希望。

宋衛平憤然捎話給龔建平：「別忘了，你在杭州得到過我們的好處，為什麼客場這樣吹？」龔建平惶惶地給宋衛平打電話解釋。

宋衛平說：「電話裡不說，以後到杭州再說……。」

可是，龔建平再沒到杭州，話也一直沒說上。

自從宋衛平揭黑以來，屬鼠的龔建平已經是寢食不安，悔之斷腸，恨世上沒有時空隧道，不能把錢退回去。此時，他最想要的是寧靜，也許每個人到這時候都渴望寧靜、平安，發現這些平時極不在意的東西居然像陽光、空水和水那麼重要。

怕啥來啥，宋衛平找上門來，龔建平恐懼得像手伸進別人家偷東西被夾住，心慌意亂，不知所措。

有人說，宋衛平之所以首選龔建平是因為他比較老實，沒什麼心計，還算是有良知的；也有人說，宋衛平最恨的就是龔建平，尤其是對龔建平判給中遠那個點球耿耿於懷；也有人說兩者皆有之……。

我願意相信前者。我讀過大量有關宋衛平的報導，他是一個有社會責任感、有著人文情懷的人，絕不是惡人或者小人，不至於為了一計點球而報復龔建平，想置他於死地。

宋衛平勸龔建平把收受綠城的「黑錢」退回來。

沒想到在退錢無路時，宋衛平卻鑿出一條時空暗道，龔建平該喜出望外，該感激不盡才是，可是他卻疑懼了，怕錢退回去了，自己卻暴露了，麻煩找上門來。他清楚這絕非小事，絕不會像停哨半年那麼簡單。

他說：「你總得讓我繼續生活和工作吧？」

生活與工作是生存的底線。這話與其說是談判，不如說是請求給他留一條生路。

宋衛平承諾只要他把錢退回來就沒事了，保證不供出他來。

一個亟須取證，一個急於退錢，也許兩人想到的只是彼此的信任，沒有想到對人來說，任何承諾都是有條件的，當承諾遇到巨大的利益誘惑、或者生死挑戰時，承諾還能否守得住？它會不會被現實壓成粉齏，隨風飄散了。

足球裁判龔建平可能沒想到這一層面，他答應把錢退還回去。

談到龔建平當時的心態時，龔建平的妻子索玉華說：「他是二〇〇一年才報批為國際級裁判，當了還不到一年，他特別在意這一榮譽，急切地想還了錢，擺脫醜聞。」

可是，錢怎麼退？不能匯回去，不論走銀行還是郵局都容易暴露。

宋衛平建議龔建平送到杭州，倆人見個面，聊一聊。

龔建平一口回絕了。這是什麼時候？杭州已成為掃黑的暴風眼，成為足壇的「動感地帶」，全國各地數十名記者雲集在那裡，綠城又是暴風眼中的暴風眼，焦點中的焦點，他要出現在綠城將會掀起軒然大波，想逃都逃不掉了。

綠城根據龔建平的態度開會商量。不論怎麼說，只要龔建平退了贓，綠城就有了真憑實據，就可以證明黑哨不是空穴來風，而是存在的，綠城講話是負責的。有人說，龔建平不敢來，綠城可以派人去取。有人說，錢是可以取回來，關鍵的是取回來之後，誰來證明它就是裁判退回來的？這的確讓人大傷腦筋。最後，他們想出一個辦法——讓龔建平寫一個「自白書」，這不僅可以證明錢是裁判退回來的，也可以說明他是「一個還有良知的」、有懺悔表現的裁判。

有良知者痛苦往往是深重的。沒良知者最大的痛苦是得失，有良知者最大的痛苦是善惡。在現實中，有良知者的道德底線突不破是痛苦，突破了更是痛苦，而且是萬劫不復的痛苦。宋衛平之所以遲遲不上交證據，其原因就在於此。

宋衛平是一個讀書人，小學三年級就讀過《說岳全傳》，二十歲前讀過《三國演義》、《水滸傳》、《七俠五義》等等，二十九歲之後，他又迷上了武俠小說，尤其是對金庸的書愛不釋手。無論古典小說，還是武俠小說推崇的都是仁義禮智信。

將龔建平的證據交上去，這猶如手術前病人家屬給醫生送紅包，醫生不收不行，手術之後病人家屬不僅將紅包索回，還將其交到醫院一樣，這是不義。

另外，證據一旦上交，自己還有主動權麼？若供出龔建平則是無信。

不義、無信這是做人的大忌。作為讀書人的宋衛平最鄙夷的可能就是這兩種人。

初涉房地產生意時，一位朋友幫宋衛平拿下了一百畝地。他們事先講好要低價賣給朋友二十畝。沒想到後來地價漲了，有人建議賣給朋友的地價也調一下，宋衛平一聽就火了：「說好的事情怎能反悔？人不能沒有信用！」

在金錢面前，他堅守住了信用，在掃黑之際也能守住承諾嗎？何況證據不交也是無信，一個月前，自己親口答應陳培德和閻世鐸交兩份證據。

不交證據閻世鐸無法下手，陳培德就說他放空槍，這場轟轟烈烈的掃黑將因他而中止，足壇腐敗將繼續存在，這也是不仁不義。

他落進兩難的河流，哪邊都能爬上去，可是不論從哪邊爬上去都是對彼岸的背叛。

也許陳培德的電話讓他下定了決心，證據不交上去，陳培德是不會善罷甘休的；也許想到足壇打假掃黑就是拯救足球，他決定把龔建平這份證據交上去。

「好好，我等著。」陳培德放下電話，點支煙，吸了一口，靠在椅背上，舒緩地將吸進的煙吐出去。

半小時後，小方夾著檔案袋走進辦公室。

陳培德從檔案袋裡取出四捆百元鈔票和一封信。他把錢擺放在桌子上，將信展開看了一眼，問道：「這位『還有良知的裁判』是誰？」

「宋總說了，不能說出他的名字，對主動退贓的裁判要給予保護。」小方為難地說道。

「哦，我明白了。」陳培德點點頭，沒再問。

小方走後，陳培德望著證據，懸浮的心終於著陸了，踏實了。儘管自白書是列印的，沒有簽名，他卻堅信不疑。與其說相信這份證據，不如說相信宋衛平。提供偽證不僅違法，而且也不符合宋衛平的為人和性格。再說，宋衛平是打假掃黑的先鋒，是社會的名流，不可能讓偽證毀了自己。

宋衛平承諾提供兩個黑哨的證據，這是其一，另一個什麼時候交？陳培德做事乾淨俐落，和盤托出，不喜歡拖泥帶水，像擠牙膏似的。看來宋衛平那邊有難度啊，慢慢等待吧。有這份就可以說明黑哨不是空穴來風，是客觀存在的。陳培德的目光透過煙霧落在那四捆鈔票上，從腰條上的名章來看，這些錢可能來自兩家銀行。

這才是掃黑第一槍！不再是敲山震虎，而是真槍實彈！陳培德提筆行雲流水般地在檔案袋寫下兩行字：「十二月十七日下午三時二〇分，收到方送來的四萬元錢和一封沒署名的信。」簽上自己的名字，打電話叫來體育局監察室主任和規劃財務處長，商量之後，將證據存放在財務處的保險櫃裡。

陳培德想，這場打假掃黑的主帥是閻世鐸，必須將進展情況及時向他通報。於是，撥通了閻世鐸的電話。

「閻主任，向你通報一個好消息：宋衛平剛剛派人送來一名匿名裁判的懺悔信和退回的萬元現金。」

「好啊！這說明你的工作已見成效。」閻世鐸興奮地說。

「你看這信和錢怎麼處理？給你們寄去怎麼樣？」

「先保管在你們那裡吧。」

「那好，我們暫時保管吧，在方便的時候再轉給足協。我們保持聯繫。」

放下電話，陳培德馬上讓辦公室主任鄭瑤通知黨組成員和監察室主任潘善態、規財處長孔建軍來到他的辦公室，通報了與綠城小方的談話及與閻世鐸的電話內容。然後說，這意味打黑已進入新階段，接下來就是大舉進攻，黑哨的堡壘將一個個被炸飛，他們的保護傘——足球貪官將一個個暴露在光天化日之下。當務之急的還是要保護這種「還有良知的裁判」。他之所以採取匿名方式，說明其有顧慮。不過，他能勇於承認自己的錯誤，冒著身陷囹圄、家破人亡的風險退贓和懺悔，不論從情還是從理都應該給予保護。在足壇，裁判受賄特別普遍，在這種風氣和環境下想潔身自好是很難的。打黑不應該將「還有良知的裁判」作為打擊的主要對象，重點目標應該是那些老奸巨猾、死不悔改的沒有良知的裁判和從中漁利的貪官。

（三）「懺悔書」一石激起千層浪，新華社發表了內參，閻世鐸坐不住了，接受了新華社記者的採訪。

十二月二十六日下午，浙江省體育局召開新聞發佈會，會場有點冷冷清清，僅有五六家媒體的記者。抱病的陳培德輸完液就趕到會場。

在收到綠城的證據之後，陳培德擔心記者挖地三尺，將這位「還有良知的裁判」挖出來，落入人人喊打的汪洋大海之中，導致其他「還有良知的裁判」不敢懺悔和退贓，他決定：為保護主動退贓，並有懺悔表現的黑哨，暫不向媒體公開證據。

可是，世上沒有不透風的牆。記者很快聽說此事，先是像水滴似的零零散散電話求證，隨後變成流淌的小溪，繼而出現激流和洪峰，一浪高過一浪地湧向浙江省體育局。這是爆炸性新聞！被吉利退出足壇和杭州媒體見面會預熱的中國足壇，誰不想知道那位裁判在懺悔書上寫什麼？那個裁判是誰？哪個記者不想搶發這一新聞？他們不怕拒絕，不怕挫折，執著地一遍又一遍地撥打體育局的電話，有的記者直接把電話打給陳培德。

陳培德平時跟記者處得不錯，不僅在採訪上配合，而且能幫一把就幫一把。這次陳培德卻用禮貌而冷漠的外交辭令答覆：「對不起，這事暫時保密，無可奉告。」

儘管如此，記者還是瞭解到「懺悔書」的部分內容，新華社和《球報》率先報導《綠城俱樂部透露：有裁判來信懺悔收了「好處費」》、《一名裁判向綠城退回黑錢，對自己的行為表示懺悔》，接著其他媒體發表了《黑哨圈站出「污點證人」浙江省體育局將披露信件內容》等報導，「懺悔書」一時成為熱點。

十二月二十二日，浙江省體育局和綠城、吉利得到消息，央視《新聞調查》的節目已製作完成，題目定為《黑哨內幕》，不出意外的話，將在當晚九時播出。陳培德甚喜，李冬生已將裁判的「自白書」帶回北京，《黑哨內幕》的播出等於又燒上一把火，把掃黑推向高潮。他越想越信心十足，越想越感到前景樂觀。他興奮地打電話將消息告訴關心並支援掃黑的副省長魯松庭等領導，同時還通知體育局的官員收看。

當晚，浙江省領導、體育局官員、媒體的記者和球迷都把電視頻道鎖定中央一套。好不容易盼到二十一時，《黑哨內幕》卻沒有播出。二十一時十五分，播出了《同一首歌》。《同一首歌》播完後，《黑哨內幕》也沒有播。人們不僅感到失落，甚至有點兒沮喪。

這是怎麼回事，《黑哨內幕》為什麼沒能如期播出？

人們不禁想起通知中的「不出意外的話」，由此看來是出了意外。有人致電策劃徐慨，得到的解釋是，黑哨是一個非常複雜的問題，採訪的工作量很大，他們不僅在杭州進行了採訪，還在南京等地進行了採訪，後期製作需要時間，不是因為外界壓力過大而斃掉了。

他們又打電話給編導羅陳。羅陳的解釋是《黑哨內幕》播出時間沒定下來，何時播出，台裡自有安排，根本不存在槍斃之說。

這種解釋誰相信？可靠消息不是說了，節目已經製作完成，將在二十二日晚九時播出麼？怎麼能說「播出時間沒定下來」，怎麼能說後期製作沒完成？

媒體報導、小道消息，猜測和傳聞像錢塘江的潮水似的一波接著一波地奔湧而來，有人說，你們以為那些黑哨和足球貪官那麼好動？後臺硬著呢！他們給央視打個電話，把《新聞調查》的頭頭嚇得屁滾尿流，立馬將《黑哨內幕》撤了；還有人說，《新聞調查》欄目發現黑哨難以定性，所以殺豬不吹——蔫褪（退）了。

有報導說，央視《新聞調查》「啞」了，「掃」黑行動冷處理，「如今節目未播出，估計要麼是欄目組受到了某種暗示，或者主管部門目前對於『揭黑』一事還未達成一致意見。這也意味著，包括『吉利名譽案』在內的掃黑行動，暫時步入冷處理階段。」

還有記者帶著「現在足球裁判收受俱樂部賄賂之風愈演愈烈，司法機關為什麼始終沒有介入」和「既然某些足球俱樂部已經掌握了裁判員收『黑錢』的確鑿證據，檢察機關為什麼仍然無動於衷」等疑問，採訪了著名刑法學家、北京大學法學院陳興良教授。

陳興良說：「根據我國現行的《刑法》規定，足球裁判的受賄罪名不能成立。」「裁判收『黑錢』的行為不是犯罪行為，無法追究其刑事責任。這的確是我國刑事立法的一個漏洞，但在《刑法》作出修改以前，『罪行法定原則』要求法院不能以任何罪名判決裁判員。』陳興良從另一個方面強調說，『針對裁判收取賄賂的行為，恐怕只能依賴於體育協會內部的懲罰規則了。』」

司法不能介入，黑哨問題最終怕是雷聲大、雨點兒小，甚至於不了了之。

敏感而多疑的足壇不安了。有報導說，綠城、吉利俱樂部表示等待中國足協的進一步反應。宋衛平表示，將「揭露足球圈黑哨」的行動進行到底。原吉利俱樂部總經理桂生悅說：「我們該說的說了，該做的做了，現在也該輪到中國足協行動了。」據他說，目前吉利正積極準備相關舉證，只待法院一聲令下，我們就和中國足協對簿公堂。

十二月二十五日，陳培德正在紫雲飯店召開各市體育部門主要領導座談會時，接到新華社浙江分社記者方益波的電話：「陳局長，我想將黑哨退款的事情寫進內參，引起高層領導的關注，這樣對足球打假掃黑會有所推動。」

方益波是一位出色的記者。一九九四年，他在杭州大學新聞系畢業之後，被分配到新華社浙江分社從事政文報導。當年，他與同事合作的有關小學生負擔過重的內參報導引起高層領導的關注，從而引發了全國性小學生減負活動。二〇〇一年，他一直在密切關注甲B聯賽，吉利起訴中國足協對其名譽侵害時，他搶在第一時間進行了報導；十二月十四日，宋衛平和李書福召開媒體見面會後，他連晚飯都沒顧得上吃，對「五・一九」以來甲B聯賽所發生的一系列事件進行了梳理，寫了一篇內參稿。該稿刊出後，引起有關領導的高度重視。

方益波這麼一說，陳培德的不公開證據想法動搖了。

法大還是權大？這是中國改革開放幾十年還沒解決的難題。我們的法律不健全，有漏洞，有些事情要想解決必須找權，不能找法。掃黑若沒有高層領導的支持，僅靠中國足協和閻世鐸怕不會有什麼結果，弄不好宋衛平、李書福炮聲隆隆，媒體轟轟烈烈，黑哨貪官卻逍遙法外。

陳培德放下電話，立即將副局長李雲林和辦公室主任鄭瑤約到會議室隔壁的四一九房間商量。大家一致認為應該接受方益波的採訪。

一個小時後，陳培德和鄭瑤在紫雲飯店接受了方益波的採訪。

陳培德代表體育局發表四點意見。

第一，這封信說明吉利、綠城對裁判黑哨問題的揭露和浙江省體育局的表態絕不是空穴來風，其嚴重程度不可低估。說明我們有的主管部門過去對這個問題的嚴重性估計不足，並未對有問題的裁判按行規內部處理才使黑哨和「巨貪」現象愈來愈嚴重，愈來愈普遍，很值得主管部門從領導和管理的角度總結教訓。

第二，那種主張內部解決問題，不讓媒體介入的想法和做法，不可能產生足夠的震懾力。管理部門應與媒體很好地合作，充分依靠媒體，才能打好足球反腐敗這場政治仗。

第三，那種按行規處理足球的問題，不要司法介入的觀點是法盲的表現。中國共產黨尚且聲明自己的一切活動都必須在法律允許的範圍內進行，足球的活動豈能成為法律的特區和盲區？只有司法介入，足球反腐問題才能徹底解決。

第四，為了徹底揭開足壇腐敗的黑幕，應該對敢於主動公開承認自己有行賄和受賄行為的當事人給予保護，處理上應盡可能從輕，這樣，才可能有更多的人出來說話。

體育局黨組其他成員認為，既然已經接受新華社採訪，披露了「懺悔書」的全部內容，也就沒必要再保密了，趁早開個新聞發佈會，向媒體公開證據。

陳培德在新聞發佈會發表完四點意見之後，常務副局長杜兆年強調：「中國沒有法律特區，體育界包括足球界既要遵守行規，更要遵守國家法律，違法亂紀者都應交由司法機關處理。」

陳培德插話說，在這段時間內，除綠城與收受「黑錢」的裁判聯繫之外，還有裁判主動與綠城聯繫，表示希望俱樂部、媒體和管理部門能給他們一次改正的機會，不要讓他們家破人亡。揭黑剛剛開始，不應過多地追究覺醒者的過錯，以免造成坦白從嚴，抗拒從寬的局面。為了澈底淨化足壇環境，有必要保護承認錯誤的當事人。

有記者問陳培德，如果中國足協對此事沒有一個好的處理結果，您會怎麼樣？

陳培德回答：「浙江省體育局和我本人介入揭露足球腐敗主要出於兩個動機，一是綠城在浙江，我有責任出來揭露此事；二是出於對中國足球前途的擔憂。中國足球，我對它的評價有三句話，水準最低，收入最高，問題最多。水準最低的主要原因是腐敗。中國足球在腐敗之中是踢不出國門的，即使這次衝出去了，也只能是曇花一現。如果足協對此事沒有一個好的處理結果，坦白地說，我很難怎樣。因為我畢竟不是足球主管部門的領導，我們只能是配合。真正要打開缺口，應當從當事人身上做工作，也就是從俱樂部、裁判和中間人中尋求突破，中間人也是犯罪，不能把他們漏掉。」

杜兆年補充道：「我們相信中國足協有這個覺悟和水準處理好此事。如果中國足協仍按所謂的『行規』處理，我們將會考慮把有關證據移交到司法部門。」

事後有媒體報導說，「揭黑材料有可能移交司法機關，浙江足協挑戰中國足協。」

有記者問陳培德：全國有三十多個省市的體育局長，為什麼只有您一人站出來對足壇腐敗現象和興奮劑宣戰？您是否感到壓力巨大？

陳培德坦率地說：「最近，我說了不少話，做了不少事，我不是想跟誰過不去，也沒有任何私心雜念，只有一顆拳拳之心。從六月份開始，我就大聲吶喊：『反腐敗，反興奮劑！』卻一直沒得到國家體育總局的支持，其他省市的體育局長也沒有站出來跟我並肩作戰，我為此感到悲哀。」

有記者問：「你仗義執言，講了許多震驚中國足壇的話，不後悔嗎？」

陳培德笑了笑，說：「我的良心告訴我，不平則鳴。我妹妹在看了電視後給我打來電話，她說，哥哥啊，我們大家都欽佩你的勇氣，你說得很好，做得更好，我們為有你這樣的哥哥而自豪。但是你也要考慮一下你自己的安危。聽到這些話，我眼淚都要流下來了。我想，如果真的有人要報復我，對我不利，那也沒什麼，起碼說明我做的這些工作是卓有成效的。我相信總有勝利到來的一天。」

有記者問：「陳局長，下一步您有什麼打算？」

陳培德說：「我會進一步做宋衛平和李書福的工作，讓他們交出更多的證據。他們已經表態，願意配合，只是不願意涉及具體的人。對於他們的揭發，應該保護，甚至應該給予獎勵。坦白從寬，立功受獎嘛。這樣就能帶出一大片。我認為，應該給政策，區別對待，無論受賄還是行賄都一樣，主動交代的，可以寬大處理。我希望在這個問題上要他們給以承諾。現在絕不能炒作，而是要扎實地去取證。」

方益波的《一「受賄裁判」給浙江綠城足球俱樂部懺悔並退還「黑錢」》在內參刊出後，中國足協大為震驚，立即開會專門研究，決定由閻世鐸約請方益波進京面談。

有媒體說，「『內參』公開不可告人內幕『黑哨事件』升級在即。」他們認為，「方益波的這篇內參很可能使『黑哨事件』升級，因為足協也很有可能面臨來自『上面』的某些壓力或指示，方益波的出現意味著對黑哨問題的處理出現了新動向，即足協以『內部處理』了事的可能性已變得越來越小。」

在沸沸揚揚的「閻世鐸點名讓方益波進京」的報導聲中，在舉國上下的關注下，方益波和楊明出現在中國足協的會議室。

楊明是新華社體育部記者組的副主任。一九八三年，畢業於北京師範大學外語系的楊明被分配到新華社體育部當記者。五年後，他赴加拿大留學，在美國做過兩年體育記者，又回到新華社。他是中國為數不多的可用中英文報導新聞的記者，曾獲得中國新聞獎、全國體育好新聞一等獎等獎項。

在「紫氣東來」條幅下，閻世鐸接見了他們。

閻世鐸講了幾點，一是裁判的性質是以業餘身分從事職業工作，從整體上看，中國裁判的水準屬於亞洲一流。二是在裁判管理上，中國足協已採取了許多措施，如在開賽前一天通知裁判，裁判抵達後由當地足協接，關掉手機和賓館電話。主裁是誰將在比賽開始前當場有人開封（貴人好忘事。閻世鐸可能忘記了中遠與吉利的最後一役，《新民晚報》提前一天就報導了比賽的主裁）。三是「俱樂部和裁判之間的給錢和收錢問題，足協歷來非常重視，堅決反對，一旦發現後堅決調查處理，但現在主要是苦於沒有證據。「對他們說的證據，就是那封電腦打的匿名信和退回的錢，我們無以判斷。但這個事情一定要弄個水落石出，這個事情已經對中國足球，對中國人的形象影響巨大，這事不能完，要不以後中國足協不信任，可以通過司法部門，可以通過司法解決。我閻世鐸承擔不起，炒掉我沒有關係，但這個事情該誰負責就誰負責，絕不能算完！」

楊明問，中國足協下一階段準備做哪些工作。閻世鐸說，「一是繼續積極調查，二是等待浙江方面的證據。」

不僅閻世鐸對裁判「懺悔信」質疑，媒體也紛紛表示質疑，有人說，「沒有作者親筆簽名，匿名信不能作證據。」一律師認為，「浙江省體育局和綠城俱樂部的做法不謹慎，所謂的匿名信很難成為『呈堂證供』。」還有媒體指出「懺悔書」事件有三大疑點：「假設並沒有『懺悔書』這回事，綠城偽造出一封這樣的信也可以說得通。而且，這封信又採用匿名方式，與列印件所產生的作用一樣，既可以說是真正的黑哨『懺悔書』，也可以說是杜撰的一出好戲，至少兩種可能都占到了百分之五十」

《解放日報》在《「不懂規矩」揭足壇黑幕，綠城失人緣陷入尷尬境地》中說，「有些人懷疑『懺悔信』的真偽。首先是說『懺悔信』不過是封列印的匿名信，完全可以偽造；其次認為是綠城做工作讓一名裁判退出部分贓款，鬼知道究竟是誰出的錢，甚至懷疑綠城和裁判共同炮製『懺悔信』，以此投石問路，這是綠城的一個圈套。」

「據接近宋衛平的人士說，綠城因為這種『不懂規矩』的做法，已經嘗到了苦果，『別人見到他們就像見了鬼一樣』。一些原先關係不錯的俱樂部唯恐避之不及，從海埂傳來的消息說，綠城隊已成為最沒有人緣的隊伍。有人直言不諱地表示反感，認為宋衛平入圈子時間太短，太不懂規矩，把別人都得罪了，還想不想再玩下去。宋衛平私下裡也曾問那位人士：我這樣鬧到底值不值？因為綠城肯定不會是受益者，這個『買賣』無利可圖。」

還有媒體對宋衛平交出證據的動機質疑，在《為了廣告？綠城「黑手」打黑，不少足球界人士嗤之以鼻》的報導中，引用一位俱樂部老總的話：「他們不也幹過見不得人的事嗎？像他們這種做法，還怎麼繼續在圈內玩？吉利退出了，我看綠城退出也是遲早的事。不過，他們這麼一折騰，廣告效應可真不錯。」

不過，也有媒體樂觀地說，「匿名黑哨自曝黑色交易——足壇黑幕揭開冰山一角」、「足球『打黑』的一記『破門』——懺悔信和四萬元『黑錢』」。「足壇黑幕正式拉開，浙江省體育局局長誓將戰鬥到底」。「懺悔書」猶如巨瀾，又將宋衛平推向了風口浪尖，他的電話被足球圈內的人士和全國各地的媒體記者打爆了。他對媒體說，有些人對那封信的真偽感興趣，還有人認為我們是在借機炒作自己，對於這些我只能說一句話，那就是我們綠城沒有說謊。我們既然是打假，首先自己是不會造假的。

第五章

打黑遭遇「黑打」

（一）「總局某人士」發起反擊，指責陳培德「接二連三地接受記者採訪，炮轟中國足協，揭裁判的老底」，說他知情不舉是「違反黨紀國法」。

十二月二十九日，陳培德上班後處理完一批文件，點了一支煙，將還沒痊癒的身體靠在椅背，閉上眼睛，似乎在等著什麼。

李冬生回北京已六天了，浙江省體育局召開的新聞發佈會也已過去三天，閻世鐸和中國足協還是「這裡的黎明靜悄悄」。按常規足協該有動作了，「五・一九」事件後，中國足協很快就對俱樂部做出「殺無赦，斬立決」的處理，「甲B五鼠案」也很快就「亂世須用重典」，對俱樂部做出了處罰決定，為什麼在處理裁判的問題上這麼難下決心呢？會不會有些足球官員屁股不乾淨，怕「拔出蘿蔔帶出泥」呢？

閻世鐸遲遲沒有動，也許正在醞釀大動作，眼前的寧靜正預示一場強颱風將要來臨。這動作會是什麼呢？陳培德想給閻世鐸打電話溝通一下，手伸向電話，又覺得不妥。這時，電話鈴卻響了起來。

陳培德抓起電話，一個陌生的聲音就鑽了出來：「陳局長嗎？我是北京的球迷。今天的報紙上有對你不利的言論，體育總局批評您了，中華網上也有，你快看一看……。」

陳培德心裡不由一驚，順嘴說：「好的，好的，謝謝！」

放下電話，他急忙將吸一半的香煙在煙缸掐滅了，挺起腰來，把左手邊的電腦打開。總局批評他，這實在出乎意料。在這場鬥爭中，他對國家體育總局一直抱有希望。他認為打假掃黑是順應民意，合乎民心的，是符合黨中央的反腐精神的。方益波寫的內參已引起中央領導的關注，總局領導應該將這杆反腐的大旗接過去，把這場運動進行到底。

陳培德想不出自己究竟哪錯了，是不該支持綠城和吉利的揭黑？還是不該開新聞發佈會公佈證據？他突然想到，揭黑以來，總局始終沒正面表態，全國其他媒體紛紛報導吉利和綠城揭黑，報導綠城交出證據，體育總局的機關報《中國體育報》卻隻字沒提，有消息說，在國家體育總局沒人在公開場合談論此事。現在明白了，體育總局對這場打假掃黑並不支持。

電話又響了，他接起，是珍環。她問道：「培德，《錢江晚報》上的新聞你看了沒有？」

「還沒看，正在網上搜索。」

「我感覺這個恐怕就是總局領導的態度了。難怪你寫那麼多封信沒有回音。」她停頓了一下，問，「你感到壓力沒有？」

「是的，這是一個無聲的壓力。」他真實地說。

「培德，我和孩子都認為你是對的。放心吧，我們會跟你站在一起的！」

陳培德心裡一陣感動，覺得心裡踏實了，自己不是一個人在戰鬥，身後有著家人，他們會永遠跟自己站在一起的。

「老伴，實踐證明最可靠的、最可信賴的還是家人。我會注意的，會把握好的，你放心吧。」陳培德熱淚盈眶，語調哽咽地說。

電腦顯現出桌面，陳培德登錄中華網，很快找到了那篇文章。

組織掃黑還是個人洩憤？——陳培德掃黑「越俎代庖」

本報訊：浙江省體育局局長陳培德最近接二連三地接受記者採訪，炮轟中國足協，揭裁判的老底，他的舉動引起了國家體育總局領導的高度重視，並密切關注他下一步的動作。體育總局某人士告訴記者，陳培德是一個正廳級領導幹部，他接受採訪，究竟是以個人名義，還是以組織名義？如果是前者，必須向媒體說明，但是從這幾天他的所作所為（舉辦新聞發佈會等）來看已經不能用個人名義來解釋了，包括他提出的四點意見等。如果是後者他必須經體育局黨組討論才能接受採訪。同時，按組織程序，他必須將他的意見上報國家體育總局，並抄送中國足協。可是，他根本沒有這樣做。

這位人士還指出，打假掃黑是組織行為，陳培德作為一個黨的高級幹部應當懂得這一點，如今，他始終沒有向總局彙報，而一再在媒體上露面，這樣做，不符合組織程序，也不符合黨的紀律。目前，某裁判的退款和懺悔信都在浙江省體育局，如果他們和違法裁判私下接觸，並私了，那都是違反黨紀國法的。

這位人士認為，浙江省體育局和綠城俱樂部連行業管理都談不上，可他們卻聯手打假，這實在有些風馬牛不相及。體育局是國家行政機關，不應過多地介入一個俱樂部的具體事務，尤其不能介入過深，否則的話，就從根本上混淆了行政機關的職能。

這位人士反映，陳培德一再聲稱要打假，那麼，對於綠城方面的問題卻隻字不談，假若沒有綠城行賄，哪來的裁判受賄？如果陳培德是為了中國足球事業的健康發展，那應該同時談兩個方面的問題，不能只談一個方面，而忽視另一方面，如果陳培德明知綠城有問題而不去舉報，那也是違反黨紀國法的。而且，體育局把材料「私藏」，而不及時向上級單位及司法部門舉報，這也是一種違紀行為。

陳培德的手顫抖了，心顫抖了，整個身體也顫抖了。「炮轟中國足協，揭裁判的老底」，「不符合組織程序，也不符合黨的紀律」，「違反黨紀國法」等等字句排山倒海般壓了過來，讓他喘不過氣來。這是報導嗎？這是「文革」的大字報！歪曲事實，打棍子，扣帽子，無限上綱。我沒跟總局反映過嗎？沒跟中國足協通報過嗎？對綠城方面的問題隻字不談了嗎？沒有。「體育總局某人士」是誰？他的觀點和態度是否代表國家體育總局？能知道陳培德的「舉動引起了國家體育總局領導的高度重視，並密切關注他下一步動作」的人絕非一般。

陳培德在網上搜索一下，沒想到這條不足八百字的報導轉載率極其高，不僅中華網、新浪網、雅虎網等各大網站發在首頁，而且《天津日報》、《南方體育》、《華西都市報》等報紙也都轉載了。

再搜索一下，發現過去許多支持打黑的媒體也都調轉了方向，《錢江晚報》在報導《足協即將反戈一擊，反黑面臨半途而廢？》中說，「綠城的『打黑反腐』事件，最近幾天形勢可能發生大逆轉。一直靜觀其變的中國足協實際上已胸有成竹，即將使出極具殺傷力的反擊手段。一位與足協關係非同尋常的北方記者昨天透露，杭州方面的舉措已引起足協甚至更高層的不滿，認為這樣的做法不符合組織程序，中國足協不予支援。」

「足協的這一反擊，不但可以使自己立於不敗之地，而且將綠城送上了絕境。因為作為民間團體，屬於司法機關的事情，足協可以不過問，而綠城作為配合司法機關，不管查實有多少裁判有受賄行為，綠城本身難逃干係。」

在這篇報導旁還配一篇評論《閻掌門到底想看誰表演？》，評論的第一句話是「李書福、宋衛平、陳培德鏘鏘三人行，將本該歌舞昇平的歲末攪得烏煙瘴氣，媒體和球迷又一次地精神抖擻起來」。儘管這篇評論嬉笑怒罵把「閻掌門」好一通諷刺挖苦，陳培德讀後仍不禁倒吸一口涼氣，媒體的風向變了，這樣下去剛剛現出一線曙光的打假掃黑要夭折，腐敗將與足球共存。

陳培德憂心忡忡地點燃一支煙，站到窗前，胸中窩著一團火，什麼「始終沒向總局彙報」？二〇〇〇年五月十八日，我就上書袁偉民，建議在體壇大刮反腐「龍捲風」；二〇〇一年十月十一日，我給體育總局和中國足協發去「關於整頓中國足球的諫言書」；十月十八日，向中國足協遞交了四點表態；十一月二十九日，我又致信袁偉民局長，反映九運會賽風問題突出。我先後給體育總局寫過五次信，怎麼能說「始終沒向總局彙報」？總局可有過答覆？

「五・一九黑哨」、「甲B五鼠案」後，吉利、綠城揭竿而起，主動向足壇腐敗發起進攻，體育總局可有過表態？有關浙江打假掃黑的情況，我哪一步沒有跟閻世鐸通報？

煙霧繚繞，陳培德一邊梳理著思緒，一邊捫心自問，難道下級對中央關注和群眾擁護的反腐敗問題沒有公開發表意見的權利嗎？難道轄區出現腐敗和違法現象，體育局長不能公開表明態度嗎？難道我應該像其他地方體育局長那樣事不關己高高掛起嗎？難道我不應該公開支持綠城和吉利俱樂部揭黑嗎？難道「眾人皆醉我獨醒」就是「沽名釣譽」嗎？我怎麼就不知道錯在哪裡？作為一名共產黨員、地方體育的最高執行官見違法違紀的腐敗現象出現在自己的眼皮子底下，應該不聞不問，裝聾作啞麼？如果自己不站出來，足球反腐會出現這麼一個可喜的局面麼？

晚上九時十五分，盼望已久的《黑哨內幕》在央視終於播出了。

在節目中，宋衛平等人面對鏡頭再次證實了甲B聯賽有「兩個戰場」，另一戰場即賄賂裁判。宋衛平說，在一個賽季中，綠城有「三分之二的比賽都要花錢」，而綠城花在裁判身上的錢，在甲B俱樂部中屬中下水準；李書福說，在一個賽季中，「花錢的比賽達百分之七〇－八〇」。

最後出場的是陳培德，他對著電視觀眾說：「幾萬名觀眾在看臺上為球隊加油助威，而這場比賽的結局是賽前已經決定了的，宋衛平說他感到有種負罪感。人民的這種熱情受到了侮辱。」

片子結尾還播放了中國足協在十二月十九日發表的聲明：「中國足協從開始到現在，懲治腐敗現象、打擊行業不正之風的決心是堅定不移、旗幟鮮明的，並歡迎各俱樂部，包括正在參加足球事業的企業、曾經參與企業、新聞媒體以及社會各界，舉報和監督足球界的醜惡現象。只要有確鑿的證據，中國足協必然根據有關規定進行嚴肅處理。對於屬於違法、違紀的問題，無論涉及到誰，涉及到多少人，都將依法進行嚴肅處理。」

這一聲明與「總局某人士」觀點與態度剛好相反。

陳培德和夫人一起看完了這檔節目，長舒口氣，內心深處的陰雲出現一道罅隙，燦爛的陽光射了進來。央視是黨的喉舌，是中國最權威的媒體，《黑哨內幕》的播出，代表著與「總局某人士」完全不同的一種聲音，一種力量！最起碼打假掃黑不會跌入低潮，媒體不會一邊倒了。

「培德，我知道你做得對，沒有錯。可是，我擔心你的人身安全。我最害怕的不是這位『某人士』，而是受賄的裁判和行賄的俱樂部，他們被逼急了，狗急跳牆了，說不上會幹出什麼事情。你在明處，人家在暗處，萬一有個什麼不測，可怎麼辦？」珍環說。

陳培德已五十八歲，兩年後就退到人大去了，何必冒這麼大風險？政治的悶棍打了也就打了，身體的悶棍要是打了，說不定就喪了命，也可能成為植物人，家裡的日子還怎麼過？

「我會注意的，會把握好的，你放心吧。」陳培德看著螢屏上的廣告說。

沉默一會兒，珍環突然說：「既然人家已公開指責，那麼咱們也該給予公開答覆。」

平時，她從不過問陳培德工作上的事情，現在卻提出了建議，看來是深思熟慮的。

陳培德說：「目前還不知道『總局某人士』到底是誰，萬一是總局的一位領導呢？這樣可能將省局與國家總局的關係搞僵，我個人倒無所謂，浙江省體育局的壓力可能就大了。」

「只要真理在，什麼都不要怕。」珍環望著他說。

陳培德的心怦然一動，淚水悄悄地湧上眼眶，模糊了視線，珍環真是一個難得的賢內助啊！

是啊，為什麼就不能公開答覆呢？可以考慮。

躺下之後，陳培德輾轉反側，不能入寐。「總局某人士」的「違反黨紀國法」之說又像一群飢餓的蚊子出現在腦海，嗡嗡亂叫，揮之不去。「總局某人士」啊，你為何連自己的姓名都不敢公開，這種躲在暗處打悶棍是一個共產黨員、領導幹部的行為嗎？你為什麼就不能光明磊落？「五・一九」和「十・六」事件之後，浙江省體育局高舉打假掃黑的旗幟，新華社、央視等媒體都積極配合，你為什麼不站出來表明態度？打假掃黑鬥爭有了進展，有裁判退贓了，寫懺悔書了，貪官和行賄的俱樂部惶惶不可終日了，你坐不住了，跳了出來，你究竟代表誰啊？

他越想越睡不著，側耳聽一下，珍環呼吸均勻，看樣是睡著了。他輕輕地爬起來，披件衣服，鑽進書房。書房不大，僅七八個平米，兩側是擺滿書的書架，中間有張桌子。他拉開窗簾，月光如水瀉入。他點燃一支煙，坐在月光下，陷入沉思。

自己出身貧苦，沒有共產黨就沒有自己的今天。自己中學入團，擔任團總支書記，一九六五年，在北大入黨，這輩子黨讓幹啥就幹啥，對黨和人民是忠誠的，從沒有離心離德過。為什麼要冒那麼大風險力挺打假掃黑，為什麼要站出來叫板興奮劑，難道為了自己麼？如果說是為自己的話，那麼是的，為了自己的良心，為了黨的高級幹部的良心！

我支持打假掃黑錯了嗎？我是為個人利益嗎？是為權為名嗎？我已五十八歲，離仕途的終點僅咫尺之遙，只能是站好最後一班崗了。我力挺打假掃黑，是不折不扣地執行黨中央的反腐精神，是給總局補台，而不是拆臺。「總局某人士」，你指責我不按組織程序辦事，你這種匿名在媒體公開指責就是按組織程序辦事？退一步說，你認為我做得不對，為什麼不找我，為什麼不代表總局提出指導性意見？浙江省體育局支持打假掃黑沒有錯，我決不會後退，要堅持到底！

「你怎麼又起來了？」珍環披著衣服走了過來。

陳培德下意識地掐滅香煙。珍環給他立過規矩：除非特殊情況，否則在家不許吸煙，數十年來他嚴格遵守，很少違規。

現在是否算特殊時期？珍環沒有責備。

「睡不著啊，腦子亂得很。你起來幹什麼？」他不安地說。

「你不在，我睡得不踏實。」她搓搓手說道。

江南的冬天，草木還是綠的，花兒在綻放，屋裡卻陰冷得讓人心顫，尤其是夜晚，寒氣襲人，最難過的就是從熱被窩裡鑽出來。浙江體育的最高行政長官陳培德想的是體壇腐敗、足球黑暗；妻子珍環想的是丈夫的身體。焦慮和失眠會引發疾病。她特別想幫幫他，哪怕能幫上一點點。

「把心放寬一點兒，我們能力有限，有些事兒是管不了，只要努力做了，也就問心無愧了。你說對吧？」

「如果做官的都為自己著想，中國也就沒有希望了。我今晚怕是睡不著了，想給『某人士』寫一封公開信，不然心裡憋得慌啊。」

珍環理解地點點頭，拍拍他的肩，轉身悄然離去。不一會兒，她把一碗熱氣騰騰的夜宵放在桌上，輕聲叮囑一句：「培德，趁熱把它吃了。少吸點兒煙，對身體不好。」說罷，轉身回臥室了。

他出生抗戰最艱難的歲月，母親饑寒交迫，哪還有奶水？他一出生就餓肚子，餓得不停地哭，可是母親實在拿不出什麼來餵他。幸虧他命大，活了下來，可是由於小時營養不良，身體特別弱。婚後，珍環想盡辦法給他滋補，要求他作息有規律，不許熬夜。不論在宣傳部，還是體育局，他都是有名的「妻管嚴」，在外邊叱吒風雲，回到家裡就要老老實實聽老婆的。

陳培德打開電腦，凍得有點兒僵硬的手指在鍵盤上敲打起來，一個字接著一個字敲到了螢幕上，漸漸忘了夜寒，手指越來越靈活，越敲越思如潮湧，一頁、兩頁、三頁……。

當他敲完最後一個字元時，窗外天空已經放亮。他伸一伸懶腰，想吸支煙，當手指伸進煙盒時，卻發現煙盒已經空空如也，轉眼看一下煙缸，煙灰和煙蒂已經溢出來了。

「杜局長，總局有人表態了，是發在中華網上的。我連夜給總局寫了一封信。這是我的信與中華網上的報導，你看看。」陳培德走進杜兆年的辦公室，把報導和公開信遞了過去。

杜兆年看了看報導，又看了看兩眼通紅的陳培德，怒目圓睜，高聲喝道：「這簡直是顛倒黑白！」那篇報導，昨天在體育局上上下下已引起不小的反響，大家都憤憤不平，怕讓陳培德上火，沒有一人跟他提起此事。

看完公開信，杜兆年壓低嗓音，跟陳培德商量道：「陳局長，我們不能任他們胡搞，要不召開個黨組擴大會，商量一下對策？」

「好，事不宜遲，馬上通知大家到會議室。」陳培德說。

他們在一起搭班子已八年了，工作上配合默契，許多事都能想到一起去。杜兆年認為，足壇的腐敗不除，不僅會影響國家的聲譽，還會威脅社會的穩定。在這場打黑鬥爭中，他始終堅定不移地跟陳培德站在一起。

幾分鐘後，黨組擴大會議在會議室召開，出席會議的有副局長杜兆年、李雲林、應祖明，辦公室主任鄭瑤，人事處處長應祖明，訓競處處長，體壇報總編輯李烈鈞，省足協專職副主席王之海，每人桌前都擺放一份那篇報導和陳培德的公開信。

杜兆年先發言，他說：「打假掃黑是浙江省體育局一致的要求，陳培德作為局長是我們體育局打假掃黑的代言人，他的所作所為不是個人行為，『總局某人士』的講話不僅否定了陳培德，也否定了浙江省體育局，我們必須據實澄清。」他的紹興口音很重，可是說起話來鏗鏘有力，擲地有聲。

有人分析說，「總局某人士」若能代表總局，那篇報導為何不發在體育總局機關報《中國體育報》上，卻發在地方網站上？網路新聞還不成熟，魚目混珠，真假難辨。這是否以不正規方式發洩一種情緒，抑或是「個人洩憤」？

李雲林建議：「公開信是否先發給總局？」

他剛四十出頭，在副局長中是最年輕的一個，可是精明幹練，頭腦清晰。他在杭州鋼鐵總廠工作了十幾年，從普通教師一直幹到宣傳部長，後來調到團省委任副書記，一九九七年省體育局組建班子時，調到省體育局任副局長。

經過一番討論，大家統一了認識：不論「總局某人士」能不能代表國家體育總局的態度和意見，浙江省體育局的打假掃黑都要進行下去，絕不能被高壓所屈服。不過，鬥爭要講究策略，應該先把那篇報導傳真給總局辦公廳，請他們甄別報導的真偽，並以探虛實。同時將公開信以徵求意見的形式寄給他們，讓總局瞭解浙江省體育局的態度，如果總局不答覆，那麼就將公開信在媒體上公開發表，給社會一個交代。

陳培德望著在座的同志感到特別地親切，特別地可愛。患難見真情，什麼叫同舟共濟啊，什麼叫心往一處想，勁往一處使啊，這就是啊！有這一堅強的後盾，風再大，浪再高，又算得了什麼？

公開信經過集體討論修改之後，對「總局某人士」予以四點答覆：

一、關於「無組織無紀律」

體育法規定：地方各級體育行政部門主管本行政區域的體育工作。打假除惡、懲治腐敗是黨中央的號召，也是國家體育總局的要求。我們浙江省體育局介入足壇打假掃黑，是依法行使職權，正當履行法律賦予職責的對足球甲B聯賽杭州賽區體育違法行為的監督管理職責。「總局某人士」的公開批評和指責，不顧事實，粗暴武斷。

某人士指責說「打假掃黑是組織行為」，「如今，他始終沒有向總局彙報，而一再在媒體上露面，這樣做，不符合組織程序，也不符合黨的紀律」。如確實如此，沒有話說，當然應當受黨紀政紀處分。但是事實恰恰相反，我局從二〇〇〇年以來，就我國體育界的腐敗問題，先後多次給總局作口頭的和書面的呼籲。具體為：

二〇〇〇年五月十八日，陳培德局長致信袁偉民局長、李志堅書記，建議在體育界大刮橫掃腐敗的「龍捲風」；此後，還發起聯合華東六省一市體育局長向全國發出保證不使用興奮劑的倡議書，上報總局。

二〇〇一年十月十一日，我局又向總局遞交了《關於整頓中國足球的諫言書》，並抄送中國足協。十月十六日，中國足協對浙江綠城等五家俱樂部足球隊在甲B聯賽中的違紀行為作出處理後，我局即於十月十八日作出反應，向中國足協遞交了四點表態，明確支持中國足協對綠城的處罰，全力配合中國足協，責成省足協敦促綠城俱樂部進行認真的而不是敷衍的整改。

十一月二十九日，陳培德同志致信袁局長，反映九運會賽風問題突出，呼籲高度重視。除了函告總局，陳培德同志還就足球多次和中國足協閻世鐸同志溝通和反映情況。

遺憾的是，對於各種各樣的報告陳詞、信函呼籲和情況反映，近兩年來，總局一概置之不理，五次給總局領導諫書沒有回饋。一個省體育局，以實際行動支持總局反興奮劑，反腐敗，居然遭到總局如此冷遇，這是「葉公好龍」呢，還是另有難言之隱？

二、關於「風馬牛不相及」

「總局某人士」說，「浙江省體育局和綠城俱樂部連行業管理都談不上，可他們卻聯手打假，這實在有些風馬牛不相及」。這個腔調，不像國家領導機關發言人說的話。因為他連國家体委起草，並由中國全國人大常委會頒佈的《中華人民共和國體育法》都忘了，或者根本不懂。《體育法》第四條明確規定：縣級以上地方各級人民政府體育行政部門或者本級人民政府授權的機構主管本行政區域的體育工作。我局主動介入發生在本轄區內的假球黑哨問題是依法行使對發生在本轄區內的體育違法行為的監督管理職責，還是「越俎代庖」、「風馬牛不相及」？這是起碼的常識。

三、關於總局的態度

對總局的態度，我們感到疑惑不解。作為體育最高主管機關的國家體育總局，對天怒人怨的足球黑哨問題，時至今日，仍然置若罔聞，持沉默不語的深沉姿態；相反，對一個地方官員為淨化足壇和體壇說幾句話而大為敏感，深感不安，並且，莫須有地用一系列的假設，給他的共產黨員堂堂正正的正義行為栽贓。

總局領導，不把聰明才智用在如何領導和引導這場正義與邪惡的鬥爭上，而是把興趣放在向敢於站出來說話的人施加壓力上，這不禁使我們想起毛澤東同志當年的一段話：對群眾運動，是站在他們的前頭去領導他們，還是站在他們的對面反對他們，或者是站在他們的背後冷嘲熱諷地指責他們？

在足球打假掃黑這一大是大非問題上，這一段的時間已經證明，各種人都在表現自己，作出各種表演。作為共產黨員，這是黨性的考驗；作為中國人，這是良心的檢驗。

四、關於「總局某人士」的錯位

我們為總局「總局某人士」惋惜。久經社會歷練，他怎麼會愚蠢地犯了他想強加給別人的錯誤，即：未先個別地、內部地、按組織系統對當事人給予批評，而後再予以公開披露的錯誤，這是政治上極不成熟的表現。因此，我們有權利在總局對此作出答覆以後，對本公開答覆向媒體披露。如果某人士對媒體記者的系統談話不代表總局，而純屬個人洩憤，那麼，「真正是」不符合組織程序，也不符合黨的紀律，如若一意孤行，也就完全「違反黨紀國法」，所以，我們要嚴正要求總局責成某人士，對他的言行，在媒體上公開道歉。

（二）中國足協態度強硬：裁判接受綠城賄賂，已經超出足協處理許可權，可交給司法機關處理。宋衛平陷於尷尬，陳培德身心疲憊，反黑面臨著流產的可能。

壓力如磐，時勢多變，陳培德身心交瘁。

宋衛平交出證據後處境尷尬，本來入甲B圈兒就短，沒有多少朋友，這麼一來更沒人跟他來往了。媒體說：「綠城自曝行賄黑哨，實際效應至今還僅限於贏得媒體和球迷的幾聲喝彩。」

也有媒體說：「接連扔出幾顆揭黑炸彈後，綠城董事長宋衛平暫時停了下來，靜看中國足協如何行動。但握有更多證據的他並不是沒有招數了，而是表示等到下月中旬，再決定是不是要採取進一步的行動。」

還有媒體說，宋衛平被逼得無可奈何，沒路可走，也只有孤注一擲。

宋衛平對記者說，在迫不得已時，為顧全中國足球大局就要犧牲個人利益的話，綠城將做通「懺悔」的裁判思想工作，讓他在「懺悔書」上簽名。

裁判成為驚弓之鳥，手機一響見杭州來電頓時色變，若是綠城找他，恨不得把手機塞進馬桶裡。用媒體的話說，杭州是「暴風眼」，說不上哪陣風把他刮進地獄。

一位裁判悄然潛入杭州，怕留下證據不敢乘飛機，坐火車　當到杭州，不敢住賓館，在浴池裡貓了一夜。次日一早約出中間人，將錢退回後慌然離開。形勢如此嚴峻，還會有裁判退贓和懺悔麼？沒人退贓，沒人懺悔，宋衛平還能拿到新證據麼？

著名體育評論員黃建翔說，從內容上分析，懺悔信有不少漏洞。我發現這次綠城事件與以往足球圈內的官司有明顯的不同，我總在質疑，到底是浙江省體育局狀告足協，還是浙江綠城俱樂部狀告足協，是官告官，還是民告官，這顯然是兩碼事。

黃建翔看來有點反常，有點看不懂了。自有甲級聯賽以來就不斷有俱樂部告中國足協，從來沒有地方體育局攪和進去的。

中國足協新聞發言人董華對記者說：「照目前來看，一封信並不能說明白太多的問題，我們還需要繼續調查取證，再做新的打算。」

有媒體說，「中國足協儘管說一定要嚴肅對待這次揭黑事件，掃黑不手軟，但並沒有表現出雷厲風行，倒是在週四拋出一個『希望得到真正有效的證據』的說法，又把球踢還給了綠城。」

有媒體認為掃黑可能要息鼓，也有媒體認為足協即將反戈，反黑可能半途而廢。

還有媒體報導，中國足協一位高層官員對記者說，綠城「首先應該遵守中國足協的章程，如果真的存在裁判接受俱樂部錢財的問題，應該向中國足協進行彙報，至少雙方也應該溝通一下，即使對中國足協不信任，也完全可以向國家體育總局反映問題，再不行還有更高的領導機關」。

該官員話鋒一轉，直指浙江省體育局：「當地的領導部門也同樣，出現這樣的問題，大家都應該有一種責任感和組織紀律性，可以向更高一級組織彙報。如果真的觸犯了國家法律，我們可以交給司法機關，由司法介入。果真裁判寫了懺悔信，表明接受了俱樂部的賄賂，就完全可以交給司法機關處理，中國足協對此已經沒有了處理權，因為這已經超出了我們的處理許可權。」

綿裡藏針，既然俱樂部說行賄了，裁判也懺悔了，你們交給司法機關去處理好了，不要再找我們足協了，找我們也管不了了。

言外之意，你陳培德和宋衛平不是能折騰麼，愛怎麼折騰怎麼折騰好了。

中國足協的態度強硬起來。

也有人指責陳培德，俗話說，「宰相家人七品官」，京城來個科員，省裡都得廳局長，甚至副省長出面接待，你陳培德有啥資格指責和批評中國足協？你是司局級，中國足協也是司局級，實際上人家的官比你大多了，你這樣不等於犯上麼？

宋衛平無可奈何地長歎口氣，對記者說：「如果足協還是不理不睬，我又能怎麼樣？」

宋衛平焦頭爛額，無計可施了。

陳培德的壓力越來越大了，越來越焦灼不安了。他清楚那「懺悔書」和四萬元錢是不能作為有效證據的，希望宋衛平再提供幾個有效證據。現在看來，難度不是大，而是非常之大了。

假如再拿不出有效證據，這場貌似雷霆萬鈞之力的轟轟烈烈的打假掃黑就會無疾而終，宋衛平和李書福的揭黑，浙江省體育局的支持，媒體的鋪天蓋地報導只不過是一場鬧劇，最後腐敗與足球同在，公正的遮羞布下塞滿齷齪，淨化足壇的希望澈底落空……

宋衛平跟記者說，不論誰接手綠城俱樂部，他都將為球隊提供百分之八十到九十的資金支持。看來他想像李書福那樣退出足壇，退出這塊傷心地，把足球還給假球和黑哨。也有媒體說，「綠城『炮轟足協』，鬧夠了就跑，私下交易轉讓給綠園。」說宋衛平早在一兩個月前就有跟足球拜拜的念頭，他們找到的下家是杭州綠園。「據有關人員透露說，他們是為將浙江綠城俱樂部轉賣給杭州綠園俱樂部一事，專門到足協活動的。昨天上午，三方專門就轉賣一事的可行性，與聯賽部主任楊一民交換了意見。」

陳培德的失眠越來越嚴重了，人像秋天的樹葉眼看著就衰老了。多少個夜晚，他站在書房的窗前，望著杭州的夜空，思考著自己應該怎麼辦。守土有責，可是有多少比自己更有責任的人已不負責，自己還有必要堅守下去麼？足壇腐敗與自己有多大關係？自己已是將要退下來的人了，權力、級別、榮譽等等，越來越不重要了，最最重要的是身體。再這樣熬下去身體能否吃得消？身體要是垮了，對得起珍環和孩子們嗎？晚年還怎麼生活？珍環一遍遍地勸他，放棄吧，別管了。

妹妹打來電話：「哥哥，你要注意安全啊。在緊要關頭，那些人什麼事情都能做得出來！」

這年頭有錢就有勢，花錢雇凶的案件還少麼？把俱樂部老總和裁判逼急了，他們從大把大把的錢中撥出一個零頭就可以讓他從這個世上消失。

他平靜地對妹妹說：「哥哥這樣做是在盡自己的職責。哥哥如果有不幸，有意外，就是死了也是死得其所，不用為我擔心，我會注意保護自己的。」

剛放下電話不一會兒，又接到弟弟的電話：「哥哥，你說的都是事實，哪場球踢得正常，哪場球踢得不正常，我都看得出來。不過，哥哥你可得處處小心哪！」

陳培德的心被輕輕觸動一下，淚水潸然而下。

弟弟和妹妹，血肉相連哪。他們今天怎麼都來電話了呢？是巧合還是聽到了什麼？

陳培德啊，你不能放棄啊，要是放棄能對得住黨和人民，能對得住千百萬的球迷，能對得住自己的父母和兄弟姐妹嗎？親人並不希望借你什麼光，只希望你能做一個好官，一個有良心的官，一個敢於為人民負責的官。

陳培德啊，你不堅持下去能對得住媒體嗎？那些記者不僅僅是你的朋友，也是同一戰壕的戰友。你能把戰友丟下自己悄悄地撤退嗎？你要堅持，堅持，再堅持，勝利就在堅持之中。

守土有責，你無論如何也要堅守住自己的責任啊！

他想起兩個月前，原國家体委主任李夢華在浙江安吉觀摩完全國山地公路馬拉松賽，乘飛機回京時，他到機場去送行。李夢華握著他的手說：「你這次在足壇打假掃黑中帶的頭很好，我對你表示支持。中國足球這樣弄不行，水準肯定上不去，還要壞事。你做得對，不要怕，沒什麼好怕的，要和腐敗鬥到底！」

在九運會結束的酒會上，原國家体委副主任徐才端著酒杯走過來，當著許多人的面說：「培德同志，我敬你一杯酒，你是中國體育界反腐敗的鬥士，我們老同志支援你！」

如何扭轉這一被動局面，不讓掃黑流產呢？

陳培德想到了吉利，想到了那門「古斯塔夫巨炮」——李書福。李書福在告別足壇的新聞發佈會上說：「只要法院需要，我們可以把所有的證據都拿出來。」《新聞調查》記者楊春採訪時問道，「如果中國足協下令要查黑哨問題，你們能不能拿出確鑿的證據來？」桂生悅不是說「我們願意盡全力配合。我們會把我們所知道的東西全部拿出來」麼？時至如今，吉利一份證據也沒交。吉利若能交一份有效證據，打假掃黑就有望諾曼地登陸。

可是，李書福已宣佈退出足壇，跟體育已不搭邊，他即便不退出足壇，廣州吉利俱樂部在廣東省，陳培德也是「鐵路員警，管不到那一段」，有什麼理由勸說李書福交出證據呢？陳培德望著那無盡的夜色，望著星星點點的燈光苦思冥想著，似乎有一燈光閃爍一下，讓他想到浙江省舉重隊。

李書福是浙江人，根須也在浙江。根須會蔓延，蔓延就會與泥土親密地接觸，就會跟其他根須打交道。一九九六年，浙江籍舉重運動員占旭剛在亞特蘭大奧運會奪得一枚金牌，浙江舉重隊受到舉國關注，吸引了李書福的目光。他主動找上門來，想做浙江舉重隊的贊助商，五年贊助一百萬元。這是一件好事，在市場經濟下，經濟是強勢，想跟什麼聯姻就跟什麼聯姻，比如文化搭台經濟唱戲，經濟與文化就聯姻了。不僅如此，經濟還與政治、藝術、文學、足球統統都聯上姻了。經濟已滲透到了所有領域，成為各行各業的老岳父，完全可以用「無孔不入」一詞形容。經濟與舉重自然可以聯姻，舉重隊需要經費，吉利集團肯出錢，兩廂情願，何樂而不為？於是，吉利集團跟舉重隊簽下合同，送來支票。

在浙江舉重隊，跟李書福聯繫密切、相處融洽的是總教練陳繼來。陳繼來這個人可非同尋常，是榮獲「中華人民共和國最高體育榮譽獎章」、「為中國舉重事業作出突出貢獻榮譽獎」的國家級教練，為國家和浙江省培養了多名優秀運動員，如榮獲兩屆奧運會冠軍的占旭剛、全國舉重冠軍王國安等。陳繼來不僅為人正直，嫉惡如仇，還是中國全國人大代表。他與陳培德是鄰居，門對門住著，他在四〇二室，陳培德在四〇一室。

陳繼來對足壇腐敗深惡痛絕，每次碰見陳培德都打聽打黑進展情況。他還與最高檢察院聯繫過，希望司法介入。他還為陳培德他們捏把汗，沒有確鑿證據，這場轟轟烈烈的打黑鬥爭怎麼收場？所以，當陳培德找到他，說了一下情況，他二話沒說就答應了。

陳繼來對李書福說：「李總，你能夠站出來揭足壇的黑幕，說明你是一位有社會責任感的企業家。如今，已有裁判懺悔了，打假掃黑出現了良好開端，你應該為擴大成果，為淨化體壇做出更大的貢獻。」

李書福儘管退出足壇了，廣州的告別會、杭州的媒體見面會後，他成為中國足壇打黑第一人，成為中國足球英雄，不論走到哪裡人們都跟他聊足球，談黑哨。可以說，他對打黑的形勢非常瞭解，並不比陳繼來知道的少。

李書福對陳繼來很尊重，這些年來他們相處得不錯，所以他很給陳繼來面子，說話也不繞圈子，他說：「陳教練，我不是不想為淨化足壇做貢獻，而是我的負擔太重了。你想過沒有，我要是把黑哨的證據交上去，有可能會因行賄而被判刑，那我的企業怎麼辦，我的員工怎麼辦？再說，我是個商人，以後還要做生意，要是被判了刑，客戶還能信任我嗎？」

在新聞發佈會上揭黑是一回事，提供證據則是另一回事，李書福總不能投入數千萬元搞足球，結果讓足球玩了還假裝不知道。他李書福還不至於窩囊到那種地步，即便是想從足壇退出去，也不能蔫聲不語地退，不能給別人留下把柄，要扔幾枚炸彈，讓那些吹破哨的渾小子知道知道李書福不是好欺負的。他說手裡有證據，可以向法院提供，那是嚇唬那些裁判，讓他們惶惶不已，擔驚受怕，晚上睡不著覺。足球玩了他那麼多次，他總得玩足球一把吧？

李書福清楚自己跟裁判是拴在一條繩上的螞蚱，要想證明裁判犯有受賄罪，就得先證明自己犯有行賄罪，這不是自己跟自己過不去嗎？李書福走南闖北這麼多年，什麼事沒經歷過，哪裡會幹這種蠢事？

陳繼來實在不甘心打假掃黑就這麼流產了，不情願足壇繼續黑下去，只有苦口婆心地相勸，希望李書福在這關鍵時候助陳培德一臂之力。

李書福實實在在地說，陳教練，我不是不相信你，也不是不相信陳培德，我是不相信中國足協，不相信閻世鐸。陳教練，我們別那麼幼稚了，中國足壇複雜得很，憑我們幾個人的力量是無法撼動的。今後，我只能幹點力所能及的事了，把全部精力都投放在汽車生產上，從今往後再不談黑哨了。

李書福是個企業家，不是專門搞足球的。當初搞足球也是為了企業，為了吉利的品牌行銷。他的最大理想就是造世界上最好的汽車，為此當年還寫過一首詩：「寒冬去，春天到，埋頭苦幹靜悄悄。不要吵，不要鬧，自主品牌撐大腰。歐美風，韓日潮，崇洋媚外何時了？中國車，飛多高，奮戰十年變大雕！」經過多年的奮鬥，李書福在中國汽車領域站起來了，如今誰不知道吉利，誰不知道李書福？他怎麼會為那幾個「吹破哨的」當陪葬，怎麼能為他們「出征未捷身先死」呢？

再說李書福已經退出足壇，不再是足球圈子的人了，完全有理由不管足球那些爛事兒。那些吃足球、喝足球的足球官員不想管，那些兩腳踩在足壇爛泥中的俱樂部老總也不想管，憑啥讓人家已經跟足球沒瓜葛的人去管？陳繼來還能說啥呢？再說，李書福的話說得直率，一點兒都沒藏著掖著，沒跟你玩虛的，你陳繼來總不能硬逼著人家跟黑哨死磕，非得來個魚死網破吧？

（三）新年伊始，一輛黑色賓士穿過黑夜停在浙江省體育局門口。在陳培德的動員下，李書福終於答應交出證據。零點，宋衛平和李書福在茶室相約再度聯手，一起提供證據。

元旦早上，陳繼來告訴陳培德，「今晚在上海談生意的李書福要途經杭州回寧波。」

陳培德欣喜地說：「我想跟他談一談，你能不能想辦法幫忙約一下？」

陳繼來想，李書福這點兒面子總會給的。他電話打了過去，李書福聽說陳培德約見，毫不猶豫地答應了。他告訴陳繼來，在晚上十點至十點半鐘，他一定趕到陳培德的辦公室。

李書福與陳培德接觸不多，卻對這位另類高官頗有好感。在「吉利足球俱樂部告別足壇」新聞發佈會上，李書福說過，沒得到政府的支持也是他退出足壇的原因之一。同時，他對綠城能有陳培德這樣的體育局長而表示羨慕，綠城遭受委屈或不公平時，陳培德挺身而出，為他們伸張正義，討還公道。相比之下，讓他這位遠在廣州的遊子感到特別寒心。

李書福特別守時，差幾分十點鐘，他的那輛黑色賓士車就穿過夜幕，駛進體育局院內。陳繼來迎上來，把李書福和他的助手領進陳培德的辦公室。陳繼來在寒夜中等候了兩個多小時，他意識到這次談話舉足輕重，非同小可，有可能改變中國足壇的現狀。他在家裡說什麼也坐不住了，與其這麼坐立不安的，還不如到路口等候。他雖然不會把李書福提前等來，可是路口畢竟離李書福更近一點兒。

陳培德把李書福他們讓到靠窗的沙發上，省略寒暄，單刀直入，直奔主題：「李總，我們特別敬佩你在吉利退出足壇新聞發佈會和媒體見面會上的揭黑的勇氣。你在這兩次會上也都說過可以把所有的證據拿出來，你打算什麼時候交證據呢？不能長時間只打雷不下雨啊！」

李書福嘿嘿笑了，可能沒想到陳培德說話會如此直率，連個彎兒都不拐，覺得自己也沒必要兜圈子，只好實話實說：「陳局長，我把材料交了，會有什麼後果呢？我是不是得去坐牢啊？我坐牢了，我企業的員工怎麼辦？」

陳培德不是法官，即使是法官也不能保證李書福交了證據不坐牢。吉利到底行賄多少，桂生悅在新聞發佈會上說四十多萬元，恐怕遠不止這個數。李書福說，一個賽季有百分之七十五至百分之八十的比賽花過錢，四十多萬元夠麼？

李書福永遠不會忘記當年背著一架小相機，騎輛破自行車滿街跑兜攬照相生意的窘迫。他知道自己歷經多少磨難才成為被人尊重，甚至於崇拜的億萬富翁，所以他不想成為中國足壇的祭品，不想陪著那些「吹破哨」的裁判去坐牢。

「在新聞發佈會上，你面對《足球之夜》和《新聞調查》的鏡頭時怎麼就沒想到這些呢？」陳培德不緊不慢地問道。

空氣猶如遭遇寒流的晨霧，瞬間就凝固了，不再流動，心臟在鐘錶的伴奏下怦怦地跳著。

有誰會忘記退出足壇的那個鏡頭？李書福丟開講稿，憤憤地說：「我以為跟裁判搞好關係也就是請他們吃頓飯。不行，還得給錢。我問，五千夠嗎？不夠！五萬、十萬、二十萬、一百萬！媽的，都是放屁……為了取得好成績，吉利也曾經送過錢，是通過中間人送的……也有俱樂部向我們行賄，讓我們放掉某場比賽，我們沒答應。」

李書福沒有表現出尷尬，像一個孩子似的歪著頭，頑皮地笑著，似乎回想起那一鏡頭。他說，那次新聞發佈會本來想給全國球迷和廣州市民一個交代，他和桂生悅念完稿子也就結束了。稿子律師看過，經得住法律推敲。可是，他越念越來氣，越念越控制不住自己的情緒，索性就甩開講稿說了那番話。

他也許後悔了，如果沒有那段插曲，跟這倒楣的足球也就乾淨利索、完全澈底地「拜拜」了，結果一衝動說了那番話，惹出浙江媒體見面會和《新聞調查》的採訪，現在陳培德要他交出證據。

李書福表示，既然自己已經退出足壇了，再做這些事情就有點兒多管閒事了。

陳培德畢竟當過政工幹部，當過宣傳部長、大學的黨委書記，知道怎麼做思想工作，知道什麼時候下什麼藥。陳培德像老大哥似的耐心勸道：「李總，開弓沒有回頭箭。你既然打響了中國足壇揭黑的第一槍，那麼就應該交出證據，否則就會變主動為被動。你在新聞發佈會上講過吉利也收買過裁判，桂生悅也說過大體的數字，你們在《新聞調查》節目裡也談過這個問題，這表明你們已經公開承認了，從法律上講你已經公開自首了，沒法收回去了。你作為一位著名企業家，不僅要對社會負責，也要對自己負責。」

李書福已感到了壓力，沉默不語，似乎在思考，最近許多人都勸過他別再談黑哨，有一位領導說得更明確，你還是搞好你的汽車吧，既然已經從足壇退出來了，還談黑哨幹嗎？可是，黑哨是他的一塊心病，要想澈底忘掉談何容易？有時忍不住還要談幾句，他可能沒想到往足壇發射幾枚炮彈居然會給自己帶來這麼多的麻煩，一不小心成了新聞人物，總有記者想採訪他，這不陳培德還要他交出證據。

陳繼來坐在一旁聽著他們交談，想勸李書福幾句，可是找不到機會。這回他們都不說話了，他插了一句：「李總，陳局長說的話很有道理，他是為你好。你按陳局長說的做是不會錯的。我是人大代表，可以幫你呼籲一下，爭取在法律上從寬處理。」

「陳局長，我該怎麼做呢？」李書福說。

「我們是法制的國家，足球不是法律的特區，裁判受賄數額巨大，司法介入是遲早的事。你最好把證據準備好，交上來。」

「具體情況我不大清楚，都是下面人辦的。我回去就讓他們準備證據。」

也許陳培德征服李書福的除所講的道理之外，還有人格魅力。他不像其他官員那樣圓滑，那樣滿嘴官話、假話、大話，那樣做起事來敷衍塞責。

陳培德喜出望外，沒想到李書福這麼痛快就答應了。

窗外的夜色越來越濃了，不時響起幾聲鞭炮聲，似乎在提示人們這是二〇〇二年的元旦之夜。李書福的助手接完一個電話後，對李書福說：「宋衛平來電話，說您的手機關機了。他有要事找您，請您給他回個電話。」

李書福給宋衛平回話。宋衛平說，他跟新華社的兩位記者在一起，問李書福想不想過去見一下記者。李書福告訴宋衛平，他跟陳局長在一起。宋衛平說，希望跟李書福像召開媒體見面會那樣聯手交出裁判受賄的證據，並勸李書福不要再拖了，趕快行動。

李書福可能沒有料到，二〇〇二年伊始又被那個破足球給纏住了。陳培德和宋衛平都勸他交出證據，看來不交不行了。

他們又聊了一會兒，覺得該說的話說差不多了，陳培德撥通方益波的電話，溝通一下情況。

一行四人下樓，乘車直奔望湖賓館六合居茶室而去。

方益波和楊明在中國足協採訪過閻世鐸之後，二十九日一起飛到杭州，對黑哨深入調查。

當天下午，他們不僅採訪了宋衛平，還跟宋衛平一起看了央視的《黑哨內幕》。

不過，他們沒達到預期效果，宋衛平沒提供新證據。

在三〇日下午，他們又採訪了陳培德。確切地說是採訪了浙江省體育局的幾位主要領導，除陳培德之外，還有杜兆年、李雲林，辦公室主任鄭瑤，浙江省足協專職副主席王之海。採訪順利，可是，陳培德該說的早已說了，而且媒體已報導過了。陳培德只提供一個較為重要的資訊，「據說寫懺悔書的裁判是北京的，在體育學院任教。」

楊明從側面瞭解了一下，體育局的人說，陳培德為人隨和，平易近人，對下屬特別關心，可是在關鍵問題上絕對講究原則，不徇私情。

元旦下午，方益波和楊明再次約見宋衛平，想得到新證據。晚上九時，他們在位於望湖賓館七層的六合居茶室的一間包廂見了面。

宋衛平欣然地說，他是打的過來的，在路上接了一個電話，聊了一會兒黑哨，沒想到計程車司機認出了他，下車時說什麼也不肯收錢。

「是啊，足球反黑，深入人心哪！」方益波說道。

可是，宋衛平陽光燦爛的心情轉瞬就被楊明的一席話給擊落了。楊明冷峻地說：「宋先生，現在打黑已經進入僵局，要靠證據來說話了。我們大家都在等待您的證據，你卻遲遲不交。再拖下去，您就成為阻礙事件進展的人……我認為你不給我們提供證據的唯一理由就是怕自己進監獄。你要是不說，我明天就回北京，寫內參時明確寫上您不肯提供證據。」

宋衛平看了看楊明，又看了看牆上掛著的寫有「靜觀」二字的橫幅。王維寫過「靜觀素鮪，俯映白沙」的詩句。有人說，靜觀是一種自信的人生修養，以高雅豐富的人性來體驗自然之美。此時，宋衛平肯定無法進入「靜觀」之境界了。他沉默片刻說：「這樣吧，我給李書福打個電話，我們還是一起行動。」

宋衛平就是這樣給李書福打電話的。

將近零點，陳培德、李書福、陳繼來等人趕了過來。一下增加四個人，小包廂坐不下了，宋衛平只好調了一間大的。

「我和李總談得特別好，他已經答應把證據整理好，交上來。」陳培德興致勃勃地對坐在同一側的方益波和楊明說，然後轉頭，跟對面的李書福調侃地說：「李總，他們是新華社的，主要寫內參。你把證據給了他們就等於交給了黨中央，你應該充分地信任他們。」

大家笑了，李書福笑過之後沒吱聲。宋衛平可能覺得他還存有顧慮，只好敲了敲邊鼓：「李總，我們豁出去吧，個人問題就不要過於考慮了。」

李書福又沉默一會兒才開始說話，主要說的是他進入足壇之後的經歷和感受，最後說，交出證據肯定會有顧慮的，可是這事關係中國足球的發展，所以個人的顧慮也就不重要了。說起那些裁判，他說，聯賽的輸贏是裁判掌握的，這些人扒掉皮就是膽，根本就不考慮後果。

李書福和宋衛平表示分頭收集和整理證據。

凌晨一點半鐘，陳培德、李書福、陳繼來等人告辭，宋衛平他們還要再聊一會兒。

當陳培德他們再坐上李書福的賓士時，二〇〇二年元旦已經過去，街道靜悄悄，偶爾出現一兩個行人。

「李總，你自己是造汽車的，應該坐自己的車才對嘛，給自己的產品樹樹形象，打打品牌。」陳繼來打破車內的沉靜，笑著說道。

「等三廂車造出來，我就換自己產的車，這也算是免費給自己打廣告嘛！哈哈哈。」李書福笑著說。

夜晚車速像是布朗運動的理想狀態，眨眼間車就到了體育局，陳培德他們下車，與李書福握手告別，陳培德不忘叮囑一句：「李總，儘快把材料準備好交上來。你不會反悔吧？」

「放心吧，陳局長，我回去就讓人準備材料。你說的話我都記住了。」

話音剛落，賓士絕塵而去。

陳培德欣喜地對陳繼來說：「新年伊始，大好的開局，真讓人振奮哪！」

說罷，他仰望著還被夜色籠罩的天空，情不自禁地說一句：「天快亮了。」說完，老哥倆向家中走去。

一月二日，在宋衛平的動員下，小方向方益波、楊明提供了綠城做裁判工作的詳細過程，並提供了涉黑裁判的名單和金額。宋衛平不僅把涉黑裁判名單遞交給中國足協，還做通裁判陳國強的工作，他答應接受方益波和楊明的採訪。李書福也兌現了元旦之夜的部分承諾，桂生悅給方益波和楊明提供了四位涉黑裁判，不過沒交代詳細過程，受賄金額也不確切。兩家俱樂部提供的涉黑裁判有七人，其中有幾位是兩家同時舉報。儘管事後陳國強沒有接受採訪，方益波和楊明還是大有所獲。

一月四日，新華社發表了楊明和方益波的報導《新華社記者調查取得突破：中國足壇確有黑哨》，報導說：「在浙江綠城和廣州吉利董事長宋衛平和李書福以及浙江省體育局局長陳培德等人的協助下，新華社記者對『黑哨』事件的調查採訪取得突破：中國足壇確有『黑哨』。從記者瞭解到的有關線索和材料看，有多名裁判接受『黑錢』，甲B聯賽也存在『假球』問題。新華社已通過有關管道反映此事，並將繼續跟蹤報導這一事件。」

報導不足二百字，卻具有極大的震撼力，不僅全國媒體紛紛轉發，還引起國外媒體的關注。《德國之聲》隨之發表《中國黑哨足以震驚世界》，文中說：「中國職業足球在世界上沒有什麼名氣，但它的『黑哨』卻一舉成名。腐敗現象如此深入到體育領域，實在令人擔憂……」

《球報》預測黑哨將進監獄，並十分樂觀地說：「很多人已經站出來了，中央級的媒體也參與進來，中國足協所謂的證據一說再也搪塞不過去了。按照最新的司法精神，那些收了黑錢的裁判將面臨公訴，並且最後有人將因此而鋃鐺入獄，給裁判送錢的各俱樂部也有可能因為行賄罪被提起公訴，但宋衛平因為在打假掃黑中的特殊貢獻而被特別赦免。中國足壇一片混亂，黑幕徐徐拉開，中國足壇的純潔從此將由司法來保護。從此，裁判不再是一個熱門的行業，而是相當一般的行業，但從此，中國的聯賽乾淨了許多。」

黑哨再度成為新聞關注的焦點。足協猶如挨了一悶棍的醉漢，直怔怔地沒有反應；除綠城、吉利之外，其他俱樂部鴉雀無聲，既沒站出來揭黑，也沒反駁，似乎「躲進小樓成一統」，哪管外邊的風風波波。

央視體育記者張斌分析：「吉利和綠城有一個共同的特點，都是足球場上新的人物。足球場上的老江湖在這會兒沉默是他們唯一的選擇。你看所謂的揭露假球，揭露黑哨，真正做的活躍的都不是老江湖，老江湖是受坑害者，也是既得利益者，所以為什麼吉利和綠城站出來，很多因素我們都考慮到。還有一個因素，他們在足球的泥潭中涉世不深。」

一月四日，中國足協在急風暴雨、電閃雷鳴之下，召開甲級俱樂部總經理聯席會議，二十七家俱樂部的老總聚集成都。聯席會是閻世鐸執掌足壇後才出現的，媒體將之稱為峰會。首次聯席會是二〇〇一年七月在大連召開的，第二次是十月在瀋陽開的，這第三次。

在報導《中國足壇確有黑哨》發表之後，中國足協不表明態度卻悄悄地開聯席會，到底是什麼用意？有人認為足協可能想跟俱樂部商議和平解決黑哨的辦法，也有人認為足協想跟俱樂部老總組成聯盟，共同討伐炮轟者。其實，這不過是巧合，這個會在綠城、吉利聯手揭黑之前就確定了。

這次會有一個眾所關心的問題，即新賽季甲A和甲B聯賽有幾個球隊降級。讓足協頭痛的是在二〇〇一年沒有甲A球隊降級的情況下，僅中遠一家晉級，從而導致二〇〇二年參加甲A聯賽的球隊是十五支，出現了單數。這意味每一輪比賽都將有一支球隊輪空，這種情況即使在歐洲的各大聯賽中也極其罕見。有人猜測二〇〇二年甲A和甲B可能各有一支球隊降級，也有人認為各有三支球隊降級。

綠城俱樂部老總沈強憂心忡忡地說：「拋開我們球隊是不是還有人可用不提，單說今年聯賽的周邊環境，就已經讓我們保級形勢嚴峻了。」「甲B五鼠案」導致綠城十四名球員被禁賽，僅剩下十一名球員，實力大大削弱。他們想將綠城與乙級隊綠園合併，以彌補兵力不足，可是足協遲遲沒有批准。俗話說，「親戚有遠近，朋友有厚薄」。在足球比賽中也是如此，關係不錯的兩隊在球場相遇，見對方有難就會「幫」一把，關係緊張的兩隊相遇就會拼命「死掐」。有人說，宋衛平揭黑破壞了行規，已成為俱樂部的公敵，綠城隊也就成為了其他隊的死敵，當所有的球隊都想跟他們「死掐」的話，這日子肯定不好過。有人憤恨地說，綠城這個甲B的「新兵蛋子」剛剛進來就唯恐天下不亂，大有炸平足壇、停止地球轉動之勢，新賽季一定聯手把他們「做」到乙級隊去。這種做法在聯賽中並不新鮮，十多年前就有球隊被「做」過。裁判對綠城更是恨之入骨，有的說，今後綠城即便有錢也沒地方送了，誰還敢要他們的錢？話外音是綠城連送錢的資格都沒有了，對他們絕不客氣！如此一來，綠城岌岌可危矣。

唯一讓沈強感到安慰的是新華社、央視等強勢媒體的介入，或多或少會有點兒震懾作用，足壇的歪風邪氣有所收斂。他在會上大談淨化足壇，健康足球，快樂足球，中國足球的健康與快樂有賴於足壇上一個個環節的治理，綠城要為中國足球的發展作貢獻。

會議的第一天，中國足協競賽部主任楊一民說，處罰涉及「甲B五鼠案」俱樂部的目的是治病救人，處罰只不過是個手段。大家都認為足協有可能會「大赦」，這樣一來壓在浙江綠城、成都五牛、綿陽太極、江蘇舜天和長春亞泰等五家俱樂部老總心頭的磐石鬆動了，臉上浮現一縷陽光。

五日下午二時，中國足協副主席張吉龍和競賽部主任楊一民召集「五鼠」開會，記者聞訊早早就等在八樓會議室門口，看著五家俱樂部的老總一個個像等待「大赦」的罪犯似的神情緊張地走進會場。一小時二十分鐘後，老總們像一條條苦瓜似的出來了，「大赦」夢想破滅了，在冷峻的現實中摔得粉碎。

不論中國足協情不情願，黑哨的問題在這次會議都無法繞過去。張吉龍在會上要求俱樂部老總提供黑哨和假球的線索、證據。楊一民表態，中國足協對所有反對足壇的不正之風的行為都表示支援，對綠城的打黑行動給予肯定。足協還給每位老總發放一個表，請他們對裁判進行無記名打分，然後當場收回。

不管足協對綠城真心實意地肯定，還是不得不有個姿態，這猶如寒冬中的一縷陽光讓孤立和冷落中的沈強感到了溫暖。他興奮地對記者說：「我們只是想通過大家的努力，對足球環境有一個基本的淨化，使眾多企業能在一個好的環境中搞足球。」

有記者問，綠城能否得到多數俱樂部認同和支持？

沈強說：「我相信大多數都對我們的方向認同。比如說見義勇為大家都認同，但是並不是每一個人都能在關鍵時刻站出來，不過不站出來並不代表他們不贊同此事。」

沈強的說法是對的，老總們不說並不等於不想；在會上不說，不等於會下不說；當面不說，不等於背後不說。有的私下對記者憂心忡忡地說，打黑必須司法介入，這樣一來必然導致一大批國際裁判、國家裁判、俱樂部的骨幹、中國足協和地方足協的官員進去。另外，這事徹底揭穿，中國足球將有可能招致國際足聯的處罰。中國足球盼紅了眼睛才盼進了世界盃，這麼一來足球又得跌入低谷。

有的顧慮重重地說，足球是一項社會影響極大的運動項目，足壇腐敗徹底曝光的話，必然會引起有關方面的注意，從而加大對投資足球的企業監管力度，優惠政策也會調整，甚至可能會嚴格監控俱樂部的資金運作，導致足球企業無利可圖。

許多城市把足球當作自己的名片，地方政府對俱樂部給予很大的支持，進入足球圈的企業除打知名度之外，還可以在稅收、土地、貸款、項目等方面撈到好處。先進入足球圈的民營企業，有的在短短幾年內資產就增加了幾倍，甚至十幾倍。

有人擔心，當足球無利可圖時，企業就會紛紛撤離，中國足球的末日也就來臨了。

還有老總說，「黑哨是一個全世界的問題。以前由於中國足協的軟弱，對裁判的監管和處罰力度不夠，加上部分官員的參與和縱容，所以造成了今天黑哨在中國足壇的失控，讓人忍無可忍。其實，只要中國足協嚴管，再成立一個獨立的裁判監管機構，聯合各俱樂部制訂相應的行規制度，是可以把黑哨控制在一個可以接受的限度內的。」

有一位老總提出的「高薪養廉」設想得到了大家的認同，他說：「我們每個俱樂部每年花在裁判身上的錢在一百萬左右，全部俱樂部加起來就在兩千萬以上。花了錢還要做假賬，還有行賄的嫌疑，而且還不知道能不能起到作用。與其把錢給在暗處，還不如把錢給在明處。我們每個俱樂部只要拿出收買裁判一半的錢，作為給裁判的津貼，比如說一場給裁判一萬五，一個裁判如果一年執法二十場比賽就會有三十萬的高收入，然後再輔以其他處罰措施，比如停哨、罰款甚至司法介入等。如果可以名正言順地得到高收入，那就不會有裁判願意冒坐牢的風險去收黑錢了。」

這位老總沒想到無意中洩露一重要資訊，那就是每年每家甲級俱樂部行賄裁判的金額是一百萬左右，按此計算，全國有二十七家甲級俱樂部，行賄總額將近三千萬元！那麼四年下來就是一億多！作為上億元的行賄受賄大案司法不介入怎麼能行？

絕大多數老總都不希望司法介入，他們認為司法一旦介入就覆水難收，介入深淺足協無法控制。可是，黑哨又愈演愈烈，再繼續下去有顛覆甲級聯賽的危險，他們希望足協按行規處理，抓一兩個裁判，殺一儆百，這樣一來足壇腐敗會有所遏制，足協對上對下、對內對外也有個交代。

有的老總說，讓我們提供黑哨的線索和證據，這不是拿我們當傻子麼？我們提供了，足協不處理，最後不了了之，搞得我們裡外不是人。天下裁判是一家，表面上看你得罪幾個裁判，其實是把所有的裁判都得罪了，這樣還會有好果子吃嗎？

一位俱樂部普通工作人員說，老總們哪裡是害怕掃黑對俱樂部不利？他們害怕的是對自己不利。行賄的主謀是誰，還不是這些老總？他們要是不同意，下面的人做得了麼？有的老總甚至親自參與了行賄過程，他們與黑哨的關係是甲方乙方，黑哨要是挖出來了，他們也就被牽扯出來了。儘管他們恨黑哨，可是誰願意跟裁判同歸於盡、魚死網破呢？

這話得到一位老總的認同，他坦率地說，我們檢舉黑哨就等於供出了自己，行賄的錢是我批的，這錢還得變通，不能走賬，確保查不出來。我要是檢舉了黑哨，司法機關一查，我既做假賬又行賄，這罪可就大了。我不能跟人家宋衛平比，他有浙江體育局保著，有陳培德支持。我要是出事，誰保我？還不得自己去坐牢？只有傻子才幹這事呢！

也有老總說，收買黑哨這種事兒，我不是主謀，只不過是一個執行者，老闆才是主謀。給黑哨的哪筆錢不得請求老闆？有的還牽扯上層領導。有一次我們輸了，上層領導不快地對老闆說：「不是說裁判工作都做好了嗎？怎麼裁判還給對方一個點球？」

一月十一日，終於有俱樂部站出來支持綠城和吉利了。廣西足球俱樂部說，自從中國足協提出希望俱樂部提供黑哨假球的線索和證據以來，還沒有俱樂部站出來說話。我們想打破足壇的這種不正常的沉默，願意把手裡收受「黑錢」的裁判名單以及其他一切相關證據提交給中國足協。

廣西足球俱樂部副總經理陳錫彪對新華社記者說，在二〇〇〇年全國足球甲B聯賽中，在南寧承辦宏遠隊的主場比賽中，他們給裁判送過錢，每場五萬元。同時，也給第四官員送過錢，不過數額較少，通常是四五千元。二〇〇〇年賽季，他們總共給黑哨準備了六十萬元。

陳錫彪痛心疾首地說：「中國足壇黑就黑在假球、黑哨和官哨緊緊地聯繫在一起。」他呼籲：「為中國足球營造一個良好的環境，這不僅是中國足協同時也是所有中國足球從業人員和所有足球俱樂部的責任。中國足協對足球中的腐敗現象態度非常堅決，有關俱樂部也應該勇敢地站出來，為淨化中國足壇盡到自己應有的責任和力量！」

有報導說，原深圳金鵬俱樂部老總利煥南也站了出來，加入到宋衛平、桂生悅和李書福組成的「反黑聯盟」之中。利煥南說，「我不隱諱，當時我們金鵬俱樂部也給裁判送過錢，一萬元到三萬元不等。雖然知道這是不對的，但沒辦法，為足球的大環境所迫。花錢就是想買個公平。有些裁判員拿到錢後會嫌少的，當然也有裁判員將錢退回來的。」

當記者提起有一場比賽某某裁判收了俱樂部二十萬元錢時，利煥南說：「這個裁判員很黑，這在圈內是有名的，我們也跟他打過交道。有一場比賽我們給他送上三萬元，結果他還不大買帳。這些人真黑，典型的吃完原告吃被告。實際上，在上飛機時你突然檢查，有些裁判員肯定滿口袋是錢。」

時隔數日，陝西國力隊球員於光也站出來聲討黑哨。他說，中國裁判的黑哨問題前幾年就存在，但可悲的是如此危害職業聯賽的毒瘤卻一直無法根除。據說，黑哨搞定一場關鍵性比賽就可進賬三十萬左右，這些裁判發財後買車買房，甚至有的還買了別墅。去年，國力的一個客場比賽之所以在領先的情況下最終被主隊翻盤，很大程度輸在黑哨上，明明不越位的球他偏偏吹你越位，主隊越位進球被吹成有效，這球還怎麼踢？最可恨的是黑哨在對我們勞動果實摧殘的同時愚弄廣大球迷。

於光說：「關鍵在於引進法制以增加打擊力度，讓想收黑錢的黑哨們不敢為所欲為，只有這樣，中國足球才能健康發展，我們球員也才可以在公平的氛圍下舒心地踢球。」

國力隊的尚青說：「足協早該下手了，不揪出幾個黑裁，中國足球真就毀在他們手裡了。」

南方某俱樂部的A對記者說：「我早就知道這些黑哨遲早會有栽跟頭的一天！」

俱樂部怕中間人有貓膩，讓他做裁判的工作，給黑哨送錢。他說，他們俱樂部起先不懂得這一規矩，以為憑實力就能衝甲A，結果連續幾場比賽都是先贏後輸，眼看就要贏球了，結果在最後一刻被黑哨黑了。後來，經一位北方的裁判的點撥，他們才知道自己輸在哪兒了。他們也入鄉隨俗，按規矩辦事，主場賽前請裁判洗桑拿和按摩，當裁判盡興時把紅包遞上去。第一次給裁判送錢時，A遇到的是一位資深的國際裁判，他將錢接過去，掂了掂，掂得A的心七上八下的，不知他會不會拒收，會不會嫌少。在比賽的最後一刻，那位裁判給了他們一個點球，讓他們翻了盤。從此，每次主場賽前，他都拎著一個裝有八萬現金的沉甸甸的皮包去送錢。

他說，有的裁判不僅好財，還好色。第一次和裁判C接觸時，雙方都比較謹慎。真是一回生，二回熟，第二次C洗完桑拿後就提出要小姐。他滿足了C的要求，當然了，C在第二天也滿足了他的要求，那場球他們贏了。有的裁判特別黑，把俱樂部當成孫子。有位名氣和脾氣都特別大的裁判要去健身房，偏巧那天俱樂部的小車出去了，開來一輛中巴。這位裁判一看就暴跳如雷，說什麼也不上車。最後，給他加了一些錢才算擺平。這樣還算不錯的，有的裁判不僅吃你喝你拿你，最後還要玩你。有一位裁判總跟他們過不去，請桑拿洗，送錢收，可是比賽時照樣吹他們的黑哨。

A說，按規矩辦事，立竿見影，主場的成績很快就上來了。讓俱樂部明白了送錢才是硬道理。在衝甲A的關鍵場次，他們不僅加大了送錢的力度，而且在客場也送錢了，最後衝甲A成功。

錢越送越多，A也越來越感到不安，最後放棄了這份工作。

還有一位俱樂部的工作人員說，請裁判洗桑拿、找小姐、塞紅包都是四五年前的玩法，現在流行的是打卡。俱樂部把一張卡交給裁判，再告訴他密碼就OK了。這樣不僅公關人和裁判都省去了拎現金的不便，而且在二次交易時可以避免見面，具有很好的隱秘性，即便記者發現比賽有貓膩，跟蹤裁判也不會發現什麼。裁判如今都特別謹慎，交情不深是不會收錢的。想搞定裁判，有時還需要足球官員引見。足球官員往往會暗示：「這幾個裁判明年還會有用。」言外之意要放長線釣大魚，有的俱樂部在賽季開始之前就給裁判打過去二十萬元，賽季結束時再根據場次和裁判的表現另外加錢。

有人說，中國擁有腐敗的傳統，在封建社會「三年清知府，十萬雪花銀」。共和國成立之初，毛澤東親批斬殺令，處決了大貪官劉青山、張子善，遏止住腐敗的蔓延。如今，腐敗已危及到黨和國家的生死存亡。官員暫且不說，當三年裁判都不止「十萬雪花銀」。有媒體披露，天津裁判L住三百平米的房子，家裡不僅有設施齊全的桑拿浴房，臥室放有高檔水床，所用電器都是高檔的，還有一輛汽車。L只不過是位體育教師，除裁判之外沒有其他進項。

正氣上升，濁氣下降，中國足壇的春天會來到嗎？

第六章 「暴風眼」的承諾

（一）閻世鐸夜降「暴風眼」，李書福卻拒見。在「閻王與小鬼對話」中，閻掌門帶來了國家體育總局對綠城的關心和支持。

一月五日晚九時四十分，一架波音呼嘯著從空中降落，停在杭州蕭山機場。

閻世鐸一襲黑羊絨大衣，立著領子，梗著脖子，歪著頭，拎著精緻考究的公事包，卓爾不群地走出機場。他遠遠看見身穿黑色皮風衣的杜兆年，頷首微笑地走過去。這也難怪，身高一米九十多的杜兆年在人群中自然是鶴立雞群，想藏都藏不住。

杜兆年是今天才得到閻世鐸來杭州的消息。浙江省足協副主席王之海在電話裡說：「杜局長，中國足協臨時換人，張吉龍和南勇不來了，閻世鐸要親自來杭州調查。」

三天前，王之海給杜兆年打電話說，中國足協通知張吉龍和南勇要來杭州調查黑哨。杜兆年感到有點兒納悶，李冬生來去匆匆之後，引起媒體鋪天蓋地的報導和球迷的猜測，將中國足協和浙江體育局推向風口浪尖，如今又派來兩位副主席，還不引起媒體海嘯？另外，他們來杭州為什麼不與浙江省體育局聯繫呢？王之海解釋說，中國足協有一不成文的規定，只與下邊各地足協聯繫。他們知道您是浙江省足協主席，還特意讓我跟您說一下。中國足協派兩位副主席下來調查，可見力度之大。杜兆年還沒琢磨好怎麼接待呢，又換成了閻世鐸，他急忙向陳培德彙報。

怎麼變成閻世鐸了呢？丈二和尚摸不到頭腦。幾天前媒體還一窩蜂似的報導「閻掌門」將赴成都，參加第三屆甲級俱樂部峰會，怎麼突然改道來了杭州？在足協官員的眼裡，杭州是足壇的地震帶、打黑的暴風眼，在這時候誰願意來呢？

既然閻世鐸來了，浙江體育局也知道了，那麼就應該「熱情」接待。派誰去接機呢？陳培德跟杜兆年商量一下，讓他去接機，讓王之海做聯絡員。從職務上說，杜兆年是省足協主席；從個人關係來說，在閻世鐸任國家体委政策法規司司長和辦公廳主任時，杜兆年跟他交往較多，比較熟悉。

杜兆年感到有點兒為難，打假掃黑風暴在浙江掀起兩個多月了，浙江體育局給予強有力的支持，國家體育總局卻一直沒表明態度，「總局某人士」哇里哇啦地說一通，事後聽說「某人士」只不過是總局的已經退休的司長，也難怪用「總局某人士」發表言論。

在打假掃黑中，浙江省體育局與中國足協有過意見相左，有過矛盾衝突，有過劍拔弩張，當然也有過關係融洽，合作密切，比如陳培德和宋衛平上北京那次。最近一個月，中國足協對打假掃黑的態度不明朗，讓浙江省體育局陷於被動。

足協為什麼臨時換人？其用意如何？一概不知，浙江體育局配不配合？怎麼配合？在打假掃黑的問題上溝不溝通？怎麼溝通？杜兆年還沒想好，他的黑色本田已停在機場的出場口。算了，不想了，不管怎麼樣，閻世鐸能來就好，能來就表明態度是積極的。不管怎麼說，國家體育總局、中國足協和浙江省體育局都是一家人，目標是一致的——把中國的體育搞上去。在這一大前提下，有什麼問題不好商談，有什麼想法不好溝通呢？只要有誠意就會有好結果。杜兆年剛走進大廳，發現一架攝像機的鏡頭對著自己，瞬間六七位記者一擁而上：「杜局長，您是來接閻世鐸的吧？」

「閻世鐸這次來杭州調查的目的是什麼？他將調查哪些單位？」

「閻世鐸這次來杭州是否總局的旨意？」

怎麼搞的？杜兆年大吃一驚。閻掌門親自出馬，調查結果還不得而知，媒體的報導會給他和中國足協造成巨大壓力，甚至使他們陷於被動。中國足協一再要求浙江省足協保守祕密，絕不可走漏風聲，尤其不可對媒體洩露消息。

這些記者是怎麼知道的？是誰把消息洩露出去的？杜兆年有點兒緊張。這事浙江體育局僅有五個人知道，除他和陳培德之外，還有王之海和兩位開車來的司機。中國足協會不會認為浙江體育局有意走漏消息，想借此炒作，給他們施加壓力？這樣一來，閻世鐸他們對浙江省體育局成見就會加深，陳培德的打黑大旗交給閻世鐸的想法就會落空。

記者有時候是雪中送炭，錦上添花；有時候是雪中送冰，錦上添糞，盡幫倒忙。

閻世鐸邊與杜兆年親切握手，邊笑著說：「杜局長，你怎麼親自來接呢？讓小王來接就行嘛。」

閻世鐸感冒了，嗓子有點沙啞。他說的小王即王之海。

「您是浙江的貴客，我又是浙江省足協主席，理所當然，理所當然。」杜兆年說。

「閻主席，中國足協為什麼要臨時換人，您此行的目的是什麼，除調查之外是否還有其他任務？」

「您是否要見宋衛平？」

隱蔽在人群中的記者呼啦圍了上來，攝像機、照相機、話筒都伸了過來。

「對不起，閻主席今天不接受任何採訪。」董華和王之海急忙衝過來護駕。

閻世鐸在眾人的簇擁下衝出記者的包圍圈，走出機場大廳，杜兆年把閻世鐸引到一輛黑色的奧迪A6跟前，介紹說：「陳局長特意讓用他的車來接你，他已在辦公室等候你大駕光臨。」閻世鐸說太客氣了，說完一頭鑽進了車裡。杜兆年上了自己的本田，兩輛亮著紅色尾燈的車轉眼之間融入濃濃的夜色中。

有消息說，閻掌門是被楊明和方益波寫的《內參》逼到杭州來的。

只有省部級領導才能看到的《內參》，閻世鐸僅在體育總局領導的桌子上瞥了兩眼，上面有高層領導的批示……不論這消息是否可靠，閻世鐸的日子肯定不好過，也許像掉進煎鍋被搞得焦頭爛額；也許像坐在火山口上，岩漿說不上什麼時候就噴射出來。

新華社和央視兩大強勢媒體紛紛報導黑哨，國內媒體對閻世鐸和足協的批評、指責鋪天蓋地，舉國上下都在關注足球，痛罵足球，國外媒體也跟著湊熱鬧。

日本共同社報導：「在實現了世界盃夙願之後，實力正在擴張的中國足球界卻在這個時候發現了裁判員和俱樂部涉嫌製造假球，這些事件最終發展成為連日來中國媒體爭相報導的醜聞。在中國，官僚的腐敗現象正在成為一大社會問題，體育界也不例外。」

法國的《世界報》以《腐敗充斥中國足球》為題進行報導，說，「一種骯髒的交易把今天的中國足球搞得焦頭爛額。剛開始的時候中國足協還認為他們有能力控制局面。一個被腐敗搞得滿臉是蛆的聯賽帶給了他們巨大的壓力，在十月中旬中國足球不得不英勇地向一群『黑綿羊』開刀，這樣的措施是在中國國家足球隊獲得二〇〇二年世界盃決賽的民族性榮譽被假球和黑哨等醜聞所毀壞掉了以後採取的。」報導還提到中國足球聯賽所創造的神話：十一：〇、七：〇，以及有的球隊在最後連進四球。「而最後的結果是，一共有六支球隊在聯賽風波中受到了處罰，處罰結果不等，有降級的，也有所有教練和隊員停賽的。」報導還以法國人特有的幽默評論道：「中國足球現在就像是一個澆花者，反倒把自己澆成了個落湯雞。」

在小標題《全知全能的監護人》下，他們對中國足球進行了嚴肅認真地分析：「在一個一直十分官僚的體制下，足協擔當著各個俱樂部全知全能的監護人的角色，所有的錯誤都被他們不加商量地處理了。但是，廣州吉利俱樂部站出來反抗了。自從九月二十九日他們在客場對上海中遠的比賽中因為裁判帶有明顯偏向性的判罰而退出了比賽以後，這支俱樂部就被寫在了足協的黑名單上。這場比賽快到結束的時候，上海隊的前鋒攻進了一個明顯越位的球，但裁判卻判為有效。足協在處罰吉利的同時也否決了讓他們加入甲A的可能性，即使在其他的球隊因為假球案而被取消了升級的權利的情況下，按常理這個名額應該是給吉利的。」

《世界報》是法國第二大全國性日報，也是法國對國外銷售量最大的日報，在國際上具有較高的知名度。他們堅持以「國際視野、保持品質、維護獨立、信守承諾」的原則，其報導嚴肅、措辭講究，尤其是深度報導和評論上具有較強的權威性和參考價值。這份報紙過去對中國足球有過兩次報導，一次是以《中國足球的新長征》為題，報導了中國男足首次衝進世界盃決賽，在報導的結尾毫不留情地點明中國足球存在假球等醜惡現象；另一次是二〇〇一年十一份發表的《中國足球尚未脫離苦難》，討論中國足球的結構性問題。

報導還說：「吉利的這場反叛得到了中國東南地區的熱情支援，李書福不僅決定要賣掉自己的俱樂部，還將中國足協送上了法庭。這是在中國從未出現過的情況。中國足球的監護人，這個全知全能的官僚機構被送上了法庭……」「李書福這個位列中國最富有的五十人名單的汽車製造商決定要一把火把整個大地都燒著，他在一個新聞發佈會上說道，中國足球是骯髒的，沒有任何比賽是誠實的。所有的球迷都被欺騙了。我們花了幾十萬原來打點裁判。這一點我們做了，別人也做了。」「李書福懷著一種要純淨一切的使命感，他說，我就是被拋進地獄也沒有關係，只要中國足球能夠得到一分純淨，就好像是在念抒情詩似的。」

「李書福採取的戰略是將危機播種在足協的內部，而後者會承擔什麼樣的責任呢？足協會不會在自己的內部進行相關的調查，哪怕這樣的調查會打開一個潘朵拉的魔盒子？至少到現在為止，足協態度是沉默的，而中國國內對它的質疑是越來越多，《北京青年報》也指出，中國足協有義務調查這些事件中誰是主角和參與者。」

這種犀利的評論，縝密的分析將閻世鐸執政二十個月以來的政績抹殺得連骨頭渣都不剩了。屁股決定腦袋，對多數官員來說，腦袋想得最多的是屁股下座位。閻世鐸在正司的位置已幹了多年，如今已知天命。像他這年齡、這級別的幹部，最大的夢想就是再上一個臺階——晉升副部。中國足協究竟是他仕途的上馬石，還是絆腳石關鍵就在於能否處理好打假掃黑的問題。

《聖保羅報》以巴西人特有的目光看中國足球，他們發現上海中遠晉升甲A後，甲A聯賽將出現十五支球隊，在巴西這是根本不可能打聯賽的。他們看不懂中國足協為什麼要在二〇〇一年初決定甲級聯賽在當年只升不降，第二年只降不升；他們還看不懂足協為什麼只讓一支球隊晉級，同時僅讓「甲B五鼠」的一支球隊降級；他們不明白中國足壇為什麼為了世界盃制定這麼稀奇古怪的政策。最後，他們眨動著眼前問道：「那麼觀眾和俱樂部的錢包怎麼辦呢？」

外國人看中國的事往往是霧裡看花。

國家體育總局會為觀眾和俱樂部而追究中國足協的責任麼？

一月五日，可以用馬不停蹄形容閻世鐸的緊張與忙碌。上午十時，身著黑色西裝、頭髮一絲不亂的閻世鐸走進央視演播廳，接受《東方時空》的採訪。面對白岩松的提問，閻世鐸講了三點：一是在證據方面，中國足協取得了突破性的進展；二是在必要的時候，中國足協將請求司法介入；三是這件事絕不會不了了之，即便查到足協內部的人也會在法律面前人人平等，一查到底。

閻世鐸說：「綠城和吉利他們兩個俱樂部的老總開了新聞發佈會，我也是通過媒體知道的。我覺得不管怎麼講，他們能夠把這個問題提出來，而且以一種負責的態度，敢於解剖自己，敢於表示要拿出證據來做這件事情的時候，我覺得這件事情是非常好的，可以講也是中國足協希望他們這樣去做的，不僅是這兩個俱樂部，我們也希望所有的俱樂部，凡是有這樣知情的，不管對裁判員，包括對中國足協的工作人員，只要據實舉報，有一個我們查一個。」

有人說閻世鐸實在是厲害，翻手為雲，覆手為雨。半個月前，他還在中超研討會上點評吉利和綠城：「你能不能把有關材料向中國足協反映？不能沒得到好處就大罵。」

如今，閻世鐸以一個打假掃黑領導者的形象出現了。難怪他家鄉遼寧的媒體說他不會改革會做官。

當宋衛平和李書福從螢屏上看到閻世鐸說「中國足協取得突破性進展」時，不知道有何感想，也不知道其他俱樂部老闆、球員和全國的球迷有何感想，我想他的話肯定會讓一些人想起一句經典臺詞：「墨索里尼總是有理！」

陳培德聽到這番話卻激動不已地說：「閻世鐸開了『金口』，中國足協要有大動作了！」也有媒體認為，「這次閻世鐸在公眾面前鮮明表示出對足壇黑哨的態度，意味著足壇反黑事件將進入新的階段。」

下午一時半，閻世鐸約見首都六家媒體的記者。他明確表態：聯賽以及裁判中存在的問題必須給予高度重視，有些問題已經到了不下決心解決不行的時候了，現在是下決心解決這些問題的最佳時機。

閻世鐸離開記者後，匆匆趕往機場，飛往杭州。

閻世鐸走進陳培德的辦公室時，已是半夜十一時。

「歡迎閻主任來杭州調查。」陳培德從辦公桌旁站起來，笑著迎上去，緊緊地握著閻世鐸的手說。

兩隻手握在了一起，心能否想到一起？上一次握手在兩個月之前，遺憾的是這段時間合作得很不成功。閻世鐸沒有毅然決然地接過那杆大旗高高舉起，而是圍繞著旗杆講番話，講得自己和他人都激情澎湃，熱血沸騰，說得宋衛平下定決心交出證據。事後，他好像變了一個人，不再過問此事。

一個是中國足球掌門人，一個是中國足壇打黑鬥士，他們究竟是同一戰壕的戰友，還是同一戰壕的對手？

陳培德仍然把閻世鐸視為主帥，當成打假掃黑的領導者。不論在什麼場合，他都直言不諱地表白，他不相信中國足協，但是信任閻世鐸，認為閻世鐸是還沒被足壇腐敗所污染的領導。

一周前，陳培德還對記者說：「中國足壇之所以腐敗成風是因為主管部門一直下不了這個決心。為什麼下不了決心呢？我想一是習慣於用行規處理體育上的一切問題，二嘛，可能是有些人自己屁股都不乾淨，怕拔出蘿蔔帶出泥。說實話，迄今為止在中國足協這個機構中，我只相信閻世鐸。」

不知閻世鐸讀這篇報導時是什麼感受，什麼心情。在這複雜的社會，在腐敗氾濫之下，要相信一個人，相信一個官員，是多麼的不容易，陳培德卻相信了，而且相信得如此執著。可是，閻世鐸會在意老朋友的這份信任麼，能對得住這份相信麼？

閻世鐸對陳培德說，工作繁忙，明晚就要返回北京。

陳培德和他商量了一下次日的排程，然後請他和董華去吃夜宵。陳培德推開辦公室的門嚇了一跳，走廊裡竟然站滿記者。這麼晚了，記者還守在陰冷的走廊，陳培德既為他們的敬業感動，又感到有點兒對不住。可是，閻世鐸無意接受採訪，陳培德也只好領著他們突破重圍走出體育局。

他們在體育大廈的順風大酒店的一個小包廂坐下。

陳培德問：「吃點什麼？」

閻世鐸說，「這幾天感冒沒有胃口，就吃碗杭州的片兒川吧。」

「好，主隨客便，那就上片兒川吧。」陳培德隨和地說。

接著，陳培德一邊跟閻世鐸解釋，一邊替記者說情地說：「閻主任，你這次來不知哪個環節走漏了風聲，記者都想採訪你。你能不能抽點時間跟他們見見面，滿足一下他們的要求？」

閻世鐸看了看陳培德，沒有答應。

在閻世鐸走馬上任時，陳培德就勸他要跟記者搞好關係，他一直到卸任也沒搞好關係。我在網上查閱了一下，媒體幾乎對他罵聲一片。可以說，閻世鐸是新中國成立六十多年來，挨罵最多的司局級幹部。許多人只要說起足球就罵閻世鐸，似乎不罵閻世鐸就意味不懂足球。罵人敗火，閻世鐸成了球迷的牛黃解毒丸，從這點上看，他對中國足球的貢獻不大，對群眾的健康還是有所貢獻的。

浙江體育局對閻世鐸的接待是超規格的，入住的浙江省體育局的賓館——紫雲飯店，總經理和辦公室主任一直等到半夜，將閻世鐸送到三二三號套房才離開。在閻世鐸入住的三層不僅沒安排其他客人，而且飯店還派專人二十四小時巡視。

早晨八點〇五分，閻世鐸走下樓，陳培德已恭候多時。最早去的不是陳培德，而是記者。陳培德善解人意地對他們說：「我們上午談話肯定不讓採訪，我下午幫你們爭取一個採訪的機會。」

看來閻世鐸晚上休息得不錯，精神抖擻，陳培德也神采奕奕，當他們的手再度握到一起時，記者發現陳培德也穿件黑色長風衣，也像閻世鐸似的半立著領子。陳培德去北京時，閻世鐸特意穿上「綱要服」；閻世鐸來杭州，陳培德是否也想通過穿著表明點什麼？立場、觀點，抑或是戰友？江南穿長風衣的人很少見，兩位身高一米八多、穿著黑色長衣的高大魁梧、風度翩翩的男人特別引人注目。他們在眾目睽睽下走出大廳，前往準備用來舉辦女足世界盃的黃龍體育場視察。

冬日的陽光像溫柔的江水流在黃龍體育中心草坪上，也流在陳培德和閻世鐸黑色長衣上。江南的冬天總像怨婦的臉陰沉沉的，難得這樣開晴。這陽光似乎流進了心裡，讓人感覺到舒適和愜意。

閻世鐸在眾星捧月的簇擁下，踏著乾枯的草坪走到主席臺，以領導人的風範環視著空蕩蕩的體育場。閻世鐸指著低於地面的環場走廊問道：「那是幹什麼的？」

陪同的黃龍體育中心主任說：「那是交通溝，可以防止看臺的觀眾跳進場內，妨礙比賽的正常進行。」

「交通溝還有一個作用，那就是便於攝影記者拍照時跑動，既不影響比賽，又不影響觀眾看球。」陳培德插言道。

閻世鐸點點頭，接手足協已二十個月了，他除十強賽和甲A開幕式之外很少去球場。有人說，閻世鐸在一九九三年還在政法司時就關注和研究足球了，當時體育總局將足球改革作為體育改革和管理體制改革的突破口。閻世鐸到足協後卻自稱：「不懂足球，不懂英語。」

他們一行來到貴賓休息室，閻世鐸說：「陳局長，我能不能提個建議，在牆上掛一些有關足球的照片。」

陳培德掃視一下，牆上掛有樓雲、吳小旋、呂林、占旭剛、羅雪娟、馬曉春等浙江籍的奧運冠軍和世界冠軍，還真就沒有一位足球運動員的照片。浙江還沒出足球明星，總不能把貝利、馬拉多納、羅納爾多掛上吧？這看似簡單，卻難以回答，總不能當眾拂閻掌門的面子吧？

「閻主任，你作為中國足球最高長官視察了這裡，等你明年女足世界盃時再來，這裡肯定就有你的照片了。」陳培德智慧地開了一句玩笑，博得一片笑聲。

「我沒有資格，沒有資格。」閻世鐸笑著說。

視察完體育中心之後，陳培德與閻世鐸乘車返回賓館，記者跟在後邊緊追不捨。陳培德想到記者昨天半夜還守在體育局的走廊，今天早晨早早守在賓館的大廳，起五更爬半夜的真不容易，於是動了惻隱之心，再次勸閻世鐸見一下記者，哪怕五分鐘，正式見一面也好。

也許閻世鐸對浙江媒體壓根就沒有好感，也許怕記者翻「五・一九」和「甲B五鼠案」的舊賬，也許怕他們提有關綠城、吉利的敏感問題不好表態，他冷冷地拒絕了。

陳培德不快地想，你閻世鐸有必要搞得這麼神祕兮兮的嗎？打假掃黑已轟動全國，舉國上下都在關注，你作為中國足球掌門人來到風口浪尖的杭州調查，總不能像李冬生那樣悄悄地來悄悄地走吧？這樣下去會引起猜疑，對事態發展沒任何好處。

中國足協對綠城和吉利的打黑行動也應該有個明確的態度，應該讓記者報導出去。記者不僅是歷史的場記和重要的見證人，也是這場風暴的推波助瀾者，要把鬥爭引向深入，需要媒體的配合。閻世鐸啊，你為什麼就不能跟記者搞好關係？為什麼非要把自己擺在媒體的對立面呢？

陳培德心直口快，有話就要說，不願藏著掖著，賭氣地說：「閻主任，看來我的面子還不夠大。這件事情你就看著辦吧，不想接受採訪我也不勉強，我這也是為你好。」

他們回到紫雲飯店，在大廳恭候多時的宋衛平笑眯眯地迎上來。

一月五日，宋衛平接到浙江省足協的電話，說閻世鐸要來杭州，而且將在第二天上午九時跟他談話。宋衛平的老父親剛剛去世，正沉浸在悲痛之中，閻掌門來杭州見他，不僅讓他感到意外，甚至有點兒受寵若驚：「這種姿態就讓人高興，更何況閻主席還是取消了成都之行來杭州的。」

中國足協居高臨下，說是民間社團，官氣霸氣卻十足，不論什麼事打個電話俱樂部的老總就得屁顛屁顛地進京彙報，難得有這種親民的姿態和舉動。

宋衛平跟閻世鐸握了握手。走進閻世鐸住的三二三房間，將門緊緊地關上了。

宋衛平有點兒不安，甚至有點兒難為情。自去年十二月中旬以來，他和李書福聯手揭黑，說了那麼多足協的壞話，摸了「老虎」的屁股，如今「老虎」找上門來了。他將這次談話稱之為「閻王與小鬼的對話」，可見其緊張與惶悚。

有媒體將陳培德和宋衛平稱為「逼宮者」，宋衛平還威脅地說，如果足協不作積極反應，他將不惜犧牲「懺悔的裁判」，持「懺悔書」和退回來的錢去司法部門投案自首。

「閻王」來了，「小鬼」還敢「膽大妄為」嗎？

宋衛平向閻世鐸彙報了俱樂部在打假掃黑方面的想法和思路，並表示將全力配合足協做好工作。

在「閻王」的眼裡，宋衛平「身材不高，說話緩慢，思路清楚，頗有些儒商的氣質」，他可能想不明白這位頭腦清楚的儒商為什麼要不惜魚死網破地揭黑，為什麼要跟中國足協作對。

「閻王」對「小鬼」既居高臨下，又十分得體地說，我這次來首先要轉達總局領導對綠城的關心，其次代表足協對你們的打假掃黑行動表示支持。這次打黑對中國足球來說是一件非常有意義的事情，這不僅是綠城俱樂部的事情，也是中國足協的事情。這次行動如果能夠淨化中國足球環境，那將是一件具有歷史意義和現實意義的事情。

宋衛平說，足協有人對綠城召開媒體見面會有反感，綠城感到壓力很大。

閻世鐸大度地說，「方式並不重要，重要的是你們揭開了這個黑幕。」

宋衛平對新賽季憂心忡忡，跟閻世鐸反映了海埂冬訓和成都會議上的流言——有人認為綠城揭黑破了足壇的規矩，成為足球叛徒和不受歡迎者。甲B的其他球隊都等著看綠城的笑話，有些球隊想在新賽季跟綠城「死磕」，想把綠城趕出甲B；裁判界已有人放出風來，說要給綠城來點顏色看看……。

閻世鐸安慰道，這是絕對不可能的，另外其他俱樂部也不想讓不正之風蔓延下去，也希望足壇得到淨化。中國足協今後將會加強對裁判隊伍的監督和管理，二〇〇二年甲級聯賽的風氣肯定會有大好轉。

宋衛平對閻世鐸說，要查黑哨勢必牽涉中遠。吉利與中遠那場比賽的裁判絕對有問題，吹的不僅是黑哨，還是官哨。要查的話可以從此下手。我始終堅持一個觀點，那就是中遠應該降級！既然大家都做了黑哨的工作，這又是違法亂紀的行為，那就不能讓其他人從中謀取利益。

宋衛平建議：發起攻堅戰，動員大多數，主攻重量級，打蛇打七寸，這樣可以事半功倍。綠城是足壇的新軍，涉世未深，所揭露的問題不過冰山的一角。足協要想真正揭開黑哨的內幕就應該發動其他俱樂部，特別是那些資深的，有背景的俱樂部。

兩小時四十分鐘的談話結束了，宋衛平要離開時，閻世鐸說：「你能不能把那個裁判自悔信原稿給我？」

事後，閻世鐸回憶說，宋衛平沉默了許久：「我回去找找，下午給你送過來。」

傍晚，宋衛平通過體育局轉過來一封信，閻世鐸打開一看，還是李冬生帶回的那樣的影本，讓他大失所望。可是，那信不是手寫的，是列印的。列印的和複印的在法律或者作證上有什麼區別呢？

宋衛平滿面春風地走出來，讓人感覺他不是跟「閻王」談話，而是被人剛注入一針強心劑，或者卸掉壓在身上的磐石，有一種翻身做主人的衝動和陽光照進心房的欣喜。守在門外的記者一擁而上，紛紛提問。

宋衛平一反揭黑時的豪放，慎重地說：「閻主席來杭肯定和掃黑有關，等下午他與媒體見面後，我再發表意見。」

宋衛平去了紫雲飯店對面的綠城售樓處。

下午，他接受記者採訪時說，對足協二十多天的沉默表示理解，甚至認為打假掃黑的工作量很大，應該給足協必要的準備時間，想要足協「眼睛睜開就徹底解決是不現實的，只能分步驟、有序地進行」。他認為，經過幾年的努力之後，中國足球將會逐漸有更多美好的東西。

宋衛平還說，綠城將全力以赴配合和協助足協調查，要大膽面對可能發生的任何情況。他說這次談話雙方就某些問題達成了共識，增強了信任。他把俱樂部比喻為後腰，新華社是前腰，足協已經接到前腰傳來的球，正盤帶過人和突破，甚至準備盤過守門員，將進行最後的射門。

有人說，宋衛平變成了宋江，被閻世鐸招安了。

閻世鐸想見李書福。陳培德想，李書福不像宋衛平那麼好說話，另外也不大好找，一是他經常出國談生意，二是他已退出足壇，不見得給閻世鐸這個面子。既然閻世鐸已到了杭州，不論從朋友關係，還是從浙江省體育局與中國足協的關係都應該儘量幫忙。於是，他給李書福打了一個電話。

事後，李書福是這樣說的：「六日上午，浙江省體育局局長陳培德給我打過電話，說閻世鐸想見我。我當時就一口回絕了，一是我出差在外；二是確實沒什麼好說的，當初俱樂部總經理桂生悅去足協該說的都說了，結果怎麼樣呢？大家不是都看見了？」

看來，李書福對閻世鐸不抱任何幻想。也許他對足協的通知來氣，要求他在兩天之內必須趕到杭州見閻世鐸。憑啥呀？吉利已退出足壇，李書福跟足協已經不存在領導與被領導、管理與被管理的關係，你有啥資格對人家呼來喚去的？

記者說中國足協對打黑持積極表態時，李書福說：「有什麼值得樂觀的呢，足協打黑能公平嗎？把人家綿陽降為乙級隊，這是什麼道理啊。足協要讓大家信服，首先要管好自己。當初的『渝沈之戰』足協不是也搞得轟轟烈烈嗎？到頭來還不是不了了之。」

李書福還說：「有些人真的很天真，你以為閻世鐸去了趟杭州就能解決問題啊？」

不知他說的「有些人」是否指陳培德和宋衛平，不過事實表明李書福的判斷是正確的。陳培德和宋衛平太書生氣了，過於相信閻世鐸了。不知為什麼，被人瞧不起的農民往往對社會卻有著超凡的洞察力和判斷力，不僅知道什麼時候出手，還知道如何保護自己。

在閻世鐸離開杭州的第三天，在浙江司法界舉辦的黑哨司法問題研討會上，桂生悅說，「中國足協是在沉默了二十多天之後才表這個態的。他們所謂的調查不是解決的辦法，足協這麼做是在壓力之下的舉動，是想引導輿論，使媒體的報導往有利於足協的方向轉，對此媒體要提高警惕。黑哨發展到現在這個地步，是積累了好多年造成的，根本責任在中國足協，但現在足協卻把自己的責任推得一乾二淨，這是在轉移視線。要淨化足球環境，必須淨化中國足協自身，中國足協必須對自身的工作進行深刻檢討，否則沒有希望。」

當記者問到吉利起訴足協的進展情況時，桂生悅說，中國足協已經向法院提出管轄權異議申請，認為司法不應介入體育競賽的糾紛。「足協這是在阻撓司法在最恰當的時機介入中國足球，中國足協避免與吉利對簿公堂，目的就是為了掩蓋其背後的問題，是害怕破壞獨裁的權威，吉利集團對此感到失望。這是足協令人不齒的地方。所以，我們對黑哨問題能不能很好解決沒有信心。」

等不來李書福，中午，陳培德接到王之海的電話：「陳局長，閻主席同意下午會談之後與記者見面，並接受簡短的採訪。」

陳培德心裡明白，閻世鐸是見他生氣了，才不得不違心見記者，這也算是給他一個面子了。

（二）體育局眾高官對總局和足協強烈不滿，閻世鐸巧妙化解危機；陳培德欲將打黑大旗交給足協，閻世鐸提出聯合作戰。

下午兩點，紫雲飯店會議室。陳培德率杜兆年、李雲林、應祖明三位副局長，辦公室主任鄭瑤，《體壇報》總編輯李烈鈞，省足協專職副主席王之海與閻世鐸會談。

閻世鐸說：「今天我特地繫了領帶，表示對浙江省體育局黨組的尊重。」

閻世鐸上午的確沒繫領帶，甚至連襯衣的領扣也沒扣。此時，他身著深藍色西裝，繫著藍色領帶。閻世鐸的確很有水準，開場白像一縷春風，讓緊張的氣氛一下變得輕鬆了。

陳培德說：「我們把閻主任當成總局的特派員。」

陳培德通過昨夜和上午的瞭解，已摸清閻世鐸此行的動機和目的。閻世鐸不是自己想來的，是奉總局領導之命來的。從個人意願來說，他是不願意來的，所以派張吉龍和南勇來。最後，在總局和其他方面的督促下，閻世鐸不得不親自出馬。

陳培德說完之後，停頓了一下，觀察了一下閻世鐸，見他沒有反駁，於是說下去：「很高興第一次與總局特派員面對面地將我們前一段時間的工作做以『坦白』——也就是坦誠地表白，同時希望閻主任將我們的想法和工作情況原汁原味地向總局領導彙報。」

陳培德這句話是經過深思熟慮的。假若說李書福和宋衛平是火箭炮的話，陳培德就是導彈，命中率極高。他習慣於直來直去，不留情面，即便對閻世鐸這位多年朋友。

有人說，成也蕭何，敗也蕭何。陳培德當年之所以平地而起，從普通教師一下到了副廳級，主要是他這張嘴，敢說，能說，也會說；他之所以二十多年隻邁了小半步，從省委副秘書長降至體委主任，也是他那張嘴，敢說，能說。他就像《皇帝的新裝》中的小男孩，見了就說，不會撒謊。中國有句俗話：「順情說好話，耿直討人嫌。」陳培德在官場混了幾十年也沒學會順情說好話。

接著，陳培德把浙江省體育局在足球打假掃黑反貪行動中的指導思想、工作目標和主要工作做了系統地通報。然後說，「我們這樣做不是拆中國足協的台，更不是拆國家體育總局的台，而是在幫足協和總局的忙，是盡我們的責任。」

閻世鐸認真地聽著，不時點點頭。

陳培德突然話題一轉，提高聲音說：「遺憾的是，我們的一番好意和苦心卻遭到總局某人士的指責。我們有權利在媒體進行公開答覆和批駁，可是為了總局的威信和影響，沒有這麼做。我們已經準備好了公開答覆信。」閻世鐸從鄭瑤的手裡接過那篇報導和浙江省體育局的公開答覆信，匆匆流覽一下。

陳培德說，一年來，我們多次給總局和足協的領導寫信反映足球等方面的問題，不僅沒有答覆，而且見面也不提，所以不得不向媒體公開了我們的觀點和主張。若不這麼做的話，總局不可能這樣重視，中國足協不可能這樣重視。今天非常高興，看到了總局拿出了實際行動，儘管遲了一點兒。

足壇雷聲翻滾，體育總局卻充耳不聞，像沒那回事似的，既無人站出來說話，也無人站出來表態，恐怕連自家房頂漏雨都不會這樣吧？最後還冒出來個「某人士」，連個姓名和身分都不敢公開，體育總局是中國體育的最高行政機構，又不是白色恐怖中的地下黨。

杜兆年說話更是直來直去，他說，「閻主任在一月五日接受媒體採訪時，肯定了綠城和吉利在打黑鬥爭中所起的作用，卻避開了對浙江省體育局和陳培德同志的評價。兩家俱樂部雖然發起和推動了這場鬥爭，可是有很大的侷限性。作為地方行政管理部門，作為地方體育最高行政長官的介入，對這場鬥爭的促進、推動是功不可沒的，尤其是在鬥爭方向的把握和引導方面，起到了不可替代的作用。」

杜兆年越講越來氣，火藥味也越來越濃：「你們不要以為浙江省體育局稀罕一個肯定的評價，我們不在乎。目前的許多流言蜚語，包括『總局某人士』在媒體上的公開指責，我們不得不當成總局的一種態度。目前，我們已感受到來自總局上層的壓力，比如，總局將要在上海召開的座談會沒有邀請陳培德局長。」

原來，二〇〇一年八月在青島召開的華東協作區體育局長會議上，陳培德認為中國體育應該抓住申奧成功的大好機遇，再創歷史輝煌。他動議給分管體育工作的李嵐清副總理寫信，建議國務院召開全國體育工作會議，下發加強體育工作的文件。這一動議得到六省一市體育局長的回應，並在他起草的信上簽了字。

李嵐清副總理閱過信後做了批示：「高強同志，所提的意見值得重視，請商體總。」時任國務院副秘書長的高強根據李嵐清的批示作了具體部署。國家體育總局又根據李嵐清的批示和國務院的部署籌備了全國體育工作會議。

一次，陳培德去國家體育總局辦事，順便看望總局副局長段世傑。段世傑指著桌上的文件說，總局黨組向李嵐清同志彙報的提綱中著重提了由國務院召開全國體育工作會議，再下發一個紅頭文件。你們提的三條都列入提綱。二〇〇二年新年伊始，浙江省體育局獲悉，國家體育總局將在華東、東北、西南分別召開三個座談會，華東片的會一月十八日將在上海召開，華東六省一市的體育局長僅陳培德和另一位沒接到會議通知。

杜兆年義憤填膺地說道：「這次在足壇掀起的打假掃黑反貪的鬥爭，是衡量真反腐還是假反腐，是口頭反腐還是行動反腐，是做表面文章還是要澈底搞清問題的一次甄別。所以，對總局在這場鬥爭中長期保持沉默，我是有想法的。浙江體育局希望總局將打假掃黑反貪的大旗接過去，高高舉起。總局到底願不願意接過去，願不願意高高舉起？」

杜兆年這位從魯迅家鄉紹興出來的、在體育戰線奮鬥近四十個春秋的高官，對體育有著赤膽忠心，為體壇腐敗痛心疾首，看著那些「占著茅坑不拉屎」的官員來氣。這口氣憋了半年多了，此時不說何時說？該你們管的你們不管，別人替你們管了，你不說感恩戴德，反而說三道四，亂掄棒子。

副局長李雲林用杭州腔的普通話說，這次行動是體育局黨組的行為，體現了我們守土有責的責任心。體育界存在的問題讓人揪心，讓人痛心。體育是最講公平公正的，現在不僅不是一塊淨土，甚至有些問題很嚴重，到該解決的時候了。說實話，我們既在乎又不在乎總局的評價。不在乎是因為浙江的氛圍好，省委省政府不僅關心重視而且支援。說在乎，這不僅僅是對陳局長本人，也是對浙江省體育局的一種公正評價。我覺得總局有好多次機會跟我們溝通，為什麼一直沒有溝通？

二〇〇一年，浙江省體育局忍辱負重，承受了多少不該承受的委屈，遭受了多少不該遭受的壓力，足球幾乎成了他們心中一塊走不過去的傷心地。

三位局長痛快淋漓的發言之後，體育局的頭兒們內心中的憤懣、積怨、委屈和痛苦漸漸消失，一種悲壯從心頭升起，這幾個月來，他們打的是一場沒有衝鋒號，沒有集結號，沒有聯合作戰的友軍的殘酷戰鬥，他們像穀子地似的堅守住了陣地……

也許料到會出現這一局面，閻世鐸指派張吉龍和南勇來；也許知道會遭到質問，會出現難堪，董華在開會前警覺地將與會者審視一遍，將兩位混進來的記者堅決而客氣地請了出去。

閻世鐸就是閻世鐸，在官場混了幾十年，什麼樣的危機沒遇到過？什麼樣的尷尬沒見過？要是沒有隨機應變，化危機為契機的能力，他這個「不懂足球，不懂英語」的人能當上足球的掌門人嗎？閻世鐸點燃一支煙，慢悠悠地吸一口，和藹可親地看了一下在座的人說：「今天我很高興，也很感動，浙江省體育局的幾位領導一起接見我們，這說明浙江省體育局對這件事的重視，對足球的重視，對中國足協的重視……」關於「總局某人士」對陳培德的指責，閻世鐸建議浙江省體育局給總局發封信核實一下。他說：「根據我在總局工作多年的經驗，監察局的人不要說評價一個體育局的局長，就是對我們整個體育系統犯了事的幹部，他們都不敢說三道四。守口如瓶是他們的職責。他要敢亂講一句話，尤其是對您的亂加評價，除非是不想幹了，他也該離開這個地方了。報上的東西我現在是不怎麼看了，網上的就更不能信了。對於這件事，陳局長可以不理會。」

鄭瑤說，體育局已將報導的影本傳真給總局辦公廳。辦公廳主任劉元福來電話說：「據我瞭解，總局沒有哪位領導說過這樣的話，請陳局長不要當真。」

這也許就是「某人士」的高明之處，也是其卑劣之處，跳出來掄一番棒子，卻不讓別人知道他是誰。

閻世鐸喝口茶說，黑哨在足球界是長期以來公開的祕密，或者說是一個毒瘤，把它披露出來，我認為是件好事。中國足協為什麼遲遲沒有表態，過去此類事情發生過多次，比如「沈渝之戰」，媒體和球迷也都高叫假球，也有人說有證據。足協用了兩個來月調查，花掉了幾十萬元，結果找不出真憑實證，搞得舉國上下紛紛指責足協。

闔世鐸說的也是事實，一九九四年，中國足球首屆職業聯賽甲A結束後，記者張東在《足球》發表一篇報導，說有位甲A俱樂部老闆的手裡有一收受紅包的裁判名單，上面不僅有國家級裁判，還有國際級裁判，人數多達數十人。還有金額。時任中國足協裁判委員會秘書長的蔚少輝帶人去找張東索要名單，張東沒給。由於證據不足，所以第一次「反黑」不了了之。

十六年後，張東說，他當年複印了五份列有數十名受賄裁判的名單。那篇報導發出之後，熟悉的裁判紛紛給他打電話，問名單上有沒有自己，他如實稟告；還有人打電話威脅他，不讓他曝光那份名單。裁判委員會的張健強也找過他，態度很強硬，他沒有給。

五年後，又發生了「沈渝之戰」，這在中國假球史上是「可圈可點」的篇章，也是中國足球腐敗史上不可或缺的段落，有人說，這是一場假得不能再假的比賽，也有人說，這是中國甲級聯賽假球的鼻祖。它自然會在陳培德的腦海裡留下深刻的烙印。

那年甲A聯賽收官之戰前，除武漢紅桃K隊註定要降級之外，深圳平安、大連萬達、青島海牛、廣州松日和瀋陽海獅都面臨著降級的危險，其中瀋陽海獅為最。瀋陽海獅隊只有在客場戰勝重慶隆鑫才能保級成功。結果在上半時重慶一比〇領先，瀋陽海獅岌岌可危。可是，下半時卻風雲突變，在第九十三分鐘時，重慶隆鑫門將符賓的一個「假撲」讓瀋陽海獅贏得比賽。

據《深圳都市報》體育版披露，深圳俱樂部某官員G先生說：十二月三日，深圳平安隊「入住成都民族飯店，四日凌晨大概四點多鐘，一陌生人從門縫中塞進一張紙條，通知我當天上午與重慶隆鑫的總經理程鵬輝聯繫，說他有要事與平安商量。在電話裡程鵬輝開門見山，說瀋陽海獅要買與重慶隆鑫的這場球，如果平安能出三百萬的話，他們就會全力以赴死打海獅，絕不放水；如果隆鑫輸了球就不收一分錢。聽他這麼一說，我倒是真動心了——與其看別人靠踢假球保級，倒不如自己救自己。當時俱樂部的幾位領導都在，但最終放棄的意見占了上風。不過，我們為了穩住重慶方面，還是採取了緩兵之計，稱週末難以籌到這麼多現金，可不可以賽後再付。當時程鵬輝顯得很急迫，稱可以先派人帶三五十萬訂金來重慶，隆鑫俱樂部派人到重慶機場接機，錢先不用付，等到比賽結束後視結果支付。重慶方面一直與我們保持聯繫到十二月五日的中午，後來可能是看到平安方面遲遲沒有行動才最終放棄。最後的結果大家也都知道了，幸虧松日那邊輸了球，平安才揀回了一條『命』。」

G先生只知其一，不知其二。據《新聞週刊》報導：「重慶隆鑫方面並沒有等到比賽當天中午，頭一天晚上，他們就已經和瀋陽海獅達成了協定。」「在一比〇領先進入下半場後，重慶隆鑫的後防線就不斷地往上壓，刻意地給瀋陽海獅制造反越位的機會。可眼看比賽就將結束，瀋陽海獅就是進不了球，『當時我們都急壞了，他們那麼多好機會，可就是打不進去。如果不是大符，比賽的結果還真的不知道如何呢。』」「比賽結束之後返回俱樂部，球員們返回宿舍房間後就發現了『酬金』，高高的一疊現金用報紙包好了，早就放在了每個人的床上，總共六萬元。」

「渝沈之戰」，中國足協查了一番之後，認定為消極比賽，不是假球，對兩家俱樂部各罰四十萬元，主教練各罰款五萬元而不了了之。這種方式不僅沒遏止假球，反而導致假球愈演愈烈。在一次俱樂部老總峰會上提到假球，一位老闆理直氣壯地大聲質問：「試問，在座的哪個俱樂部沒有做過球？」結果一片寂靜，沒人應聲。

閻世鐸吸口煙，接著說道，這一次，我們一開始就密切關注，起初宋衛平表現得還不錯，說寧肯坐監獄也要把這件事搞到底。沒過兩天，又說怕把裁判搞得家破人亡，不想講了。我們基於以往的教訓，只得低調出擊，想以黑哨為突破口，踏踏實實地調查取證。這段時間，中國足協雙管齊下，已取得重大突破。

不知足協是如何雙管齊下的，也不知他們的重大突破在哪兒，若不是陳培德逼宋衛平交出證據，若不是新華社、央視等強勢媒體的跟進，若沒有元旦之夜陳培德、方益波、楊明和陳繼來一起做宋衛平和李書福的工作，打黑會有實質性進展嗎？

閻世鐸接著說，總局為什麼遲遲不表態？總局歷來強調按程序辦事，足球的事由足球管理中心來管，就是天塌下來，也得中心頂著。當然，總局對這事非常關心，非常重視，經常聽取足協的彙報。

「這次不是我自己想來的，也不是浙江方面邀請我來的。現在是敏感時期，可不像兩年前，陳主任說：『小閻哪，你到浙江來看看吧！』我就來了。這個時候出來，起碼是領導說了你去吧，我才敢來。此次赴杭州調查是受總局的指示來的，是奉命而來，還帶來了總局領導對浙江體育局，特別是對陳培德局長的感謝和支持！在這個事件中，浙江省體育局、陳培德局長以犧牲自己為代價，體現了自我犧牲精神。總局和中國足協都看得很清楚，如果這次鬥爭能取得全線勝利，這對中國足球將具有歷史性的貢獻！」

閻世鐸的這番話猶如照在黃龍體育中心的陽光，不僅驅散了人們心頭的陰霾，而且讓人感到舒服，暖洋洋的。

二十年前，陳培德被稱為「陳鐵嘴」，他能說善講，可是說的講的都是真話實話；二十年後，卻在跟閻世鐸的交鋒中敗下陣來。「屁股決定腦袋。」也就決定了嘴，決定了說什麼，怎麼說。如今在其位不見得謀其政，但卻得說其話。閻世鐸實在是高明，這番話說的可謂一箭三雕，上對得住國家體育總局，也就對住了自己的烏紗帽；中間對得住中國足協，也就對得住自己坐的那把椅子；下又哄得浙江體育局上上下下心裡熱乎乎的，哪裡像陳培德說話得罪的人比交下的人還多。

這也難怪，在現有的體制下，官員的雙重人性已不夠用，需要有多重，多副面孔。社會是人的加工廠，是培訓基地，也是檢驗與鑒定所，就拿閻世鐸來說吧，他有著雙重身分，既是體育總局足球運動管理中心主任，又是足協專職副主席。前者是總局下屬司局級機構的負責人，是政府官員，可以行使行政權力；後者是民政部和國際足聯註冊的非營利社會團體的法人代表，要協商管理國內的聯賽。他一方面要服從行政考核系統，要對政府負責；另一方面為俱樂部提供服務，服從外部監督和內部自律。他的屁股坐在兩把椅子上就得說兩種話，這兩種身分要是和諧還好說，要是矛盾呢，要是衝突呢，要是不可調和呢？這話怎麼說？他當然要說官話了，說讓總局滿意的話了，甚至在必要時主動把屁股撅起來替總局挨板子。

八年後說起這事，陳培德還為他鳴冤：「推動不了反腐敗的根子就是我們的老上級——袁偉民局長。他給閻世鐸交過底：『足球的天塌下來，也要你去頂著。』似乎與他這個中國足協主席無關。他和其領導的中國足協是主觀上不想有作為。在二〇〇一年到二〇〇二年期間的中國足壇反黑風暴中，袁偉民局長沒有正確對待足球的腐敗對中國體育的傷害，對中國民眾熱情的傷害，反而把排球場上的聲東擊西、虛虛實實的那一套用來管理國家體育，這種處事方式讓中國足球喪失了一次重生的機會，也留下了隱患。」

陳培德想，不管怎麼說，閻掌門千里迢迢趕了過來，態度很好，話裡話外也表達了歉意，代表總局對浙江省體育局的支持，對自己也給予了正確評價，以往的不快就讓它過去，多日的煎熬就把它忘掉，接下來還是談打假掃黑的事情，這是中國足壇的大事，也是中國體育的大事。「倉裡沒糧，稗子也是好的。」只得繼續信任閻世鐸了，不信任他還能信任誰？難道信任南勇、楊一民和李冬生嗎？

「閻主任，我們浙江體育局該做的事情都做了，該盡的責任也都盡了。我們今天向你交差，接下去的事情就由中國足協去做了，有需要我們配合的地方，我們一定全力以赴。」

陳培德想，在浙江體育局的努力下，宋衛平、李書福的配合下，以及強勢媒體的介入下，打假掃黑有了良好的開端，既然總局領導說過，足球的天塌下來也要他閻世鐸頂著，那麼打假掃黑也就是他閻世鐸義不容辭的責任，他理所當然應該做這個主帥，扛起這杆大旗，把這場鬥爭引向深入。

不料，閻世鐸連忙說道：「我們的合作剛剛開始，現在這場鬥爭到了關鍵時期，希望陳培德局長、浙江省體育局及綠城俱樂部能繼續積極配合中國足協的工作，幫助我們進一步做好取證工作。以後，咱們多溝通，包括下一步的行動，可以保持熱線聯繫。我們是在聯合作戰，我們應該互相信任，沒有信任就談不上合作。」

「聯合作戰」？閻世鐸是謙虛還是無意接過大旗，當這個主帥？是沒摸清總局領導的真實想法，還是意識到扛起這杆大旗就意味要冒著槍林彈雨去衝鋒陷陣？

閻世鐸看了看陳培德說：「中國足協在很多地方做得不是很好，考慮不周到，我想陳局長您今後要一如既往地指導和批評。足協的同志相當一部分是運動員出身，沒有機關工作的經歷和經驗，我們會根據這些人的素質加強管理，提高工作水準。但是，我們大家的心跟陳局長一樣，都是火熱而真誠的。不管怎麼說，這場鬥爭已經拉開了勝利的序幕。我們想通過這次整頓還中國足球一個清新的環境。我對此充滿信心。」

四時四十五分，會談結束，會議室的門開了。等候在門外的記者像水似的湧了進來，茶具被碰翻，茶水順著桌子流到地上，煙缸被碰翻了，煙灰撒得哪兒都是，花瓶從桌子上掉了下來，在地上滾來滾去……。

閻世鐸和陳培德握著手，微笑著面對十來架攝像機和照相機、採訪機，以及五十多位記者的眼睛。董華主持了這場媒體見面會，他從容不迫地說：「中國足協對大家的關心、支持表示感謝。下面請閻世鐸同志講話。」閃光燈不停閃爍，沒搶佔到有利地形的記者索性站在了桌子上，已顧不得桌子的晃動和發出的呻吟。

閻世鐸說，這次綠城有勇氣邁出這一步，說明中國足球和俱樂部都變成熟了。中國足協、中國球迷和俱樂部在打擊黑哨這個問題上的利益是一致的。綠城和吉利有勇氣站出來，揭自己同時也揭別人，這種精神令人欽佩。在這場鬥爭中，綠城、吉利是立功的，立功就應該受保護。中國足協的基本態度是抓緊時間，動員社會各界，共同打擊足球界的腐敗。中國足協力爭將此事在近期內解決，不可能讓它拖到下個賽季，在必要的時候請司法介入。

當記者窮追不捨地問司法介入的時間時，閻世鐸冷靜地說：「司法介入的問題我們還在繼續探討中，沒有具體的時間表。」

閻世鐸在五日接受新華社記者楊明採訪時說，已有裁判跟他承認「自己過去做錯了事」。楊明認為，閻世鐸對裁判工作和隊伍的瞭解和掌握可能比自己更全面，更客觀，更實際，儘管多數人都認為裁判收取黑錢是有罪的，可是目前對黑哨還沒有司法解釋，因此閻世鐸以「做借了事」來界定黑哨性質是可以理解的。楊明還說：「我不相信，中國足壇能成為法律的死角，因為江澤民總書記已提出『依法治國，以德治國』的目標！」

當記者問到黑哨處理的問題時，閻世鐸說：「我們在取證上取得了突破，但還有許多具體細緻的工作要去做。儘管沒有具體的時間表，但足協一定會抓緊時間。」

見面會開了將近十五分鐘，董華拿過話筒宣佈：「記者見面會到此結束。」

閻世鐸站起身，走出會議室，一群記者緊跟不舍……。

當記者發現陳培德還在，把他團團圍住。心直口快的陳培德對記者說：「閻世鐸主席到浙江來，到足球打假掃黑反貪第一線來，引起了媒體的廣泛關注。無論是閻主席與綠城的意見交換，還是與省體育局、省足協的溝通都非常圓滿，在一系列的重大問題上形成了共識。雙方認為，在淨化足壇的各方面工作中，我們的目標、目的、方法、步驟都是一致的。省體育局欣然接受了閻主席的要求，在把這場鬥爭引向深入的過程中，繼續配合中國足協做好應該做的工作。」

「綠城交出的證據具有足夠的殺傷力，不過希望中國足協能夠進一步排查。難道那些裁判只收綠城和吉利的錢，沒收其他俱樂部的錢嗎？這顯然不可能。如果司法介入，這個口肯定能撬開。其他俱樂部現在不說，以後肯定會說的。」

陳培德還跟記者透露，綠城方面本打算在事情搞清楚後就退出足壇，閻主席希望他們不要退出，和中國足協聯手作戰，希望他們充滿信心，不要被挨整的思想所籠罩。

陳培德還說，「『坦白從寬牢底坐穿，抗拒從嚴回家過年』是相當一部分人對綠城和那名自首裁判命運的預測，連宋衛平都作好了承擔法律責任的心理準備。足協的表態可以讓他鬆口氣。足協對綠城和那名裁判的做法給予了充分肯定，認為他們不僅需要勇氣，還要有自我犧牲精神。與吉利一樣，綠城在這場打假掃黑行動中是立功的，立功的就要受到保護，這個態度非常明確。沒人敢給他們穿小鞋。幡然醒悟並揭竿而起的綠城會不會成為挨打的出頭鳥，是綠城本身以及所有浙江球迷擔心的事情。」

（三）副省長在毛主席當年下榻過的汪莊宴請閻主席。閻世鐸承諾絕不讓綠城吃虧，回北京之後就對他們大赦。

傍晚，一輛黑色的奧迪A6在夕陽下駛入「西湖三絕」之一汪莊，身後的幾輛車像是拽在它手裡的風箏緊跟在後，其中還有一輛計程車。

汪莊被稱為西湖的明珠，它坐落於雷峰北麓，三面臨湖，風景旖旎，站在湖邊不僅可將湖光山色盡收眼底，而且尚可與蘇堤、柳浪聞鶯隔湖相望；回首莊內，樓臺飛簷，石筍林立，綠樹成蔭，之所以稱之汪莊，係安徽茶商汪自新所建。共和國成立後，浙江省將之作為接待中央領導的招待所，毛澤東、周恩來、劉少奇、朱德、鄧小平等黨和國家領導人都在這裡下榻過。毛澤東還在這裡指導過共和國第一部憲法的起草工作，他將汪莊稱為自己的第二故鄉。一九七九年，汪莊更名為「西子賓館」，可是二十多年來，只有外地人才這樣稱它，杭州人仍然將之稱為汪莊。

車行至汪莊餐廳門口停下，陳培德、閻世鐸一行下了車。後邊的車有體育局其他領導，還有匆匆打的追來的記者。陳培德見時間還早，陪同閻世鐸沿湖邊走走。記者很知趣地站在了遠處。陳培德與閻世鐸邊走邊聊，聊昔日的交往，難忘的回憶。一九九三年，陳培德調任浙江省體委主任不久就認識了閻世鐸，不過沒有什麼工作交往，僅僅是認識而已。一九九五年，閻世鐸作為《中華人民共和國體育法》起草工作的主持人，給中國全國各省市體委主任講授這部法規。被稱為地方體委「四大侃爺」之一的陳培德被國家体委的「侃爺」閻世鐸所吸引，他不僅敬佩閻世鐸的理論水準、思維的縝密，還有那出口成章的口才。從此，他們開始了交往。一九九八年，他們又在一起起草《二〇〇一－二〇一〇年中國體育改革和發展綱要》，從此交往密切。

轉眼間十幾年過去了，陳培德回首往事，歷歷在目，可是卻找不到昔日的感覺。這半年來，他們因為足球有過矛盾，有過衝突，有過悖惱，有過失望。陳培德多麼希望他們的友誼能經受起考驗，希望他們能成為一個戰壕的戰友，希望倆人攜手打一場打黑戰役。

陳培德對閻世鐸說，女兒買了幾斤大閘蟹，本想請他到家裡吃頓便飯，可是魯省長要宴請他，只有等下次來再請他到家做客。

陳培德在事前就向魯松庭副省長報告閻世鐸要來杭州的消息。魯松庭對這次閻世鐸杭州之行很重視，指示要好好溝通，把我們的所作所為和盤端出，也好好瞭解他們特別是國家體育總局的態度。並讓陳培德意外的是，他說，如果談得好，我請他們吃個飯。真是太好了，魯松庭的出場，等於省政府面對面地向總局和中國足協表明浙江省政府的態度。所以下午會談後，陳培德馬上讓鄭瑤給魯松庭副省長的秘書打電話，彙報會談的情況。沒過多久，魯松庭的秘書回話：魯省長要宴請閻世鐸，地點選擇在杭州最好的地方——汪莊。

閻世鐸聞之，有點兒受寵若驚，自從任中國足協常務副主席以來，還沒有哪個省按如此規格接待過他。

陳培德與閻世鐸邊走邊聊，聊著聊著又聊到了工作上，陳培德問道：「閻主任，回去時把宋衛平交的四萬元贓款和懺悔信帶回去吧？」

閻世鐸轉身徵求一下董華的意見，董華認為可行。陳培德立即打電話讓財務處長把錢和信件取出，送到汪莊，交給董華。杜兆年和董華分別代表雙方簽了字。有人將這稱之為陳培德送給閻世鐸的一份見面禮。還有人說，陳培德、宋衛平、閻世鐸已結成「反黑同盟」，閻世鐸已成為黑哨的「閻王」，陳培德和宋衛平也從違反行規的「逼宮者」變成了「勤王之師」。

五時許，陳培德、閻世鐸等人步入夕照廳。這一餐廳依湖而踞，這是汪莊最好的餐廳。魯松庭與閻世鐸初次見面，倆人握手後入席。魯松庭座位在主席，右邊是閻世鐸、杜兆年、鄭瑤；左邊是董華、李雲林、魯松庭的秘書，陳培德坐在副陪席。

魯松庭用溫州口音的普通話熱情地說：「今天我們用浙江的美酒、北京人民大會堂唯一的國宴黃酒——二十年陳加飯來款待遠方來的貴客。」

最好的酒店，最好的餐廳，二十年陳加飯，副省長設宴招待，充分表達了浙江對足球的厚愛，表達了浙江對中國足協的真誠，也表達了浙江足壇打假掃黑的決心。

魯松庭熱情洋溢地說：「歡迎閻主席來杭州。新世紀以來，中國足球有兩大歷史難題，一是中國男足打不進世界盃，去年衝出亞洲，打進了世界盃，圓了國人幾十年的夙願；二是打假掃黑，希望在國家體育總局和中國足協的領導下，中國足壇能得以淨化。來，為中國足球的輝煌乾杯！」

眾情激昂，一飲而盡，連平時滴酒不沾的陳培德也跟著幹了。

魯松庭分管體育已十多年，不僅對足球有著深厚的感情，也有著深刻的理解。

魯松庭說：「市場經濟的大背景給足球帶來了發展的機遇，也不可避免地帶來了一些負面影響，這不足為怪。不光足球和體育，教育、文化、衛生、科技也有類似的問題，只是表現形式和程度深淺不同而已。但是，對足球存在的假球黑哨等腐敗現象必須正視，不能聽之任之，一定要堅決給予打擊。我們省政府也非常重視這件事，我們已經注意到了閻主席表態性的講話，旗幟非常鮮明，態度非常堅決。這項工作已經取得了實質性的進展，我們感到非常欣慰。我們省政府支持體育局和綠城俱樂部打假掃黑上所採取的行動。」

閻世鐸誠懇地說，非常敬佩魯副省長對足球的深刻認識。對浙江省政府和省體育局對足球事業的關心、重視和支持表示衷心的感謝。國家體育總局對浙江省體育局和陳培德局長在這次打假掃黑鬥爭中對中國足協的全力支持、密切配合及卓有成效的工作表示衷心感謝。對綠城和吉利兩家俱樂部主動站出來揭露足球黑幕給予肯定。他說，這次杭州之行，最大的收穫就是增進了相互瞭解，相互理解，相互配合，取得了共識。

兩位服務員上菜時一眼就認出了閻世鐸，退出來後說：「杭州的記者要知道閻世鐸在我們這兒吃飯，明天還不得上頭版頭條？」他們既為杭州的記者感到惋惜，又為自己不是記者而遺憾。守在門外的《足球》報的記者聽到後，笑了。

酒一杯杯喝了下去，氣氛一點點地上來了。三巡過後，陌生和拘束統統不見，酒桌下上皆朋友。

閻世鐸是足球掌門人，又為足球而來，話自然離不開足球。他說，六月份的足球世界盃，中國要派代表團參加，組團時可以邀請魯松庭作為特邀嘉賓，赴韓國觀摩。

魯松庭笑道：「如果沒有特殊事情，那我就等您的邀請函了。」

魯松庭稱讚閻世鐸長得英俊瀟灑，氣宇軒昂，還風趣地說：「閻主席，你現在是新聞人物，我經常在電視裡看到你。」

這句話把大家逗笑了。

閻世鐸可能被魯松庭的熱情和率真所感動，盛情邀請魯松庭在六月份作為中國代表團的特邀嘉賓赴韓國觀看足球世界盃賽。魯松庭欣然接受，並表示感謝。

臨別，魯松庭和閻世鐸合影留念，並將他送到餐廳的大門口。陳培德要和杜兆年一起把他送到機場，閻世鐸慌然說：「別，別，別！」陳培德年長他九歲，閻世鐸哪好意思讓他去送。

魯松庭說：「應該的，應該的，就讓培德送一送吧。」

晚上七時十分，一輛奧迪A6從汪莊駛出，直奔蕭山機場而去，後邊幾輛車緊跟不捨。車上的閻世鐸、陳培德和杜兆年還沉浸在親切友好的氛圍之中。閻世鐸要趕八點四十分的航班，不得不結束這一讓人難忘的宴會。

車行駛在公路上，窗外的燈火旋轉著而過。閻世鐸特別興奮，也許是二十年陳加飯酒的作用，也許是浙江省高規格的接待，也許是二者皆而有之。閻世鐸善講，名列為國家體育總局「四大侃爺」之一，興奮之下話語就更多了，似滔滔錢塘江奔流不息，對同車的陳培德和杜兆年說，「想不到，你們接待的規格這麼高，這在其他地方還沒遇到過，足見你們的一片誠心。」

他又說：「以綠城的表現，我們是絕不會讓他們吃虧的，要把綠城和其他受處罰的俱樂部區別對待。我回北京後馬上對綠城大赦。新賽季的甲B聯賽，允許浙江參加過全運會的球員參加比賽。這事不需要集體討論，我說了就算，就這麼定了，但對外不要公開。因為這不是專門給綠城一家的優惠政策，其他受罰的俱樂部有綠城這樣表現的也可以享受這個政策。」

他對陳培德說，你告訴宋衛平，他現在就可以讓綠園和綠城隊員一起備戰新賽季。

綠園是宋衛平旗下的另一個俱樂部。「甲B五鼠案」讓綠城十四名球員被禁賽，全隊僅剩下十一名球員，新的賽季需要補充隊員，宋衛平為此正犯愁。

陳培德欣然對閻世鐸說：「有你這個態度，宋衛平一定會很高興的。」

陳培德酒精過敏，渾身難受，可是頭腦卻十分清醒，他立即撥通宋衛平的電話，將閻世鐸的決定轉告給他。宋衛平喜出望外地連聲說：「好好！謝謝！謝謝！」

晚上七時五十分，奧迪停在蕭山機場候機大廳門口。陳培德下車，要將閻世鐸送進候機室。閻世鐸堅持不讓他送了，握著他的手說：「陳主任，你太客氣了，我已承受不了了，你就送到這裡，不能再送了，快請回吧。」

閻世鐸再次拜託浙江省體育局辦好兩件事：一是我們已經共同拉開了勝利的序幕，希望繼續積極配合中國足協把這場打假掃黑鬥爭進行到底，直到取得勝利；二是一如既往地支持和重視浙江足球的建設，浙江足球不要因為這次事件而受到影響，中國足協不會讓老實人吃虧，將會一如既往地支持浙江發展足球。

陳培德和杜兆年只好作罷，讓王之海代勞。

閻世鐸和董華剛進候機大廳，提前趕到的《球報》記者說，「剛聽到播報，飛機遲誤一小時。我們乘坐的是同一航班。」

閻世鐸看了看記者說：「我們是一班飛機？怎麼這麼湊巧。」

一位球迷認出閻世鐸，跑過來請他簽名。心情很好的閻世鐸接過筆和本，滿足了他的要求之後，隨王之海進了貴賓休息室。

晚九時三十分，班機起飛，閻世鐸在杭州停留正好二十四小時。

陳培德樂觀地認為打黑鬥爭已取得階段性的勝利。宋衛平認為，已經完成了百分之五十。他們對中國足協的下一步行動充滿期待。

遺憾的是閻世鐸的承諾像西湖邊的倒影，隨著他的離去而消失，一個都沒有兌現。閻世鐸說綠城是立功的，立功就該保護，要給予綠城大赦，結果在五家俱樂部中，綠城受的處罰最重。

閻世鐸的杭州之行，留給陳培德的印象是他猶如一位演技高超的話劇演員，離開杭州就等於走下舞臺，戲演完了，妝卸了，塑造的人物不復存在了。

在新賽季，為綠城補充球員之事，杜兆年和王之海又專程去北京找閻世鐸。這時的閻世鐸已與在杭州判若兩人，完全是一副公事公辦的樣子，杭州臨別時對綠城大赦的承諾似為酒話，全不作數；浙江省體育局的高標準接待，杜兆年的接送似乎全都失憶。

告別在杜兆年的失望中結束，閻世鐸連「留下來吃中飯，用不用派車送你們去機場」之類的客套話都沒說，杜兆年他們從機場坐計程車去足協，又坐計程車去的機場。

杜兆年在向陳培德和黨組其他成員彙報北京之行的結果後，氣憤地說：「我們簡直是被戲弄了。」

第七章

打黑再陷低潮

（一）陳培德想打開足壇的「巴黎聖母院」大門，讓司法介入，央視記者向杭州司法機關舉報了宋衛平。

對人類來說，最容易做的是合作，最難做的也是合作，尤其在作戰上。聯合作戰不僅要互相信任，而且要保持聯繫，互通情報，行動配合。閻世鐸意識到了這一點，對陳培德他們說：「保持熱線聯繫，我們是在聯合作戰，我們應該互相信任，沒有信任就談不上合作。」

可是，閻世鐸一個電話也沒來過，承諾像機艙外邊的雲，一縷也沒帶回北京。陳培德對閻世鐸的信任已動搖了，也沒撥打那個二十四小時都能找到閻世鐸的電話，決定浙江省體育局孤軍深入，有他的雞蛋做蛋糕，沒他的雞蛋也照樣做蛋糕。

閻世鐸回京的第二天主持了高層會議，會議開了一天，除討論國家隊備戰和集訓隊員名單之外，還討論了「打假掃黑」的對策。

第三天下午，閻世鐸主持召開中層幹部會議，宣佈「打假掃黑」六點意見。閻世鐸看了一下在座的各位，嚴肅地說，對查出的裁判受賄問題一定要嚴肅處理，對牽涉到的足協官員也要「殺無赦」，足協作為中國足球的管理機關，容不得有人藉著手中的權力，搞一些被人唾棄的腐敗行徑。

有些官員對閻世鐸的「六點意見」不很認可。有人說，掃黑有擴大化傾向，足協應該從大局出發，在打擊足壇腐敗的同時穩定裁判隊伍，不能搞人人自危的做法。裁判的確存在收受紅包的現象，情節嚴重的送進監獄也不為過。可是，這畢竟是極少數的，多數裁判是能夠自律的……

有人說，執法甲級聯賽的都是國內水準較高的裁判，按照打假掃黑的發展態勢，許多裁判產生退出江湖的想法，連家屬都不讓他們再堅守在一線了。中國裁判本來就心理脆弱，有的甚至有了心理障礙，弄不好今年的聯賽恐怕沒人吹了。足協總不能把二百多場聯賽都交給外籍裁判去吹吧？有問題的裁判要是撤下來，新上來的裁判又不掌握要領，恐怕要生出更多的事端，足協不能不考慮這些問題。

有人附和說：「絕對不能把事情擴大化，應該看到大部分裁判是好的，而按照足協的有關規定，綠城俱樂部的違規行為必須受到處理。」

有報導說：「好像在一些足協官員的眼裡，綠城比涉嫌的裁判更可惡。」還說，足協絕不能因為害怕社會輿論和綠城俱樂部的不滿而矯枉過正。

足協不怕社會輿論，不怕綠城不滿，那麼他們怕的是什麼呢？是否怕拔出蘿蔔帶出泥，怕由此引起足協內部貪官污吏恐慌和不滿呢？

足協官員抱怨地說，足球界出現裁判受賄的事情本是很正常的，腐敗存在於各行各業，甚至一些高官都被繩之以法，不能因為出現裁判受賄的現象就全盤否定中國足球，否定八年的足球職業聯賽。

報導還說：「這場掃黑風暴來得如此迅猛，上級領導如此重視是足協始料不及的。本來足協上下對吉利、浙江綠城兩家俱樂部的做法並不以為然，包括閻世鐸到杭州專門與綠城俱樂部和浙江體育局交換意見，進行調查取證，都是體育總局的領導要求足協這樣做的。」

看來若不是新華社、央視等強勢媒體介入，若不是新華社內參引起高層領導的關注，若不是總局領導坐不住了，指派閻世鐸到杭州調查，中國足協可能對此置之不理，浙江的掃黑最終將不了了之。

有報導認為，足協之所以保持沉默，是閻世鐸還沒站穩腳跟，南勇、楊一民、李冬生等黑哨的保護傘在足協根深蒂固，閻世鐸想對裁判和足協官員殺無赦並非容易。可能不是這樣，在閻世鐸著的《忠誠無悔》中，一幅合影圖片說明寫的是：「二〇〇〇年與我的親密戰友王俊生、南勇和張吉龍。」在專職主席會議討論中國足球發展走向時，「平日無時無刻不面帶微笑，但腦子始終在思考問題的」張吉龍就提出過治本的想法：「釜底抽薪，澈底整治聯賽的秩序。」他說過：「多少年來，我們就想擠破這個膿包，始終找不到怎麼擠。」王俊生要「下決心澈底整頓職業聯賽」。

閻世鐸對南勇的評價是：「在班子裡是最年輕的，也是最深沉的，平時不大愛多說話，遇事時卻喜歡獨自思考，經常是先聽後說，一旦他想好的事情就會非常直率、態度也非常堅決地去做。」他與南勇不僅親密，而且隨時可以交換看法。

調查組提出三點建議：凡是主動坦白交代的，一足協將給予保密，不對外公佈其名；二不移交司法機關；三不影響其使用。不主動交待的，一旦查出，足協將取消其裁判資格，不享受保護政策。

有一位老裁判給足協支招：將問題裁判悄悄撤下來是解決黑哨的最好辦法。

可是，這樣不了了之，陳培德和宋衛平等能答應嗎？全國的球迷能答應嗎？

儘管閻世鐸沒來電話，陳培德一如既往地率領浙軍繼續進攻。他有思想準備，即便閻世鐸背信棄義，浙江省體育局也不退縮，無論如何也要把打黑鬥爭進行到底。陳培德相信有浙江省委省政府和全省四千六百多萬人民支持，有新華社、央視等媒體和全國正義人士的支持，打黑鬥爭一定會取得勝利。他信心十足地對記者說：「浙江的行為堪稱義舉，既然是義舉就能得到一個正義的結果。」

陳培德在辦公室看了半天文件，有點兒累了，伸了一下懶腰，目光落在牆上的條幅和畫上。條幅上寫著：「安危在所任，存亡在出令」。這是《史記・楚元王世家贊》中的一句話。大意是國家的安危在於官員，國家的存亡在於法令。

他的目光從條幅移到畫上，那是一幅國畫，畫的是出水荷花。他對這幅畫特別喜歡。他經常對人說，「我出生在福建的一個貧苦漁民家庭，好幾代才出我這麼一個大學生。兄弟姐妹六人，其他的至今還生活在社會底層，唯有我一個官員。我沒有什麼背景，也沒有官官相護的意識。我不需要別人護著，我也不會為護別人而不顧黨和人民的利益。小平同志說得好，我們要問問，我們做的事情人民到底答應不答應，我們做的事情人民滿意不滿意。我在自己的位置上不說該說的話，不做該做的事，我會有負罪感的。」

陳培德想起魯松庭副省長近日要接見浙江籍棋手諸宸和許昱華，接見時會有記者參加，能不能請魯副省長代表浙江省委省政府對打假掃黑鬥爭表一下態呢？

諸宸在二〇〇一年底舉行的國際象棋世界錦標賽中一舉奪冠，成為國際象棋史上第一個包攬從少年到成年所有級別世界錦標賽冠軍的棋手。許昱華也是獲得世界冠軍的棋手。

魯松庭接受了浙江省體育局的請求，他覺得與閣世鐸會面時，有許多話沒來得及講出來，借此機會對媒體記者講一下。

一月八日，魯松庭在省政府一號樓會見廳接見了諸宸、許昱華等人，中國國際象棋隊領隊向魯松庭轉交了國家體育總局給浙江省人民政府的感謝信。

在接受記者採訪時，魯松庭先是代表浙江省政府對足壇打假掃黑鬥爭表示支持，對浙江省體育界、新聞界在這場鬥爭中聯合行動給予了充分的肯定，他說：「新聞界對足球掃黑事件的報導引起國內輿論的廣泛關注和呼應，這對淨化我國足球環境、體育環境，進一步弘揚正氣，講究體育道德產生了重要和深遠的影響……希望今後我省運動員不管參加省裡比賽、國內比賽，還是國際比賽，都要按照省委省政府歷來的要求依法辦事，樹立體育道德，使體育這一神聖、崇高的事業真正成為全社會公眾喜歡的活動。」

魯松庭是第一個站出來公開支持打假掃黑的省部級領導。

陳培德感到無比地欣慰和歡欣鼓舞，慷慨激昂地說：「魯副省長對浙江媒體在這次事件中所表現出來的積極主動的姿態給予了充分肯定，這一切表明浙江打假掃黑的鬥爭已升級。」

這些日子，陳培德殫精竭慮地思考著司法介入問題。他認為這是解決足壇腐敗的唯一有效辦法。司法不介入，按行規處理，最終只能不了了之，這樣中國足球也就失去了機會和希望。一月九日，他對記者說：「我期待著司法介入——只要司法介入了，一切都水落石出了，反黑、反貪和反腐的目的也就達到了。司法介入後，裁判就要講真話；裁判講了真話，其他行賄的俱樂部也就被帶出來了；俱樂部被帶出來了，那些屁股上有屎的足球官員也就暴露了。打假是第一戰役，打黑是第二戰役。打黑的最後目的就是要打擊足球官員的腐敗，這樣才能夠從真正意義上達到打擊足球腐敗的目的。」

可是，怎麼樣推動司法介入呢？怎麼樣打開足球這一「巴黎聖母院」的大門，讓法律進入呢？這不僅是個難題，而且是一個巨大的難題。

閻世鐸離開杭州的第二天，新華社報導：

新華社杭州一月七日電（記者方益波、楊明）浙江綠城足球俱樂部董事長宋衛平今天把在去年甲B聯賽執法中涉嫌收受該俱樂部「黑錢」的裁判名單交給了新華社記者。

這份題為《情況彙報》的材料，包括了在去年全國甲B聯賽中，該俱樂部「做過工作」的主客場全部裁判名字，以及具體金額、交付過程等相關細節。

這份材料中涉及的裁判共有八名。有的是賽前收錢，有的是賽後收錢，也有的是賽前有所承諾，因為沒有獲勝而未兌現的。該俱樂部給付或承諾的「黑錢」數額最低三萬元，最高達到十六萬元。新華社將通過有關管道及時反映此情況。

此前，綠城俱樂部提供給新華社有關涉嫌收受「黑錢」的裁判名單共有四人。這樣，綠城和廣州吉利俱樂部和浙江省體育局提供給新華社有關涉嫌收受「黑錢」的裁判名單已增至九人。

同日，央視《東方時空·時空連線》播出了對閻世鐸、陳培德、宋衛平，以及綠城的法律顧問袁世敏律師、廣州吉利俱樂部法律顧問樓濤律師和中國人民大學法學院韓玉勝教授的訪談。

袁世敏說，我國刑法所規定的受賄罪是兩個主體，一個是國家工作人員，還有一個是商業受賄罪。以現有的法律來衡量，我傾向於黑哨不太構成受賄罪。

韓玉勝認為，各個俱樂部都在按照產業或者企業的運行模式進行操作，所以我們現在整個足球的行當，實際是一種企業性質。裁判是由中國足協來考核和確認裁判資格，並且每一場執法都是由中國足協指派四個裁判去執法。在執法過程中，裁判代表的不是他們個人，而是中國足協，或者說是足球產業的管理機關行使一種管理權，所以不管他是兼職還是專職，都應該是屬於公司企業人員的行為，應該按照公司企業人員受賄罪來定罪。如果裁判受賄六萬元的話，恐怕要判三至五年徒刑。

裁判受賄構不構成犯罪，這是司法能否介入的關鍵。

八日，《浙江法制報》和浙江電視臺經濟頻道《給你說法》欄目在東方大酒店聯合舉辦「『足球黑哨』現象法律研討會」。宋衛平、李書福、桂生悅和二十幾位律師、法學專家，十四家媒體記者出席了會議。研討會開了將近四個小時，浙江省人大法制委員會辦公室副主任湯金達、浙江大學法學院教授袁方民等人的觀點與韓玉勝的相似，浙江省高級人民法院研究室主任徐友國、浙江省刑法學研究會副秘書長樓伯坤等人認為，裁判收受錢物行為雖然具有受賄罪的三大特徵：權錢交易、侵犯了客體的利益和利用職務之便為自己謀利，但是裁判的身分在法律上難以界定。

一月十日，央視《今日說法》欄目派出毛亞飛、劉山鷹等三位記者飛抵杭州採訪。一月十三日，《新聞調查》欄目又派一撥記者到杭州採訪，有人猜測他們可能想將黑哨暴露在陽光之下，讓全國人民知道誰是黑哨。毛亞飛、劉山鷹等人不僅採訪了陳培德、宋衛平、李書福、陳繼來、桂生悅、沈強之後，還採訪了浙江省反貪局。

在閻世鐸走後的第二天，宋衛平就派人將涉嫌受賄的裁判名單、具體金額和交付過程說明送到北京，交到閻世鐸的手裡。讓他摸不透的是閻世鐸回去差不多快一周了，卻一直沒有消息。閻世鐸是否真想打黑，在杭州說的是否是真心話？這些年來，宋衛平的人生起起伏伏，受過不少磨難，官人、商人形形色色，三教九流也接觸不少，也算是有一定的社會閱歷了。

閻世鐸不同於陳培德，陳培德表裡如一，襟懷坦蕩，嫉惡如仇，是真心實意要打黑的，閻世鐸未必如此。陳培德不相信南勇、張吉龍，也不相信楊一民、李冬生，就相信閻世鐸，甚至還認為他是中國足協唯一值得信任的領導幹部。他是真相信閻世鐸，還是「矬子裡邊拔大個」？

宋衛平的樂觀態度被時間越沖越淡，信心在漸漸流失，焦慮和不滿發酵似的上漲。他對記者說過：「如果不能對球迷、對媒體、對社會的方方面面有一個交代的話，在春節以前，我不惜用其他方式，把這份名單告訴給更多的人。」

宋衛平是在杭州一家書吧接受毛亞飛、劉山鷹等人採訪的。書架上擺著書，還沒有黑哨方面的。身穿短風衣的宋衛平對記者說：「我對媒體多次表達過這樣的觀點，裁判出現這麼多問題是由於足壇環境造成的。對問題裁判應該以教育為主，處罰為輔。可是，這並不意味我反對把問題查清楚。在我看來，只有把問題查清楚了，才能淨化中國足壇……」

宋衛平依然那麼實在，有啥說啥，他給媒體的印象是為人誠實厚道，沒有商人的奸詐。

記者告訴宋衛平說：「司法介入在法律上沒有問題，現在只是存在技術性問題。」

他們不是隨便說說，也不是想安慰一下宋衛平，他們有法學背景，劉山鷹是法學博士。他說，部分法學家所持的按現有《刑法》不能認定裁判受賄有罪、司法介入不適用於足球等觀點是錯誤的，黑哨理所應當受到法律制裁。關於司法介入黑哨的問題上可以在法律上找到許多切入點，他們的目的就是想為司法介入掃除障礙，找到一條路徑。

宋衛平聽後感到欣慰，把黑哨搞清楚是他的心願，哪怕為此付出慘重代價。他大義凜然地說：「我們和吉利都做過不光彩的事情，就應該受到法律的懲處，真要到了那一天，我是不會為自己辯護的，該認就認了吧。」

劉山鷹認為，像宋衛平這樣敢於揭黑的鬥士，屬於有自首和重大立功表現，應該減刑或者免予刑事處罰。

他們從晚上八時聊到十點來鐘，窗外的夜色越來越濃，街上的人越來越少，杭城像玩累了的孩子安靜了下來。他們興盡而散。

四天後再次見面，劉山鷹說：「宋總，我們明天想把那份受賄裁判名單作為證據，向當地司法機關舉報。」在上次採訪時，宋衛平向劉山鷹提供了涉嫌受賄的裁判名單，共八場比賽，總額為四十四萬元。

劉山鷹說，他想以普通公民的身分舉報。

宋衛平也許感到有幾分突然和意外，也許內心充滿矛盾，也許他還想等足協的消息。他的法律顧問袁世敏對記者說過：「據目前來看，還是在等待中國足協。因為綠城還是中國足協的會員，還要遵守章程，不管這個章程情況怎麼樣，反正你是他的會員，要遵守章程。」

宋衛平也許不想失去自首的機會。儘管他對媒體、中國足協、浙江體育局已承認自己有行賄行為，可是他們不是司法機關，自首指的是向司法機關投案。他下意識地端起茶杯，看著嫋然飄動的熱氣和浮在水面的茶葉，下意識地吹了吹，抬起頭來看了看劉山鷹，微笑著說：「這件事先不急，等與檢察院和公安機關溝通了再說吧。」

劉山鷹他們上次見宋衛平聽說司法可以介入很高興，並表示應該接受法律懲罰，於是在沒徵求他本人意見的情況下，跟杭州的司法機關取得了聯繫，對方對是否接受舉報還沒有明確答覆。

幾天前，《足球報》的記者採訪過杭州市人民檢察院刑事檢察二處處長胡根明。

胡根明說，檢察院介入按規定是針對貪污賄賂和瀆職犯罪，偵查主體是國家公務人員。裁判符不符合受賄罪的主體是個關鍵問題。要搞清裁判的主體問題就必須先搞清楚中國足協算不算是國家機關，到底是什麼性質，裁判執法是履行職務，但是不是執行公務又是一個問題。就我個人的觀點來看，要將其定性為國家公務人員範疇比較困難，要將其列入檢察機關偵查的範圍也比較困難。就目前情況來看，檢察機關介入很困難。

當記者問：「綠城俱樂部公開宣稱自己給裁判送了錢，從行賄的角度，檢察院是否可以介入呢？」

胡根明說：「關鍵還是在於給誰送錢，接受錢物的人如果不構成受賄罪主體，那麼送錢的人也就不構成行賄罪的主體，所以檢察院也很難介入。」

可是，《今日說法》最終總得給出一個說法，否則就是空談。空談有損於欄目的權威性。劉山鷹想去杭州司法機關舉報，估計也是想討個說法，給受眾一個交代，沒想到宋衛平卻不同意。

離開杭州前，他們打電話跟領導請示之後，還是去當地的檢察院和公安機關舉報了。

（二）宋衛平悲愴地對浙江企業界說，要前赴後繼，絕不言敗；沉寂數日的陳培德說，足協的權貴們心是空虛的，正在發抖。

陳培德收到一張請柬，一月十七日下午浙江企業界舉辦支持綠城打假掃黑座談會，綠城打過幾遍電話，希望他能參加。

陳培德猶豫了，沒答應出席會議。

有報導說，中國足協先熱後冷，中國足壇除綠城之外，其他俱樂部都在默不作聲地忙著自己的事情，沒人理睬打黑這事兒。

有人說，想穿破這一堅硬的堅冰只有司法介入。

又有人說，指望司法介入也是很不靠譜的事兒。

盲人摸象眾說紛紜，猶如街頭圍觀者也只能說說。媒體的報導像錢塘江水一浪接一浪，看似轟轟烈烈，沸沸揚揚，熱熱鬧鬧，實際是虛熱盜汗，打黑已陷於低谷。

閻世鐸走後，綠城和吉利急於推進打黑的進度不斷爆料，先是李書福對記者披露在吉利與中遠那場比賽中，吉利的球員被收買；接著桂生悅說，吉利給兩位裁判送過錢，一次是主場，一次是客場，吉利在這兩場關鍵比賽全取三分。

宋衛平在接受上海電視臺採訪時說，他不相信中遠衝甲A的成功像徐根寶說的那樣——靠一場場拼出來的。接著有報導說，宋衛平在接受閻世鐸調查時，打中遠的小報告，說：「中遠與吉利那場球絕對有問題，主裁吹的不僅是黑哨，還是官哨。要查的話，可以從這入手，我始終堅持一個觀點：中遠應該降級！」

於是，中遠站出來指責李書福說話沒有證據，宋衛平說的同樣缺乏證據。有媒體說，宋衛平一會兒抨擊黑哨，一會兒又抨擊官哨，離倒楣也就不遠了。他這樣做是在步步緊逼足協，俱樂部收買裁判和「媚上」是足壇公開的祕密和公認的遊戲規則。宋衛平這樣不僅其他俱樂部看著不舒服，「恐怕包括足協在內的其他方面對他也會『暗藏殺心』」。

宋衛平和桂生悅最擔心的就是足協一拖再拖，最後不了了之。他們迫望足協能早日把問題裁判的名單公之於世，讓打黑鬥爭急風暴雨似的進行下去。足協進度緩慢，讓他們不滿意的情緒像初一和十五的潮水一個勁兒地上漲，甚至對閻世鐸打黑的態度產生懷疑。

在接受記者採訪時，宋衛平說：「我並不一定非要在春節前才公佈名單，有可能提前。」桂生悅說：「我認為問題的關鍵在中國足協身上，因此儘早公佈名單，讓大家把目光聚集到中國足協身上應該是很必要的事情。我想我早已同宋衛平站在同一戰壕裡了。」

有媒體認為，「綠城、吉利組成的反黑聯盟尋求新突破，正是要逼足協再次走上前臺。」

上海電視臺不知從哪兒搞到一份問題裁判的名單。記者電話問宋衛平這是否是他遞交新華社和中國足協的那份。宋衛平說：「你拿到的肯定不是原件，次序有點兒出入……名字差不到哪裡去。」

一月十五日晚六時五十分，上海電視臺新聞綜合頻道公佈了這份名單：張建軍、龔建平、陳國強、孫葆潔、郝文、吳志東、周偉新、張保華。

這份名單在全國掀起軒然大波，沉寂已久的裁判界發出了聲音，剛被評為金哨的孫葆潔拍案而起，憤然要求上海電視臺立刻道歉。

郝文說，這是無稽之談，對我來說，純粹是一種誣陷。

張寶華聲稱跟宋衛平打官司。有媒體說，張寶華是第一位站出來應對黑哨指控的裁判。

據說，還有幾位裁判也在積極聘請律師起訴宋衛平……。

中國足協仍然悄無聲息。有記者想徵詢足協的態度，張吉龍的手機不是關機就是沒人接，董華表示暫時無法就此事表態。

南方一家俱樂部的助理教練說：「黑哨這種問題不是一天兩天的事情了，從上到下都已經形成了體系。今天揪出這幾個來有什麼用？還是解決不了根本問題。我現在倒有些同情那些被指責吹黑哨的裁判了。我就是對綠城和吉利兩家俱樂部有看法，他們既然當初拿錢求人家，就不應該背信棄義把人家抖出來，不講信用！如果有人問，哪個裁判不收黑錢？我要問，哪個俱樂部不送黑錢？」

北方一位球員說，如果我們不送，別人也會送。拿人錢財替人消災，而且許多裁判的人品和口碑在足球圈裡是很不錯的，不是那種「吃了原告吃被告的」。

某俱樂部官員說：「全是瞎折騰！現在關於黑哨的事情鬧來鬧去，大家都有點煩了。」

媒體的風向變了，過去紛紛譴責黑哨，現在反而對黑哨有點兒同情了。

偏偏這時又冒出來個「唯恐天下不亂」的簡擎。他找到宋衛平，自稱是中間人，被宋衛平的打黑行為所感動，想站出來聲援綠城。他講了兩件事，一是中遠主教練徐根寶交給他五萬元錢，讓他收買綠城的主力隊員夏青，讓夏青在綠城對中遠的那場比賽中踢假球；二是在中遠對陳吉利的前一周，中遠通過銀行將三十萬元錢匯到張建軍妻子的公司，他還出示一張匯票的影本。簡擎還接受了《足球之夜》的採訪。

這一爆炸性新聞在央視播出後，足壇譁然，幾乎亂成一鍋粥。徐根寶怒斥宋衛平：「一個已經承認自己犯了行賄罪的人，竟然在光天化日之下四處招搖，而且還打著打假英雄的旗號……」中遠一位官員指責宋衛平說：「你不玩了就要把水攪渾，讓別人也玩不成，這種人是什麼打假英雄？」

事後，簡擎承認所述的一切都是編造的，一場嚴肅的鬥爭出現荒唐的鬧劇，局被攪了，反黑聯盟陷於被動。陳培德不想攪進鬧劇中，於是在這段時間謝絕了採訪。

聽說陳培德收到「企業界支持綠城打假掃黑座談會」請柬，有人對他說：「陳局長，你作為體育局長、政府高官不合適參加這類民間活動。」

也有人說：「陳局長，你要參加這個會肯定要講話，你一講話就像一杆杆標槍投向黑哨和貪官，你已成為那些人的眼中釘、肉中刺，要是逼得他們狗急跳牆，說不上幹出什麼事來，你還是不去為好。」

還有人說：「陳局長，當前形勢不明朗，國家體育總局遲遲不表態，閻世鐸也沒有個說法，你在這個時候是不能講話的，還是等等吧。」

陳培德已經好幾天不接受記者採訪了。有媒體說，陳培德沉寂了；陳培德和李書福都啞了，打黑的三門炮只剩下宋衛平一門了。

十七日上午，宋衛平又打來電話，心緒黯然地對陳培德說，《今日說法》的記者已經向杭州市檢察院和杭州市公安局舉報他了。他已做好坐牢的準備。他懇請陳培德一定參加下午的會議，這也許是他參加的最後一次會議了，希望陳培德能坐在他的身邊。

陳培德感到心像錐子紮似的劇痛，考慮片刻之後說：「宋總，你還是快點自首吧，爭取寬大處理。今天下午的會我一定參加。」

下午三時，陳培德走進浙江飯店時，綠城俱樂部的一位副總迎了上來，把他領進會場，在主席臺就座。主席臺上除他之外還有宋衛平和王之海。台下除十多位企業界的代表之外，還有一大群記者，新華社記者方益波也來了。

陳培德是按時來的，剛坐下會議就開始了。

宋衛平聲音低沉地說，新賽季就要開始了，浙江綠城將繼續戰鬥，絕不輕易言敗；有很多人認為綠城是中國足球的叛徒，希望把綠城乾淨、徹底地從足球圈裡清除出去。我們可能被消滅，但是這種消滅肯定是悲壯的。綠城決不會再犯那種錯事，綠城寧願悲壯地死去，也不願再苟且偷生。浙江綠城將盡一切努力，去打杭州主場保衛戰、浙江足球保衛戰！綠城隊全體將士會有這種氣節，不會讓社會各界失望。

他心緒黯然地說，他不排除自己有下課的可能，比如受到法律的處罰，監獄裡面是看不到電視轉播的。悲壯若水湧進會場，所有人的心都在這悲壯中沉沉浮浮。

這麼一位熱愛足球的人，這麼一位富有社會責任感的企業家，這麼一位將足壇反腐為己任的鬥士居然落得如此下場，怎麼不讓人心酸，不讓人難過，不讓人痛徹心肺？人們感到鼻子酸酸的，淚水情不自禁地流了出來。

宋衛平抬起頭來，對支持綠城、關心他掃黑鬥爭的社會各界朋友表示深深的敬意，希望他們今後仍然一如既往地支持綠城。如果他下課，希望浙江企業界能夠前赴後繼。無論誰接手綠城，他都會給球隊提供百分之八十至百分之九十的資金支持。他激動地說，我們絕不會被別人輕易地消滅掉！

宋衛平對足球實在太有感情了，把足球視為生命的一部分。他有一種使命感，有一種敢於擔當的精神。他認為浙江不能再沒有足球，浙江足球不能再落後於人，所以他要盡自己最大的努力讓浙江足球像經濟一樣衝上去，不論遇到什麼坎坷磨難和艱難險阻都要走下去。

足球是浙江人四十多年的夢想，是浙江人的一塊傷心地！一九五五年，全國大中城市足球分區錦標賽在上海舉行，杭州足球隊代表浙江省第一次出征就鎩羽而歸。輸得那個慘哪，慘得隊員們都無顏見江東父老，以進一球失三十六球名列小組倒數第一！

一九五八年，杭州隊代表浙江省參加全國青年足球錦標賽，以小組第四名被淘汰。

一九五九年，在首屆全運會上，浙江足球隊以四負一勝名列小組第五，以〇：十一負於河北，以〇：九負於上海，以〇：一負於福建，以二：六負於黑龍江。他們勝的是誰？是弱不禁風的青海隊！

一九六〇年，在杭州舉辦的全國乙級聯賽的一個賽區比賽中，浙江隊在十四個隊中名列第十二。

浙江是崇尚體育的省份之一，在春秋戰國時就盛行舞劍、射弩、游水等體育運動。一九世紀末二〇世紀初，徐錫麟、陶成章、秋瑾等人為強種救國，開辦體操科，創辦體育會。一九三〇年，浙江舉辦了首屆中國全國運動會。

難道浙江人被足球壓趴了不成？一九七二年，在全國五項球類運動會上，浙江足球隊以預賽小組第三的成績衝進決賽。浙江足球終於出現了！可是，浙江人沒高興幾天就沮喪了，浙江足球隊獲得全國第十八名，除以一：〇勝了新疆外，場場敗北。

一九七三年全國足球聯賽，浙江隊在全國三十八支代表隊名列第二十九。

一九七四年全國足球聯賽，浙江隊在四十二支代表隊名列第三十六。一九七五年，浙江隊在全運會的預賽中，僅勝西藏隊，名列小組倒數第二。一九八一年，浙江隊在全國丙級聯賽中獲得第三名，總算衝乙成功了。可是第二年又跌進丙級隊。浙江隊屢敗屢戰，三十來年沒翻身，成為中國足球史上最有韌性的敗旅，一敗就是幾十年！浙江人什麼時候這樣慘敗過，什麼時候服輸過？這一次服了。一九八八年，浙江省體委對足球絕望了，下了最後的通牒——浙江足球隊再進入不了甲級隊就地解散。

那一年，浙江省足協奮力爭得賽區主辦權，讓浙江隊在自己家門口和浙江球迷的助威下比賽。浙江隊在前幾輪發揮不錯，名列小組第四名，如果能戰勝名列小組第二的火車頭隊就能衝進決賽。八月十五日，浙江隊生死攸關的時刻到了，組委會怕球迷鬧事，臨時將比賽轉移到寧波大學足球場進行，一百多名球迷跟過來助威。終場哨像喪鐘似的響起，浙江隊以〇：二敗北。全場像向遺體告別，鴉雀無聲。一位球迷衝過去，滿臉淚水地指著教練和球員罵了起來。愛之深，恨之切，儘管浙江隊一次次讓他們失望，丟盡了浙江人的臉，可是他們畢竟是家鄉的球隊啊！突然，天降大雨，球迷一個個佇立在雨中，默默地望著浙江足球隊乘坐的客車漸漸遠去，他們在為浙江足球隊送行。不，是送葬。從此將再見不到浙江隊的身影！蒼天降的哪裡是雨，是四千多萬浙江人的淚！

足球讓浙江人憋了一口窩囊氣，這一憋就是四十多年！

一九九七年，宋衛平投資創建了浙江綠城足球俱樂部，二〇〇一年買下吉林敖東隊，使浙江終於有了自己的足球甲級隊，浙江人為之歡呼，為之吶喊，為之熱血沸騰。吉林敖東隊是剛剛從甲A掉下來的勁旅，宋衛平相信，浙江人相信綠城衝甲A定會成功。

可是，他們卻失敗了，失敗在黑哨，失敗在假球上，這讓浙江人怎麼能服，怎麼能咽得下這口氣？宋衛平憤然而起，聯手李書福掀起這場席捲全國的打假掃黑風暴，想蕩滌足壇的污泥濁水，沒想到黑哨穩如山，自己卻面臨入獄危險。

悲壯啊，悲壯！宋衛平含淚喊出的是：「浙江不能沒有足球！」在人們的內心久久地震盪。企業界代表紛紛表示要一如既往地支持綠城，支援浙江足球，有的要出錢，有的要購冠名權，場內氣氛一浪高過一浪。

該陳培德發言了，他先是對綠城參賽決心和態度給予了充分地肯定，對企業界對綠城和浙江足球的支持表示感謝。接著他對宋衛平表示由衷的敬佩，一敬佩宋衛平勇於承認自己做過不光彩的事，他知道承認後要付出怎麼樣的代價；二敬佩宋衛平歷經挫折，絕不退卻，堅持把足球搞下去，這種精神值得景仰；三敬佩宋衛平希望自己萬一搞不下去時，浙江企業能接手綠城，他將一如既往地為球隊提供資金，這種不為名利的精神，感人摯深、讓人敬佩！

接著，他神色凝重地說：「今天的座談會，反映了浙江人一種非常牢靠的精神，如果說這是體育精神的話，那便是體育界最最需要的鍥而不捨、堅忍不拔、知難而上的精神。很多人都勸我不要來，說我的身分並不合適這種是非非的會議。我覺得現在足壇的打假掃黑有些沉悶，進展似乎停止了，因此我必須來。我將繼續支援綠城，為他們搖旗吶喊，擂鼓助威！在他們落難時給予支持，遠比在他們站在領獎臺上掌聲和歡呼更為寶貴。」

接著，陳培德把矛頭直指閻世鐸：「閻世鐸在杭州的表態，以及與我們作的溝通，都令我感到高興。可以說，我們那次溝通是成功的。可是不知為什麼，我卻沒看到閻世鐸的諸多承諾有一條兌現。」

閻世鐸離開杭州已經十一天了，陳培德在望眼欲穿地等待著，綠城和吉利的「反黑聯盟」在望眼欲穿地等待著，媒體和全國人民也望眼欲穿地等待著，中國足協卻「這裡的黎明靜悄悄」。

陳培德說，閻世鐸說他還帶來了總局領導對我的感謝和支持。我現在要說的是，總局的支持，我至今還沒感覺到。這是一場腐敗與反腐敗的鬥爭，是正義與邪惡的較量，是良心與喪心的衝突。我認為，在這場鬥爭中，我們與中國足協始終存在著分歧。這不是認識上的分歧，是利益上的分歧。裁判之所以肆無忌憚，正是有了中國足協這把「保護傘」！黑哨行為之所以愈演愈烈，中國足協肯定難逃干係，因此，打黑必須要把黑哨背後的「根子」挖出來。中國足球打黑鬥爭必須打好三大戰役，即打假、掃黑和反貪。反貪的對象就是隱藏在中國足協內部的腐敗官員。

陳培德突然提高嗓音，大聲說道：「有人、有許多人不敢也不可能下大揭的決心，因為要揭到他們身上，引火焚身。我的眼睛不僅看到拿黑錢的黑心裁判在發抖、惶惶不可終日，同時也看到那些正在領導打假掃黑的身居高位的權貴們，在發表堂而皇之講話的時候，他們的內心是空虛的，他們的內心正發抖。揭黑的最後也必須是把身居高位的腐敗分子糾出來，在其他領域內的反腐敗也是如此。鬥爭的阻力來自什麼地方也就不言而明瞭。」

「戰鬥正未有窮期，同志尚需要努力。打假掃黑，現在空氣有點沉悶，進展有點停滯，但是不管形勢多麼複雜，困難多大，鬥爭多麼艱難，我們都不能半途而廢，要將它進行到底！」

陳培德的講話在熱烈的掌聲中結束。

宋衛平說，在四十八小時內，如果中國足協或權威媒體不能將綠城所提交的黑哨名單公之於眾的話，綠城為反擊黑哨的囂張氣焰，將向媒體披露，讓公眾知道到底誰是黑哨。

有記者問到孫葆潔叫屈、張寶華委託律師發函的事。宋衛平解釋說，在孫葆潔執法綠城的主場比賽前，綠城給孫葆潔送錢，他確實沒收。可是，在一場客場比賽前，綠城通過中間人給孫葆潔送了一筆錢，這筆錢到底送沒送到他的手裡不得而知。

綠城的確收到張寶華的律師函，函中寫道：「一、是否如媒體所報導，你對綠城俱樂部向中國足協提交的包括張寶華在內的黑哨名單表示過認可；二、是否如媒體所報導，你講過曾與綠城隊先占優後平局的那場比賽的主裁判商定，如果綠城贏球，主裁判可得十六萬元，能否明示是哪場比賽或指哪位主裁判。請儘快回復。」

宋衛平請在場的綠城的法律顧問袁世敏回答。袁世敏說：「從法律上講，綠城方面沒有任何義務對此作出回答。」

有媒體說，這是給張寶華的一個閉門羹。

座談會結束了，留給人們最深的印象恐怕就是一個悲壯而無奈的宋衛平；一個鋼筋鐵骨、勇往直前的陳培德。

有人議論道，這可能是宋衛平自首前的最後一招，他想以此推動司法介入，逼司法機關表態；也有人說，這是宋衛平的最後一幕，宋衛平對媒體說過，他的忍耐是有限度的，如果足協還不給一個明確說法的話，他準備到時候自己上司法機關自首，那個時候便是魚死網破；還有人說，這次會昭示了「反黑聯盟」的破裂，李書福不僅沒有參加，而且在接受記者採訪時說，他今後不會再談黑哨，要把主要精力投入為老百姓生產汽車上。

李書福解釋說，不談黑哨基於兩點考慮，一是從中國足球衝進世界盃的大局考慮，這是舉國關心的大事，當前一切工作必須從大局考慮；二是對掃黑複雜性的判斷，對打黑的期望值不能過高。

言外之意，他已是打黑鬥爭的退役老兵了，再發動衝鋒那就是別人的事，與他無關了。有報導說，一個月前還義無反顧地揭發黑哨內幕的「反黑急先鋒」李書福突然變了臉。

（三）李書福退出「打黑聯盟」。陳培德面臨政治風險，繼續戰鬥有可能給仕途畫一淒慘句號。他決定血戰到底。

閻世鐸到底是想幹事的政治家，還是一心想向上爬的政客？可不可以信任，值不值得信任，還能不能信任？陳培德對他失望了，這種失望是痛苦的，是錐心的，是泣血的，是對十幾年的友情的打翻，是對自信的一種嚴酷打擊。

陳培德對政客深惡痛絕。一年前，他在給袁偉民的信中寫道：「我在體育戰線工作了八年，深感體育戰線應該多出政治家，而杜絕政客。凡是不正之風屢禁不止的地方，其背後都有搞權術的領導撐腰。」

從某種意義上說，各個行業都存在著兩個司令部，一個是代表黨和人民利益的，是反腐敗的；一個是代表腐敗分子的利益，是搞腐敗的。前者在明面，是看得見的；後者是看不見、摸不著的，像妖魔鬼怪似的鑽進前者的體內，連體內的白細胞都無法將之識別。

法律的盲點導致司法的困惑，簡擊的胡鬧導致「反黑聯盟」的信譽受挫，張寶華等人對宋衛平的官司轉移了媒體的視線，足協打黑的緩慢和沉默不僅給了黑哨機會，而且像一團在農夫懷裡的蛇蘇醒了，他們互相串聯，四處活動，有的在研究對策，有的要打官司告狀，有的謾罵宋衛平等人。

座談會之後，宋衛平一直沒有休息，凌晨還在杭州世貿中心二樓的咖啡廳接受記者的採訪，他說，「說實話我已經自首了。我還作了進監獄的思想準備。我絕不會為自己作無罪辯護。如果我的入獄能夠改變足球界反道德反價值的觀念，這也值得。我認為像我們這樣在甲B比賽中買通裁判，做假球的俱樂部應該受到嚴厲的懲罰，應該降到乙級隊！同時，我還認為那些像我們一樣買通裁判、搞假球的俱樂部也應受到同樣的懲罰。中國足球只有經過這樣的痛苦才能獲得新生。」

宋衛平愧疚萬分地說，「我們的打黑讓裁判成為眾矢之的。其實，他們也是犧牲品，心裡也有委屈。過去，我們求他們，主動給他們送錢，希望他們在執法中能偏向我們，最起碼不吹我們的黑哨，能夠公道些；他們信任我們，給了我們面子，收下了錢。現在我們翻臉了，把他們出賣了，從江湖道義上來講，確實是我們的不對，以後恐怕沒人跟我們打交道了。我感到自責，感到不安，感到心裡很難過……」

宋衛平是一個講良心、講道義的人，他不僅承受著坐牢的法律壓力，還承受著巨大的心理壓力。因此，他一再為裁判說話，說他們是足球現有機制的犧牲品，說不想看他們家破人亡……。

李書福退出了，打黑的力量減弱了，宋衛平雖然還在堅持著，可是他已做好坐牢的準備。

當陳培德聲嘶力竭地呼籲司法介入時，中國足協元老級人物金正民說：「黑哨問題即便司法介入也不會迎刃而解。」

金正民在十五歲時與足球結下不解之緣，十七歲入選國家隊。退役後，他擔任過國家女足領隊、中國足協青少年女子部常務副主任，在他領導下，女足的球隊從十一支發展到八十多支。

他參加過「隋波事件」和「渝沈風波」的調查，對假球黑哨問題瞭若指掌。他說，「我與法院、檢察院以及其他部門的法律工作者都有過專門的交談與接觸，發現在裁判收紅包這個問題上，按照目前中國的法律確實存在著無法對照制裁的問題，因為裁判不像足協官員這樣屬於國家工作人員，所以按照現行法律確實不能按照受賄來進行處理。」

他還說，「現在有很多人將解決問題的希望全部寄託在了司法介入上，法律介入足球確實是早晚的一件事情，但是不是司法一介入問題就可以馬上迎刃而解了，我看未必那麼靈。我們國家不是這些年一直在反腐敗嘛，結果還不是一直存在著各種各樣的問題？當然，司法介入是一件好事，對於問題的最終解決可以起到一定的促進作用，但是，對於司法介入足球之後可能出現的新問題我們也應該做好同樣的心理準備，因為這畢竟不僅僅是單純的足球問題，而是一個很大的社會問題。」

有人說，甲級聯賽之所以給裁判送紅包，這是足球進入市場的結果。誰在起主導作用？是涉足足球的企業和老闆。正是這些人將社會上那些做法帶進了足球，所以才出現買球賣球、賭球黑哨等問題。裁判收受紅包並不是足球先天的東西，而是社會現象的縮影。

這給陷於低潮的打黑鬥爭又澆一盆涼水。司法介入的行業還少麼，腐敗遏止住了沒有，不是該氾濫還氾濫麼，哪一行業由於司法介入得以淨化？且不說其他行業，連司法腐敗都沒得到澈底治理，把一切希望寄託在這部帶病運轉的機器上，是不是有點兒天真呢？

江南的冬日，霧雨濛濛，太陽似乎耐不住陰冷，躲了起來。杭州的天早早就黑了，街燈像惺忪睡眼在雨夜中睜著，又像一張張嘴在張著，想說點兒什麼。陳培德立在窗前向外望著，心裡像這雨夜似的淒冷而沉重。接下來怎麼辦？聯合作戰的閻世鐸怕是指望不上了，有人說「反黑聯盟」破裂，李書福退出了，宋衛平等待著坐牢。有媒體說，打黑勢力漸然崩潰，這場攻擊足協、炮轟黑哨將以鬧劇收場……。

窗外的夜色像黑雲壓城，像無邊無際的惡浪撲了過來，讓他的心臟難以舒張。這些天，悲抑、鬱悒、焦慮盤桓於心，失眠已不再潛伏，公然跳出來，一宿宿地折磨著他，香煙跟他聯合作戰，早晨煙灰缸像豐收的糧囤滿滿的。

打黑陷入尷尬，陷入無奈，被演繹成鬧劇，接下來怎麼辦？如果一意孤行，扛著打黑這杆大旗，繼續衝鋒陷陣的話是要冒巨大政治風險的，後果難以預料，可能要為自己幾十年政治生涯畫上淒慘句號。現在還有退路，還有機會，撤退的話可以安然無恙地當一年體育局長，退到省人大之後，還可以當五年主任委員或副主任委員。可是，撤退是他的選項嗎？那樣是對不起黨和人民，對不起父母的培養，也對不起自己良心的。

他是打黑風暴的發起人，是推動者。「五·一九」黑哨事件後，他要不接受記者採訪；「甲B五鼠案」後，浙江省體育局要不開新聞發佈會，要不提出足壇反腐三項目標：打假、掃黑、反貪，要不催宋衛平交出證據，上個賽季的假球黑哨也就不了了之。他必須要為這場鬥爭負責，要堅持到底。

電話響了，是浙江省人大原副主任楊彬打來的：「培德同志，我看了有關打黑的報導，我認為你做得非常對！足球的腐敗與黑幕，大家都能感受得到，可是卻沒有人肯站出來說話。你是第一個站出來說話的領導幹部，很不簡單哪！我對你表示支持，我們很多老同志也都支持你！希望你一定戰鬥下去。你有什麼困難，需要我們說明儘管說。如果你需要向上級領導反映情況，包括中紀委，不方便的話，把材料給我，我有辦法給你轉上去。」

暖流湧上陳培德的心頭，悲抑、鬱悒、焦慮被沖走了，他握著話筒的手顫抖了，淚水流了下來，滴落在話筒上。

陳培德哽咽地說：「楊主任，我十分感謝您和眾多的老領導的支持和關心！請您放心，我既然這樣做了，決不會退卻，絕不會屈服於壓力。」

陳培德放下電話，對自己說，要挺住，挺住！不論誰退了，你都不能後退半步，哪怕最後只剩下你一個人了，也要堅持到底，絕不能讓腐敗得逞，絕不能撤下這道防線。

這不是一個人的戰爭麼？永遠都不是。有高層領導的關注，有浙江省委省政府，以及這些老領導老同志的支持，有杜兆年等體育局的戰友們的緊密配合，還有對腐敗深惡痛絕廣大人民群眾的擁護，這可能是一場漫長的持久戰，可能不會很快見分曉，但是前途是光明的。

他想起新年收到的信函、賀卡、題詞……。

甘肅省人大教科文衛委員會托甘肅省體育局副局長送來條幅：「怒斥黑吸有大旗，拂雲百丈輕鬆柯。玉宇澄清萬里埃，東方高唱正氣歌。」

浙江省軍區副政委兼金華軍分區政委范匡夫在賀卡上寫道：「培德局長：我們支持你，向你致敬！」范匡夫是浙西南山區的農民兒子，軍旅生涯幾十年，始終追求人民公僕為人民理想，被評為全國優秀黨務工作者。他們是在省黨代會上相識的，范匡夫對陳培德特別佩服，由衷地說：「體育就是要樹立正氣。足壇的『假黑貪』是對人民群眾感情的一種褻瀆，一定要下大力氣整治！」

上海大學教授陳滔給陳培德寄來一副對聯：「培風千里秀，德韻一身仁。」陳滔是陳放之子。陳放在延安擔任過陳雲同志的秘書。新中國成立後，陳放任上海市文教體委主任，在他的領導下，上海足球得到蓬勃發展，擁有四支甲級球隊。陳滔也是位球迷，對中國足球特別瞭解，多次打電話給陳培德表示支持。

山東的球迷發來傳真：「聲援陳培德局長反腐掃黑的正義之舉。現在之所以腐敗愈反愈烈，各種社會醜惡行為愈禁愈猖，關鍵就在於力度太小。我認為，足球界的反腐掃黑行動之所以困難重重，一個很重要的原因就是受大環境的影響……你和綠城的反腐鬥爭不論成敗都具有深遠的現實意義。作為地方體育的主管領導能挺身而出反腐敗，難能可貴。陳局長，您是可敬的！我堅定不移地支持您！」

重慶球迷在信中寫道：「自一九八六年開始關注足球聯賽以來，我心中就有一種壓抑之感。每年聯賽都少不了假和黑，連我這樣的業餘球迷都看得出來，中國足協還口口聲聲說什麼『證據說』。我們曾經認為中國足球沒希望了。吉利、綠城的揭竿而起，您對這些醜惡現象的猛烈抨擊，讓我們又看到了希望。您和那些和稀泥、講官話、只想當官不想負責的政府官員形成多麼鮮明的對比！從您身上看到了共產黨人的黨性和原則。您為我黨贏得了人民的信任，您贏得了我們的愛戴和敬佩。」

還有球迷對他的人身安全表示擔憂：「陳局長，我們堅定不移地支持您，做您的堅強後盾。同時也希望您注意人身安全，不排除有人要下毒手的可能。我們期待足壇掃黑成功！」

「人民的眼睛是雪亮的，有人以為衝進世界盃就可以掩蓋一切，他們錯了。陳局長，我們支持您，如果誰敢動您一根毫毛，我們就與他們拼到底。」

幾天前，在老幹部網球賽上，老幹部紛紛與陳培德握手。

「『反黑局長』，我們支持你！」

「陳局長，我敬佩你的勇氣！」

「培德同志，你為我們領導幹部樹立了反腐榜樣。共產黨人就該像你這樣勇於向腐敗發起猛攻！否則要亡黨亡國的。」

「培德，你要注意身體，一定要堅持到底！」

浙江省前省委書記、省人大主任李澤民特意走過來，用力握著陳培德的手說：「培德，你辛苦了。壓力大不大？不要怕，你做得對，我支持你！」

浙江省委書記張德江對打假掃黑也特別關心，不僅聽取了彙報，還專門作了指示。

浙江省人大科教委到體育局檢查《體育法》執行情況時，對陳培德和體育局在掃黑所起的作用給予了高度評價。浙江省公安廳、檢察院和法院的領導不僅鼓勵陳培德「堅持下去，不能退卻」，而且還與他探討了司法介入的可能性。

對中國申奧做出巨大貢獻的何振梁老人每次見到陳培德都囑咐：「注意身體，不要太過勞累，體育的發展還需要你做更多的工作。」

有一次，陳培德到南京出差，計程車司機認出了他，興奮地說：「你就是浙江體育局的陳局長吧？你能坐我的車，讓我太高興了，我不收你的車錢！」

「那可不行，你就是靠這個吃飯的，這錢我必須付。」陳培德堅持地說。

體壇報的兩位記者外出採訪時打的回報社。計程車司機聽見他們談足球，說道：「陳培德真爽，他說出了我們球迷的心裡話。中國的球迷實在可憐了，黑哨的胡吹，球隊的假球，心都被傷透了。」記者下車時，司機說什麼也不肯收車費，他說，就當我對打黑鬥爭的一點支持吧。不過，你們要多給那些黑哨、假球曝曝光。

全國唯有國家體育總局的機關報《中國體育報》沒對打假掃黑進行過報導，據說總局有令。中國體育報前總編、國畫家魯光在金華市舉辦的書畫展揭幕式遇見陳培德，當場為陳培德作一幅《圖騰牛》，一女孩牽一大一小兩頭牛。賦詩云：「牛有二勁：韌勁誠可貴，強勁不能無，站著是條漢，俯倒是座山。故魯迅先生云：橫眉冷對千夫指，俯首甘為孺子牛。培德兄牛勁頗足，反黑哨揭竿而起，置烏紗帽而不顧，名揚中外，牛也，牛也！」

陳培德望著茫茫黑夜，心裡有一輪太陽，有這麼多領導和人民群眾的支持，即使真的「光榮」了，丟了烏紗帽也是值得的！

（四）龔建平拒不承認收受過綠城的錢，中國足協態度變得強硬，閻世鐸認為腐敗的源頭是俱樂部，南勇說涉黑裁判若退回贓款將受到足協的保護，可以繼續執法。

中國足協發出通知，一月二十三日下午三時，在昆侖飯店階梯會議廳召開非賽季新聞通氣會。閻世鐸離開杭州半個多月了，不論陳培德對記者說什麼，也不管「宋桂聯盟」發佈什麼新聞，球迷和媒體怎麼抨擊和指責，足協就像一個練拳擊的沙袋保持沉默。

這次新聞通氣會打破中國足協的慣例，以往都是在聯賽期間召開。媒體得到通知後議論紛紛，有的說，足協要對這場轟轟烈烈長達兩月之久的掃黑鬥爭有個明確的態度了；也有人說，閻世鐸這是後發制人，足協要有大動作，陳培德和「宋桂聯盟」要倒楣了。

從浙江企業界支援綠城座談會到中國足協的通氣會，相隔六天。在尋常的日子裡，六天是短暫的，旅遊的話只能遊完一個國家，還得是像梵蒂岡、摩納哥、聖馬利諾那樣的小國，要去法國、義大利也只能走馬觀花，疲於奔命地跑去看幾個景點。對於瞬息萬變的鬥爭或者戰鬥來說六天是漫長的，往往幾小時，幾十分鐘，甚至幾分鐘，固若金湯的就土崩瓦解了，奄奄一息的又捲土重來了。

四天前的一月十九日，發生了三件震撼足壇的事情。

一是長春亞泰在北京大飯店召開新聞發佈會，宣佈對中國足協提起行政訴訟，要求取消對長春亞泰足球俱樂部、球隊及其教練員和球員的處罰，恢復長春亞泰足球俱樂部的甲A資格，恢復主教練及受到處罰球員的工作和參賽權利，恢復長春亞泰足球俱樂部及其球隊應該享有的其他合法權利，並要求中國足協行政賠償給俱樂部造成的經濟損失三百萬元。

又一家俱樂部對中國足協的權威性發出挑戰。在新聞發佈會之前，閻世鐸找長春亞泰的頭兒談話，希望他們不要採取這一舉動，要按中國足協內部訴訟的程序進行內部處理。亞泰沒有理睬閻世鐸的「希望」，而是按照自己的希望召開了新聞發佈會。

二是中國足協在北京大寶飯店召開「加強裁判職業道德教育會議」。

有人說，上海電視臺公佈涉嫌黑哨裁判名單後，足協陷於被動，終於坐不住了，不得不召開這一會議。

有人說，中國足協早就該坐不住了，一個甲B俱樂部在一個賽季平均能遇到十五位主裁，綠城舉報有八位涉嫌黑哨，超過了百分之五十，說明黑哨已十分普遍。

也有人說，這是中國足協給所有裁判的最後機會，讓他們坦白交代。

還有人猜測，中國足協開會是想與裁判研究法律上的對策，準備反攻。

報導說，這次會議是暗中進行，下發通知極其保密，星期五上午身在各地的裁判收到了足協通知，足協通知非常簡單，只寫明將在一月十九日在大寶飯店召開會議，並注明會議時間僅為週六上午。

大寶飯店在中國足協附近，會場猶如教室，講臺上坐著閻世鐸、南勇、李冬生、董華和秦小寶等人。分管裁判工作的南勇是特意從昆明紅塔基地趕回來的。

出席會議的裁判不僅有北京的陸俊、張建軍、龔建平、郝文等等，還有從外地專程趕來的，共計四十八人，占二〇〇一年甲級聯賽執法的裁判八十三人的百分之五十八。

會議內容有兩項，一是要求裁判不要被媒體牽著鼻子走，在所有的問題沒調查清楚之前，大家不要自亂陣腳；二是「自查自糾」，有問題的裁判抓緊時間主動認錯。足協的態度是主動認錯和被動被查處理的結果是不一樣的。足協給出主動交代的最後期限：一月二十六日。

足協還強調對於媒體揭露的裁判問題應該管的將義不容辭，裁判員覺得應該拿起法律武器反擊，足協也不干預，不過一定要做到有理有據有節。

會議開了大約一個半小時，下午裁判委員會分別找裁判個別談話。

有媒體報導：「裁判展開聯合大反擊，十二名律師匆忙上陣」。說是有十二名裁判聘請律師為自己討公道，估計接下來律師函將會像雪片似的紛紛落在綠城的頭上。

還有媒體說，這個會議給涉黑裁判提供了一個訂立攻守同盟的機會，涉黑裁判要對綠城和吉利發起反擊了。吉利俱樂部前副總經理鮑仲良披露：「這個同盟辦事效率很高，甚至已通過中間人向俱樂部退回黑錢，以爭取主動。吉利方面目前還無法確定這些錢原來是屬於中間人的敲詐，還是裁判與中間人精心策劃，或者是真的一直由中間人代管著。但有一點可以肯定，在綠城和吉利大張旗鼓揭黑而足協按兵不動之時，智商很高的黑哨們早已領先一步，從聘請律師到合謀串供並退贓，都在有條不紊地進行。」

鮑仲良還說：「我們根本不怕裁判的行動，他們訂立攻守同盟以進為退才最可怕。一旦這個局面形成，單靠俱樂部、媒體的力量，掃黑行動將困難重重，因為黑色交易十分隱蔽，黑哨們見多識廣又神通廣大，單個俱樂部與他們鬥爭會力不從心，司法成為唯一有效的途徑。」

也有媒體報導說，「保持沉默，暫時放棄起訴——全國裁判北京開會得暗示」，部分裁判說，瞭解足協的態度後，想再等等看。不過，想直接起訴綠城、吉利的不多，大多數想起訴媒體。也有的裁判表示，起訴綠城、吉利，還是起訴媒體等材料搜集齊全之後再說。

媒體的報導有時像盲人摸象，往往由片面導致消息傳播的失真。

九年後，我幾乎查閱了當年的所有報導和閻世鐸的《忠誠無悔》，試圖還原當時的情景。

會議的名稱、時間、地點、人物都沒錯，為避免媒體炒作，引起較大社會反響，會議以裁判委員會年終總結的名義召集的，會議的日程為兩天半。

先是閻世鐸講話，希望有問題的裁判主動承認錯誤，沒問題的不要受「名單事件」和媒體的報導所影響。然後是李冬生介紹對黑哨的調查情況，再後是南勇闡明中國足協查辦黑哨的政策：「坦白從寬，抗拒從嚴」，主動交代將受到保護，可以繼續執法。

閻世鐸從杭州回來的十三天裡，調查幾乎沒有任何進展，足協寄予這次會議的最大期望就是能有一位裁判承認收受過紅包。

下午，調查組成員分別與裁判談話，談到掌燈時分，談得口乾舌燥，卻沒有一人坦白交代。他們會不會攻守同盟都不交待呢？晚飯後接著再談，在談得快要絕望時，峰迴路轉，柳暗花明，有兩人交代了。第二天上午，調查組乘勝追擊，取得了重大突破，有七位裁判承認受賄。接下來，調查組根據綠城和吉利提供的名單進行重點談話，有些裁判經過幾次談話之後，終於鬆口了……。

沒想到龔建平卻態度強硬：「我拒絕回答，不願意說，不想說，也沒什麼可說的。」

有報導說，「足協打黑鈍刀割肉，張業端龔建平挨辦」，涉嫌受賄的裁判「打死也不說」。

這不是龔建平的性格，他平素膽小怕事。他說過，裁判「就是足協使喚的一群狗，我們怕足協怕得要命」。

這個「怕足協怕得要命」的人怎麼突然間就不怕了，敢分庭抗禮了？

這是一個謎，謎底被龔建平帶進了墳墓。我們只能通過他留下的蛛絲馬跡去推理。

媒體報導綠城交出四萬元錢和一紙「懺悔書」之後，龔建平就變成了《三十九級臺階》中的哈奈，陷入四面楚歌，媒體和球迷想找到「還有良知的裁判」，裁判想知道那個人到底是誰，《新聞調查》要公佈的黑哨名單上有他的名字。人們搜索的半徑越來越小，漸漸縮小到他的頭上。

他感到大難臨頭了，心像寒冬的一片落葉隨西北風半空飄著，遲早要落到冰雪之上，還有可能掉進冰窟窿裡去。希區柯克說，爆炸並不恐怖，等待爆炸才恐怖。龔建平就這樣在等待著，在煎熬著，在憔悴著，消瘦著，衰老著……。

二〇〇二年一月初，龔建平接到他最不想接，而又最渴望接到的電話。

宋衛平說，閻世鐸到杭州調查來了，我實在頂不住了，把收受紅包的裁判名單交了上去，上面有你。你以後當了裁判的話，我補償你。

他那顆像樹葉的心從空中掉到地面，掉到冰雪上，冷了，僵了……。

他突然感到自己被宋衛平耍了，玩了，毀了。十九年的苦苦追求毀於一旦。

他怒髮衝冠，攥緊電話破口大罵：「你說話還算不算話，你還是不是個男人？」

他是屬鼠的，宋衛平是屬狗的，看來他這只鼠是被宋衛平那條狗拿住了。

一月九日，新華社記者楊明採訪時問他：「聽傳言，你就是那個寫懺悔信和退錢的裁判，是真的嗎？」

他陡然色變，悖惱問道：誰告訴你的？

可能意識到楊明是不會說的，他說，嘴長在別人身上，怎麼說我管不了，可是我相信我也有說話的地方，讓最後的事實證明吧。

前半句是無奈，後半句是自我安慰。

楊明說，聽說，你拒絕收錢，他們硬塞給你的。宋衛平他們感到最對不起的就是你。

他憤然說，他知道對不起我，還把我治了。宋衛平最陰了，你說丫孫子不孫子，好人都讓他做了，一邊弄我，一邊還心裡過不去，什麼人呀？他越說越來氣。

一月十五日，上海電視臺新聞綜合頻道公佈的涉嫌黑哨的裁判名單，他的名字出現在上面。

他的心像樹葉被風刮得貼著地面嘩啦嘩啦地掃著，不知掃到哪裡是頭。

對在五六十年代出生的人來說，最可恨不是敵人，而是像浦志高那種出賣同志的叛徒。有人說，龔建平就是那個給綠城退錢、寫「懺悔書」的人，有的媒體還點了他的名字，裁判們見到他就嘁嘁喳喳地小聲議論，然後落在他身上的眼神變了……

看來天下人都知道他是黑哨，是「懺悔」的黑哨，「叛變」的黑哨，「出賣」大家的黑哨！他的心栽進了冰窟窿，僵了。

他視如生命的榮譽、尊嚴和面子像帽子被大風刮跑了，那些哥們兒也都疏遠了，其他裁判把他視為叛徒和異己……他可能覺得自己必須要有所表現了，要表現出自己不是黑哨，不是「出賣」的懺悔者。

他走進足協的辦公樓，怯然敲了敲二〇二房間門，進去後又緩緩將門關上。他拘謹地移動到距離辦公桌兩三米的地方站住。

閻世鐸抬起頭，疑惑的目光穿過黯然的光線，落在站在面前的男人臉上。

他卑遜地說，「主席，我是龔建平。我想耽誤您一點兒時間，和您聊一聊。」

閻世鐸對他這個人沒什麼印象，對這個名字卻很熟悉，尤其在最近這段時間，經常聽人說起。閻世鐸望著那張方方正正的臉，突然想起來了，每次裁判開會這個人都坐在角落，很少吱聲。

閻世鐸讓了一番，他才坐下。

他緊張而衝動地說，許多人和媒體都說我就是那個給綠城退錢和寫懺悔信的裁判，這簡直是胡說八道。我是一名高校老師，這事在我們學校的師生中造成了很壞的影響，給我和妻子、孩子造成很大的精神壓力，我以人格和性命擔保，我從來沒收過俱樂部的錢，也沒寫什麼懺悔書，請您和足協相信我。我準備在合適的時候採取法律的手段維護自己的名譽和權益。

我想，如果沒有「懺悔書」的事，屬鼠的龔建平肯定會向調查組交代問題，可是沒有懺悔書，還會有調查組的調查和個別談話嗎？

龔建平可能想徹底擺脫自己與「懺悔書」的聯繫，寧肯遭到嚴懲也不願成為裁判們眼裡的「叛徒」；也可能他認為自己已經把綠城送的錢退了回去，也就等於自己沒收受他們的錢；還可能調查組個別談話時已否定自己退錢的事，無法出爾反爾，再承認收受過綠城的錢，為了面子只能破釜沉舟、背水一戰。

閻世鐸給龔建平講了一番道理，然後說：「如果你沒有什麼問題，也不要有什麼思想壓力。事實終歸是事實。如果有問題，不論大小還是主動找調查組談一談。這是明智的選擇。」

可是，龔建平仍然堅持自己沒受賄，沒寫「懺悔書」。龔建平已把話說死了，沒給自己留任何後路。

三是原定十九日晚九時十五分在央視一套播出的《新聞調查》臨時取消。

幾天前，媒體報導，這期「節目將再次直面足壇黑幕，綠城、吉利兩俱樂部在上賽季比賽中曾經做過『工作』的『黑哨』名單、金額、交接過程等將被曝光，宋衛平、桂生悅、沈強以及涉及到的部分裁判都將在螢幕前一一陳述『玩黑』的詳細過程。」

守在杭州的各地記者事先已得知節目取消的消息，在等待宋衛平公佈黑哨名單。兩天前，宋衛平聲稱「在四十八小時內，中國足協或權威媒體不能將綠城提交的黑哨名單公之於眾的話，我將向媒體披露。」

央視的撤單，宋衛平像被從橋上拋了下來，掉進激流之中。他不公佈名單就是言而無信，別人會罵他是縮頭烏龜，公佈名單上的裁判將會群起而攻之，紛紛起訴他。身邊的人都奉勸他寧肯食言也不要公佈。

宋衛平心事重重，一時拿不定主意，想探一探閻世鐸的態度：「閻主席啊，好久沒聽到你那動聽的男中音了，你的聲音傳不到我們這個小地方，結果讓我這個南腔北調的鄉下人亂講話……」

宋衛平掛斷電話後，仍然猶豫不決。桂生悅建議：「把火引到足協身上，百分之六十說足協，百分之四十表態。我的一貫觀點就是反腐敗一定要反足協。」

二十一時，綠城在杭州世貿中心召開新聞發佈會，全國三十多家媒體的四十來名記者到場。宋衛平解釋說，「據我們瞭解，《新聞調查》未能播出，主要是調查和採訪中綠城方面內容比重較大，而所涉及的幾位裁判的意見不夠，應該給他們以充分表述的機會。考慮到目前處於敏感時期，最後決定暫時不播出。」

完整的名單沒有公佈，宋衛平卻點出兩位黑哨：張寶華和張建軍絕對是黑哨！孫葆潔可能不是黑哨。在聯賽執法的裁判中，清白與不清白的大概是一：十，孫葆潔可能是例外。

宋衛平說，「甲B五鼠案」二〇〇一年十月六日發生，十月十六日公佈處理意見，只用十天時間；我們在一月八日就把涉黑裁判名單交給了足協，已經超過了十天，還沒看到任何進展。由於中國足協的漠視和無動於衷，在事實上造成了解決裁判問題的機會喪失，出現裁判和中間人達成攻守同盟的現象。

有的媒體卻認為，「央視撤單，裁判反擊，使得打黑形勢舉步維艱，『宋桂聯軍』不僅感到了自己力量單薄，而且，騎虎難下的形勢已經發展到了無法收場的地步。於是，唯一的選擇也只能是走到底。」

節目的取消，使得一些知名網站論壇被球迷的激憤文字覆蓋，各種各樣的評論呼嘯而來，導致網路繁忙幾近癱瘓。媒體的熱線被球迷打爆，球迷都想知道討伐已久的黑哨究竟有誰。在一月二十一日，宋衛平做客新浪聊天室時，網上聲討黑哨的人多達十萬之眾。

一月二十三日是農曆臘月十一，每年最寒冷的日子。「臘七臘八凍掉下巴」已經過去，北京天空晴朗，氣溫持續走低。最先感到酷寒的大概是長春亞泰，他們在這一天接到通知：他們狀告中國足協的起訴被北京市第二中級人民法院以「不符合法律規定的受理條件」為由正式駁回，不予受理。

有人認為，「這引發了人們對打黑的法律思考，特別是涉黑裁判的律師們，更是從司法實踐中受到了啟發，強化了他們對足協和裁判是法律盲點的認識，從而形成對打黑更不利的態勢。」距新聞通氣會還有半個多小時，已有四十多位俱樂部老總趕到昆侖飯店最大的階梯會議廳。大家湊在一起猜測會議的內容和足協的態度，以及出席會議的足協領導。樂觀者說，足協這次可能對前一階段的調查給出明確的說法，據可靠消息已有三名裁判向足協自首；悲觀者說，這不過是足協迫於輿論與公眾的壓力，不得不有個姿態，不會有什麼實質內容。

錶針逼近三時，會議廳已聚集七十多家媒體的一百多位記者，其中還有澳大利亞等國家的記者。九台攝像機將鏡頭對準掛著中國足球協會新聞發佈會的大幅會標的主席臺。身著黑色皮夾克繫著領帶的閻世鐸和西裝革履的南勇走上台，在擺著話筒和鮮花的桌旁坐下。此時，年輕而帥氣的南勇肯定沒想到八年後會被拘捕，閻世鐸也不會想到三年後會黯然離開足協，他的嘴角向下拉著，給人一種威嚴，一種居高臨下的感覺。

足協新聞官董華要求記者將手機和ＢＰ機關掉，凡是提問的記者必須先舉手，在主持人的示意後才能提問。提問前，要先報出所在媒體名稱。

南勇簡要地通報足協對個別俱樂部給裁判送錢，以及一些裁判員收錢問題的調查。中國足協的調查分為兩個階段，第一階段是以綠城、吉利兩家俱樂部提供的線索為重點進行的調查；第二階段是以新線索調查和裁判自查自糾為主，最後截止日期是一月三十一日。他謹慎而拘謹地說：「有些裁判主動交代了收受俱樂部錢款的問題，並向足協提供了新的線索；還有裁判表示要認真回想一下過去的情況，再向足協報告。所以說，目前調查已經取得了突破性、階段性的成果。」

當南勇說到「凡是能夠主動向中國足協講清楚問題、退回收受俱樂部錢款、檢查深刻的裁判，足協將不予曝光，並繼續使用」時，台下譁然，議論紛紛，甚至有人氣憤地說，這就是說黑哨事件不僅不了了之，而且那些犯罪的裁判還可以繼續當「黑衣法官」，繼續吹黑哨，繼續收受賄賂，風聲再緊，還可以繼續退贓檢討，然後再繼續當裁判。這叫什麼邏輯！

董華示意大家安靜，不要說話。

接著是閻世鐸講話。這位侃爺的確不得了，一會兒站在足球管理中心的立場，一會兒又站在中國足協的角度，講得激情澎湃，抑揚頓挫，收放自如，滔滔不絕。

他講了九點，講到足壇腐敗的源頭時，理直氣壯地說：「中央一再強調，反腐敗一定要從源頭上抓起，做到標本兼治。足球中產生的腐敗原因是多方面的，既有其深刻而廣泛的社會、歷史根源，也有足球界自身的問題。近些年來，廣大球迷及全社會對足球中的所謂『假球』、『黑哨』極為憤慨。如果說在職業聯賽中有『假球』，那麼，『假球』是誰跟誰打的？如果說有『黑哨』，是誰給裁判吹『黑哨』的錢？如果說有的比賽在賽前就已經『商定』好比賽的結局，是誰跟誰在商定這個結局？如果說『圈裡』有給裁判送錢的規矩，這個規矩是誰定的？是誰在擾亂中國足球職業聯賽的公平競爭秩序，是誰在破壞中國足球的市場環境，是誰在欺騙廣大球迷，是誰在做違法亂紀的事情？這些問題，只要大家冷靜地想一想，是不難得出結論的。」矛頭直指足球俱樂部。

在講到「中國足協會不會在這次事件中袒護什麼人」時，閻世鐸列舉對「甲B五鼠案」處罰六十一人。他說，「雖然，中國足協受到了有些方面的強大壓力，但並沒有動搖中國足協打擊行業不正之風的決心。大家可以想一想，有些不正之風在許多方面都是存在的，中國足協這樣大刀闊斧地對自己管轄領域內的不正之風開戰的精神和勇氣，難道不值得支持和贏得信任嗎？」

在講到如何看待中國足協的問題時，他說：「中國足協的同志們就像一批在槍林彈雨中遭受圍追堵截、雖然滿身傷痕但卻仍在繼續前進的戰士。不論他們怎樣做，做出了什麼樣的成就，卻很少得到肯定和支持。聽到的看到的大多是批評、譏諷、辱罵和恐嚇。難道『赤腳人趕兔，穿靴人吃肉』真的是天經地義的真理嗎？有的人靠中國足球吃飯，卻以糟蹋中國足球為樂趣，為快事；在中國足協不斷向不正之風和腐敗行為進行鬥爭的時候，有的人卻向中國足協猛打橫炮；甚至有的人自己明知故犯地做了違法亂紀的事情，還要興師問罪般地責問中國足協：誰之過？中國足協有些工作做得不好，可以向全國球迷道歉，可以向媒體說對不起，但中國足協絕不會向製造不正之風和腐敗行為的勢力低頭妥協。」

閻掌門似乎永遠不忘記批評與指責別人，表揚與讚美自己。

這些記者什麼陣勢沒見過？哪會被他震住？

接下來記者提問了，央視記者段暄問道：「既然足協說不反對司法介入，而且已經掌握了有關裁判收受俱樂部的錢的證據，為什麼不向司法部門舉報，反而制定了一個政策，也就是行規，請問司法和行規如何區別？」

閻世鐸答道：「一是司法和行規是有區別的，二是足協並不反對司法介入，三是足協制定的政策是按照國際足聯的有關規定和中國足協的有關規定制定的。」

閻世鐸回答得輕鬆，他巧妙地躲過劍鋒，沒有回答前一個問題。

沒想到段暄不依不饒地追問道：「裁判收黑錢算不算違法？」

「裁判收錢當然屬於違法。」閻世鐸不得不答道。

段暄又問：「那這些裁判因何還能繼續出現在賽場上？」

「這是中國足協制定的相應政策，但這並不排除司法介入。」閻世鐸可能發現自己不能自圓其說了，有點兒緊張。假如司法介入，最終結果中國足協左右得了麼？裁判要是被判了刑，坐了牢，你足協還能到監獄把他請出來當裁判？荒唐！

「中國足協不主動把這些裁判送交司法部門嗎？」段暄步步緊逼地問道。

這句讓閻世鐸更不好回答了，說主動送交的話，與南勇前邊的表態矛盾；說不主動送交的話，又怕記者說中國足協包庇罪犯。

閻世鐸答不上來了，有點冒汗了。會議廳一片寂靜，所有記者都等待他的答覆。

閻世鐸畢竟久經沙場，轉瞬恢復常態，裝出根本就沒聽見這一提問的樣子，說：「下一個！」

下一個提問的是新華社記者楊明，他問：「網上有媒體說已經有三個涉嫌裁判認錯，請問承認錯誤的裁判是不是陳國強、周偉新和龔建平？請足協給予證實。」

楊明來時在停車場遇到了閻世鐸，問：「有幾個裁判認錯了，今天能公佈嗎？」閻世鐸沒有回答。他借此機會又提了出來。

閻世鐸說：「網上說的三個裁判，我沒有看到，因此很難回答。」

記者請求發言的手像雨後的春筍，可是當閻世鐸回答完第五位記者的提問時，董華大聲宣佈：「媒體通氣會到此結束。」

閻世鐸抓起一條毛巾擦了擦臉上的汗水，拎著他的黑色公事包，匆匆離去。一群記者追上去，邊走邊問……。

閻世鐸走了，南勇和董華也跟著離去了，把記者和他們關注的問題留在了會議廳。記者最想知道的是：中國足協是否會將受賄的裁判移交司法部門；目前有多少裁判向足協坦白交代，收受賄賂的總額是多少；在上海電視臺公佈的名單中，有幾位裁判交待了自己的問題，他們是誰？記者們覺得特不盡興，尤其是專程從外地特意趕來的，他們把消息靈通的記者和幾位外國記者團團圍住，開始記者採訪記者。一位澳大利亞的中年記者衝出重圍，擺了擺手，丟下一句半生不熟的中國話：「不可以接受採訪。」轉身離去。一位荷蘭的女記者用流利的漢語說道：「閻世鐸好像沒有說出什麼具體的東西。這種事如發生在荷蘭，那將是一件大事，我們將會首先公佈嫌疑人的名字，然後將其移送司法機關調查。在這裡，我關注這事已經有一段時間了，到現在還沒有什麼說法，我不太明白……」

記者大失所望，不僅對這個通氣會失望，對中國足協失望，對陳培德信任的閻世鐸也失望了。

段暄說，「如果中國足協以『行規』替代司法，讓這些涉黑裁判繼續執哨聯賽，這的確是中國足球的悲劇。在國外，如果出現這種裁判醜聞，首先是內部處理，然後是司法介入。中國涉黑裁判不但不受到法律制裁，而且還要繼續執哨，讓人簡直無法理解，太令人遺憾了。」

《北京青年足球》的記者董路說：「看來閻世鐸也有他自己的難處。如果司法介入了，也許會牽涉到更大面積的裁判群，甚至還會牽涉到足協內部人士，這無論如何是閻世鐸不願意看到的。閻世鐸講話的核心是自保，再次確定中國足協的權威性。這樣看來，在這次所謂的掃黑風暴中，也許涉黑裁判和俱樂部一個也不會被司法介入。」

楊明說，「閻世鐸說，只要收黑錢的裁判主動交代，退贓的，通過教育，這些裁判仍可以執法今年的聯賽。這讓我們感到非常震驚！有罪無罪，量刑多少，應該是司法管轄的範疇。足協以『行規』凌駕法律之上，這無論如何都是讓人難以理解的，也是有悖足壇打假掃黑精神的。」

董華失策了，可能沒有想到，他和閻世鐸、南勇走了，新聞發佈會還在進行，而且記者們越講越來氣，這種情緒不可避免地滲入報導中，難道這是閻世鐸和南勇期望的麼？

第二天，新華社記者楊明的報導《足協：主動認錯的裁判不予曝光繼續留用》出現在各報紙的顯要位置。

第八章 黑雲下的一線曙光

（一）領導指示陳培德要將「火球」傳出去，「暴風眼」風平浪靜，報紙不再提黑哨了。陳培德表示誓與腐敗血戰到底。

一月二十六日晚七時，陳培德身著黑色長風衣，風度翩翩地來到浙江線上的「錢潮論壇」。浙江線上是浙江日報報業集團旗下的互聯網站。

二十多平米的聊天室內，除版主吳揚之外，還有幾家電視臺的記者，攝像機像洞察心靈的瞳孔對著陳培德。中國足協通氣會後，閻世鐸和南勇的講話引起了強烈的反響，一時間媒體的報導和評論鋪天蓋地。宋衛平沒想到翹首等了半個多月居然是這個結果，他不明白那個向他轉達體育總局領導的關心，代表足協對他的打假掃黑行動表示支持的閻世鐸跑哪兒去了；這個說「有的人自己明知故犯地做了違法亂紀的事情，還要興師問罪般地責問中國足協」的閻世鐸是從哪兒冒出來的。

失望排山倒海地湧來，讓宋衛平難以支持。他將自己一人關在房間，舔舐著內心深處的重創，思索著下一步的打算。趕來採訪的記者被拒之門外。他們不肯離去，坐在外邊靜悄悄地等待著，他們相信宋衛平總會從小屋出來，總會給他們一個說法。

四五個小時過去，房間的門開了，宋衛平從裡邊走了出來。他恍若兩人，整個人像從地震或海嘯中逃出來似的憔悴不堪，疲憊不堪。他有氣無力地對記者說：「閻主席的表態和我的預想相差甚遠。無論從哪方面來講，這都不是一個讓人振奮的講話。」

有記者問，你認為打黑最後會是什麼樣的結局？

宋衛平目光黯然，無精打采地說：「等等看吧。」

他發表了五點看法，比閻世鐸的九點說明少了四點。他說，一是中國足協能在十多天時間內做了如此之多的工作，並有實質性的突破，這是過去所沒有過的。二是希望中國足協在處理涉黑裁判時要區別對待，要善待那些能直面問題，並確實有悔改之心的裁判。三是建議組織各俱樂部認真學習閻主席的講話，要從中得到教育，吸取教訓。四是中國足協不要有太多的委屈情緒，現在還沒到分清責任的時候，希望閻主席出於公心，本著對球迷利益和中國足球未來負責的態度解決好此事，並衷心希望他能創立豐功偉績。五是中國足協在處理此事時，要緊密依靠球迷和媒體，不要對他們有抱怨情緒，更不要把他們推到自己的對立面去，中國足協應該善待一切應該善待的人。

可以看出來，宋衛平這五點看法是經過一番深思，而且是本著對足球和足協負責的精神說這番話的。在此時此刻，他能夠說出這番話確實是不容易。

當晚七時三十分，桂生悅做客新浪嘉賓聊天室。他很瀟灑，反正已從足壇退出了，不管說什麼，閻世鐸和足協都奈何他不得。他說，他對閻世鐸的講話感到相當失望，不過閻世鐸沒講出什麼實質性的東西，跟以前的態度一樣。閻世鐸那種缺乏力量的反駁顯得很心虛。他還說：「我希望中國足協不要轉移全國人民的視線，而把自己的責任推得一乾二淨。」

長春亞泰總經理張嘉成憤然說：「天大的笑話！犯了法的人還可以繼續執法，這簡直是在開全國人的玩笑！」他還說，我認為閻世鐸在裁判問題上還沒搞清，卻用了八個「是誰」，將矛頭直指俱樂部很不合適。「足協處理五家甲B俱樂部時，堅決、快速、不惜矯枉過正，在處理裁判違法的問題上卻表現出特別仁慈，又要調查，又要證據。現在證據也有了，卻遲遲不處理。真是內外有別啊！」

陳培德在接受記者採訪時簡單扼要地講了三點：「尊重足協、支持足協、監督足協。」這話誰都能聽明白，與其說他講了三點，還不如只說了一點，那就是監督足協。南勇那種荒唐態度，閻世鐸的九點說明是難以獲得尊重和支持的。

陳培德說，黑哨假球等問題最終還是要靠中國足協自己來解決，也只能依靠中國足協來解決。這次通氣會實質性內容不多，不過跟以前比還是進了一小步。中國足球職業化這八年所取得的成績是沒人否認的，關於足壇腐敗是怎麼造成的，中國足協有什麼責任，需要進一步深究，不過這是「第二章」的內容。閻世鐸說要推動司法介入，這可視為中國足協的承諾。不過，行規處理和司法介入並不矛盾，足協可以先進行行政處理，構成犯罪的移交司法機關。黨政機關對幹部的處理也是如此，比如先開除黨籍和公職，然後再追究刑事責任。

陳培德判斷閻世鐸的態度可能來自於總局。有媒體透露，高層希望打假掃黑在三月份之前結束。足協可能想按行規從快從速處理，將大事化小，小事化了。

從那之後，陳培德不再接受記者的採訪，實在躲不過去，只好應付講幾句。不過，他的話溫和許多，收斂許多，不像以往那麼犀利，一針見血。有記者到體育局來採訪，被門衛攔在門外，想打電話採訪，電話又被轉到辦公室主任鄭瑤那裡。

陳培德這門重炮怎麼突然不響了？他是否想像李書福那樣退出了？

其實，陳培德的壓力很大，外部的內部的像黑雲壓城似的壓了過來，讓他沒有招架之力，只能陷於被動，備受煎熬。

這時，一位多年不見的老朋友突然來訪，電話裡說：「陳老弟，我來杭州了，今天中午我們一起聚聚如何？」

「好，我一定去。」陳培德欣然說道。

有朋自遠方來，不亦樂乎？老友是總局退下來的司級幹部，擔任過某一運動項目的負責人，在體育界德高望重，有一定的影響力。陳培德不僅與他交情較深，而且對他特別敬重。

陳培德趕到飯店時，老友已坐等多時。

寒暄，喝茶，點菜。陳培德將菜譜遞給老友，請他點菜。老友也不客氣，點的不多，卻很有檔次，連魚翅都點了。

老友放下菜單說道：「這頓飯我來做東。」

這出乎陳培德意料之外。

「在杭州，我是主，您是客，哪有客人請主人的道理？這頓飯我請。」陳培德當仁不讓地說。

沒想到老友像堅守陣地，寸土不讓。陳培德一下就明白了，他找自己有事，看來只好主隨客便了。

酒菜上齊之後，兩人邊吃邊聊，都是體育界的，自然要談熱點問題——足球打假掃黑了。

老友說：「老弟，你現在已成為媒體的焦點人物，全國上下都很關注。不過，你講話太直白了，這樣下去對你十分不利。」

早有人關照過陳培德：要注意工作的方式方法。言外之意你也太不會做官了，如今的哪個官員不明哲保身，好事搶著上，困難繞著走，能不管就不管，能不負責就不負責，哪有像你這樣的自己找麻煩？

陳培德說：「我這人生性就是直白，愛說真話。」

老友說，足球的複雜由來已久，盤根錯節，各種關係難以理清。打假掃黑這不是你能擔當得起的。你見好就收吧，不要繼續讓媒體炒作，免得上下關係緊張，對你對浙江都不利。

這句話怕是一半勸說，一半要脅，讓人感到冷颼颼的。

陳培德恍然大悟，老友不是來杭州辦事順便看望，而是專程來做說客的。他也許是總局派來的，也許自願請纓來，看來這頓飯是有人背後埋單的，怪不得老友上來就點魚翅，看來花公款請客就是爽，想點啥點啥，一點兒都不心疼錢。

在這段時間，已有不少體育界的權威和名流到杭州斡旋，勸陳培德和宋衛平不要把事情鬧大，搞大了對誰都沒有好處。

畢竟是多年的朋友，不管怎麼說也得給他這個面子，讓他回去有個交代，否則差旅費和這頓飯的餐費怎麼報銷呢？陳培德只好把打假掃黑鬥爭的經過，以及遇到困境、阻力和誤解傾述一番，然後有幾分委屈地說道：「我本想在足壇反腐上助總局一臂之力，沒想到反遭誤解。」

放著河水幹嗎不洗船呢？既然他來當說客，那麼就讓他把這話帶回去。你們總局自己不反腐敗，還不讓別人幫你們反？

最後，陳培德像知錯就改似的，謙遜而順從地說，好的，好的，我以後說話會注意分寸的，會注意內外有別，不給領導添麻煩。

老友畢竟不是上司，應付兩句也就過去了，出了酒店，一左一右分道揚鑣。

沒想到事隔兩天，領導找他談話了。

那天，他在主持體育局黨組會議時，接到一位領導的秘書打來的電話，說領導讓他到辦公室去一趟。他匆匆趕了過去。領導笑容滿面，熱情而客氣，氣氛輕鬆而愉快。領導平時吸地產利群香煙，這次卻出乎意料地一個勁兒請他吸中華煙。這種招待不同尋常。他清楚領導工作繁忙，不會找他來吸煙和聊天，肯定有重要事情要談。

不知道領導要說什麼，這煙越吸心懸越高，越來越沒有底了。

閒聊過後，言歸正傳，領導謹慎地說，培德同志，我們今天是私人談話，是朋友之間的交談，你回去之後一句都不能說。

陳培德一聽就明白了，笑了笑說：「我知道您要跟我談什麼，足球！」

領導頷首微笑，語重心長地說，培德啊，難道我就不知道足球黑，體育黑嗎？我想我知道的恐怕不比你少哇。可是，這是一個全國性的問題，咱們浙江省解決不了哇。打假掃黑進行到現在這個階段，已取得不少成績。可是，你不能老把這個球抱在自己懷裡，要趕緊傳出去，傳給中國足協，傳給國家體育總局。足球已經越來越熱了，成了火球，你再抱下去要引火焚身的。

「我知道，前兩天已經把球傳出去了。在接受記者採訪時，我講了三句話：『支持足協，尊重足協，監督足協。』我對記者說，浙江已經盡到了自己的責任，最後解決問題還要靠足協，浙江是解決不了中國足球問題的。」

領導肯定地說，這樣好，見好就收，不要搞得太熱。

陳培德走出領導的辦公室，感到茫然和失落。對領導不能陽奉陰違，對領導的指示不能不照辦，可是，那樣的話就等於把球傳給中國足協，傳給閻世鐸之後，他就該退場了，該老老實實地坐在球場邊上的冷板凳上看球了，不論球溜出邊界，還是踢進自己的球門，他都得坐那看著。當然了，不想看還可以把眼睛閉上。可是，他閉得上嗎？

陳培德不知怎麼辦好，感到焦頭爛額，左右為難，好不糾結。

浙江省「兩會」召開了。金華代表團徐美琴的《要求司法介入足壇進行打假掃黑鬥爭》議案得到陳培德等二十八位代表的附議。徐愛光等十三位代表也提交了要求對司法介入黑哨的議案。兩個提案在人大會議引起強烈反響。

北京傳說上面發話了，媒體和足協各打五十大板。

浙江傳說媒體接到通知：「兩會」期間不要對黑哨的議案進行炒作。還有人說，有人跟杭州新聞界打了招呼：掃黑報導到此為止。於是，「暴風眼」沒有了新聞，變得風平浪靜了，浙江外邊的媒體也不再追蹤報導掃黑，偃旗息鼓了。

有人說，宋衛平和桂生悅已打光子彈，看來這場打黑鬥爭轟轟烈烈，草草收兵，最後還是「外甥打燈籠——照舅（舊），還是個不了了之。」

一天，一位當地記者在吃飯時興奮地對外地記者說，昨天給本報寫了一篇打黑的報導，經好大一番努力才上版。外地記者聽後買了一份報紙，想看看那篇報導，當地記者就搶了過去，嘩啦嘩啦從頭版翻到末版。

「我的稿子呢？」他一邊找，一邊疑惑地說。

翻一遍沒有，又翻一遍還是沒有。他堅信那篇稿發了，認為自己沒有找到，請旁邊的人幫他找找。大家輪番找了一遍，也沒見到那篇稿。看來那稿沒發出來，他十分沮喪地說，頭兒可能沒抗住上面，臨時撤了。

新華社記者方益波寫的《黑哨調查》出版後，杭州一家媒體說好的連載，結果發了一期就沒下文了。

這段時間有關打黑的報導不僅在杭州媒體見不著了，外地媒體也不報導了，有人特意查閱了某著名網站，發現有一周多時間沒有一篇這方面的報導。

《新聞調查》做過宋衛平的專訪，據說他是該欄目評選出來的五位年度人物之一，結果那檔節目沒有播出。

冬季已近尾聲，天氣卻陡然寒冷起來。

魯松庭要從副省長的位置退下來，去省人大任副主任了。有人說，這回陳培德的後盾沒了，也有人說，陳培德怕是不敢出來了，足球這潭水深著呢，說不上哪腳沒踩好掉進去，想爬都爬不上來。還有人說，李書福撤了，宋衛平垮了，綠城與吉利的反黑聯盟不復存在了，陳培德要退休了，打黑鬥爭也就這樣了，不會再掀波瀾了。

陳培德想，民不舉，官不究，杭州這一「暴風眼」要是不存在了，媒體不再關注打黑了，足協是不會讓司法介入的，打黑不了了之，黑哨繼續執法，足壇腐敗繼續下去。在這關鍵時刻，他必須要站出來說話了，繼續下去，打黑就像退潮之水，銷聲匿跡。

當「錢潮論壇」請陳培德做客聊天室，就人大代表和政協委員對司法介入黑哨的方案問題與網友對話時，他欣然答應了。

他在聊天室坐下後，邊吸煙邊對記者說：「我認為，淨化體壇環境，浙江敢為人先；揭黑、掃黑，浙江敢為人先；司法介入這個問題，浙江也要敢為人先。」

他從眾多帖子中選擇了：陳局，您好！聽說閻主席有一說，只要收黑錢、吹黑哨的裁判把錢吐出來，還可以繼續做他的裁判。對此，您有何評價？

陳培德說：「閻世鐸主席在二十三日的新聞通氣會上，傳遞了一個重要資訊，那就是我們國家的法律政策將作重大調整。因為，他宣佈裁判只要把黑錢退出來就可以繼續當裁判，這意味著成克傑只要把一千多萬的贓款退出來，就可以繼續當他的副委員長，胡長清只要把他的那幾百萬贓款退出，也可以不殺頭，同樣當他的副省長。這可是千載難逢的好機會，一切腐敗分子千萬不可錯過。」

陳培德的幽默和調侃，引來一片喝彩。網上活躍起來，帖子像鮮花滿山遍野地開放了。

有網友問，你認為閻世鐸這個人怎麼樣？

陳培德說：「閻世鐸是一個有政治抱負、有理論修養、有才氣的人，到足協時間不長，我相信他是入污泥而不染的，現在仍然相信他。他的工作環境不太好，閱歷還不夠深，難免會說一些言不由衷的話，這些話是否出於他的真心我表示懷疑，所以即使他說了些笑話或錯話，我還是原諒他。」

有網友問：全國有那麼多體育局長，為什麼只有你一個站出來反腐敗？

陳培德說，我還是強調責任，因為假球黑哨發生在浙江，綠城是其中的一家，我有責任來管這件事情，不管是失職。其次跟我的性格也有關係，我這人不平則鳴。我講真話並不需要勇氣，相反講假話還真需要勇氣，否則要臉紅。有人說我這是書生氣，如果這是書生氣的話，現在的官場太需要它了。

為什麼沒有第二個人站出來呢，無非是兩種情況：多數人覺得事不關己，高高掛起，多一事不如少一事；另一種人，覺得反黑會牽連自己，從自身利益出發，他不可能站出來。沒有第二個人站出來，我覺得這應該是黨風的悲哀，是官場的悲哀。

有網友問：「陳局長，您能堅持到底嗎？」

陳培德堅定不移地回答：「從打響打假掃黑第一槍那一刻起，我就決心與這場鬥爭同在。」

網友問：「下一步，您將怎麼做？其實不管你怎麼做，我們都是支持你的。我真的不想看到我們的心再一次被欺騙。」

陳培德說：「依靠中國足協去做，推著中國足協去做。」

「不應該是推，而是用刀子去逼。你能說明白點兒嗎？到底希望有多大？我們希望是：除掉所有的黑哨。但這樣做困難很大。可是像足協說的那樣，我們不能接受。」

陳培德說：「依靠司法解決問題。」

「要是最後中國足協還是不了了之的話，你怎麼辦？」

陳培德充滿信心地說：「事態發展到今天，再不了了之對國人是無法交代的，是不可能的，也是不允許的。現在是解決多一些還是少一些，是澈底揭還是局部地揭的問題，分歧就在這裡。我不怕不了了之，就怕揭得不澈底。」

網友問：「您認為是不是足協內部也有黑哨，所以現在黑哨越來越多？」

陳培德說：「足協裡面有沒有黑哨要用事實來說話，大家的疑點很多，我的疑點也很多，但我不能下結論，疑點之一就是足協裡面有不少官員發了財，靠他們的合法收入是發不了這樣大財的。」

有網友說：「您是快退休的人啦，不要再和他們搞了，他們說不定加害於你的。」

陳培德大義凜然地說：「和腐敗鬥爭不受退休與不退休的限制，何況我現在還沒退休呢，只要還有腐敗，即使退休以後，我也還要鬥。目前，人身方面的危險還沒有感覺到，政治上的危險已經感覺到了，具體的就不說了。可是，我不在乎。還是那句老話，即使我有不測，如果鮮血能擦亮更多人的眼睛，也是死得其所。」

網友問：「這次你站出來，覺得有必要對對你有異議的人進行解釋嗎？」

陳培德說，對我有異議的人有兩種：一是體育總局，他們對我的行動不加評論，以沉默的方法對待，然後通過個別媒體表明不支持的態度。比如說，全國媒體幾乎無一不關心這件事，唯獨總局的機關報《中國體育報》不報導這件事——這裡的體壇靜悄悄。閻世鐸來杭州後，他們才報導。恨我的人還有一種，就是真正的黑哨和足協裡自身不乾淨的人。許多人問，你為什麼這麼做？要是算個人得失的賬，我就不這麼做，有野心也為時太晚，我即將退休了。

網友問：「陳局長，請問什麼時候高院能出臺司法解釋？」

陳培德說：「二十三日，最高法院副院長曹建明在到杭州聽取中國全國人大代表和浙江省人大代表對最高法院工作意見，我應邀參加了座談會。我向他提出了司法介入的問題，以及提供解決司法解釋難題的有關資料。他非常重視。我估計在三月份中國全國人代會之前，司法介入的問題會有答覆。」

座談會上，陳培德還將了浙江省人民檢察院領導一軍。他說，浙江人有敢為天下先的精神，浙江綠城俱樂部和浙江人辦的廣州吉利俱樂部率先站出來向黑哨宣戰，充分體現了浙江精神。我希望在浙江司法界身上也能看到這種精神，能夠主動介入。

他還說，他已經諮詢過，按照屬地管轄的原則，浙江省檢察機關有必要對發生在當地的行賄受賄行為進行偵察。杭州市人民檢察院的一位副檢察長給他寫了封信。信上說，他是一位老檢察官，對陳培德的行動表示支持，同時表示願意為司法介入盡一份力，希望陳培德能為他提供情況。

陳培德說，他將儘快與那位副檢察長聯繫，並把有關證據遞交給他。

網友問：「請問這次事件，省政府是什麼態度？」

陳培德說：「我可以負責任地說，省裡的領導、各委辦廳局的領導非常支持我和省體育局的行動，省人大代表，政協委員也都非常支持，副省長魯松庭兩次公開表態支持打假掃黑，浙江已經形成全國打假掃黑的最好環境，浙江的球迷、網友們已經成為鬥爭在第一線將士的堅強後盾。」

網友問：「陳局，你的屬下有沒有過類似黑哨的事情發生？」

陳培德說：「浙江也不是真空地帶，對這類事情最重要的是要正視它，解決它。杭州也有被某俱樂部點名的裁判，我早已敦促他所在單位對他進行教育，讓他主動交代。我們的態度是：要解決全國的問題，我們力不從心，要解決自身問題，我們責無旁貸，否則就沒有說服力。」

這位網友的提問像一陣風吹開了陳培德的記憶之門。二〇〇一年八月，浙江發生過一起震驚體壇的教練員索賄受賄事件。跳遠組主教練金鳳在浙江省田徑隊運動員鄭南峰、高峰文化課曠課被點名批評之後，打電話給他們的父母說，你們的孩子要被開除了，趕快送點兒錢來，我幫忙疏通一下。

這兩名運動員是金鳳在三年前從溫州選來的。當時，金鳳對他們父母說，孩子要想進田徑隊就得花錢疏通關係。這兩家雖然在溫州，可是不是有錢人家，但為了孩子的前途和命運，父母寧肯砸鍋賣鐵也得讓孩子進體工隊，最後每個家庭湊了四萬元錢交給金鳳。

金鳳也是溫州人，他十七歲那年從溫州少年體校入選浙江省田徑隊。在十年的運動員生涯中，他為浙江省爭過光，不僅奪得過全國冠軍，還打破過全國跳遠比賽的紀錄。

二十七歲那年，金鳳退役了，被安排在訓管科工作。後來，他主動要求下到田徑隊任主教練。沒過多久，他染上賭博的惡習，為還賭債整天挖空心思想搞錢。

孩子的父母慌了。孩子惹禍了，無論如何也得想法擺平。可是，拿點兒錢，多少好呢？多了兩家都出不起，少了又不起作用。兩家父母又氣又恨，可是著急上火沒用，總得想個轍啊，總不能眼睜睜地看著孩子被田徑隊送回來啊。兩家父母匆匆商量一下就趕到杭州，想先找領導求求情。沒想到根本就不是那回事兒，他們一氣之下把金鳳要錢的事一股腦兒說了出來。

陳培德聽說此事後大為震驚，沒想到「黑」居然從自己的轄區冒了出來。他立即指示體訓大隊成立調查組，迅速查清此事，並批示：「一、金鳳問題是嚴重的，手段是惡劣的，是浙江省體育界有史以來沒發生過的；二、要澈底查清金鳳的全部問題；三、通過金鳳問題，達到教育他本人和全體教練員的目的；四、從挽救和愛護幹部出發，給他創造坦白自首的機會，如果他拒絕接受自首，報送區檢察機關。」

調查組五下溫州，取得了確鑿的證據。專案組苦口婆心地找金鳳談話，給他悔過自新的機會。他也許受社會流行的「坦白從寬，牢底坐穿；抗拒從嚴，回家過年」說法的影響，也許以為體育局不會對他動真格的，扛一扛也就過去了，不僅不主動坦白交代，還和親朋好友立攻守同盟，找那兩位運動員的家長，動員他們翻供。最終，金鳳被杭州市下城區人民法院判處有期徒刑九年。

金鳳是全國首位因索賄、受賄而被判刑的教練員，在體育系統引起了極大反響。對此，陳培德特別痛心，他認為，「主觀上從領導層上找原因也有值得反思之處，我們一直強調要加強運動隊的思想政治工作，實際上卻一心只想拿金牌，創成績，放鬆了對他們的思想教育和法制教育，放鬆了嚴格監督，從而出現一手硬一手軟的現象。」

陳培德回答坦率，不遮不掩，實實在在。他認為自己在足壇打響足壇反腐第一槍沒錯，當前反腐是中國最大的事兒，腐敗不僅侵入我們的肌膚，而且滲入骨髓，不論黨還是國家，抑或人民都已無法承受腐敗腫瘤之重，如果不堅定不移地反腐敗，將會亡黨亡國。

兩個小時過去了，聊天結束了，網友言猶未盡。陳培德走出《浙江日報》大樓時，氣溫降低，街上人稀，夜色已濃。他家距離這兒不遠，步行只需要十幾分鐘。他點燃一支煙，一邊吸著，一邊思考著往回走。

他好多天沒這麼暢快地說話了。不過，暢快是暢快了，不知會招來多少人的不滿，甚至於恚恨，辜負了那位特意從北京跑來遊說的老友，沒有遵照那位領導的指示，接下來等待自己的還不知是什麼。

他知道自己的政治風險是越來越大了。算了，不想這些了，當衝鋒號吹響之後，不論指揮員還是戰鬥員都應該排除私心雜念，冒著槍林彈雨奮勇前進。

（二）足協坦白交待的大限已過，僅六名年輕裁判承認收受過紅包。有媒體公開指責陳培德，他內外交困之際，中央派下了調查組。

離春節還有五六天。江南過了春節就是春天，草會漸然變綠，花兒會到處開放。節日的氣氛已充滿杭城的大街小巷，性急的人點燃了鞭炮，劈裡啪啦的響聲催著返鄉人的腳步，讓人歸心似箭了。

旅店進入了淡季，閣世鐸住過的紫雲飯店三二三號套房卻住進了體育局新的客人，魯松庭副省長宴請過閣世鐸的汪莊夕照廳又迎來新的嘉賓。魯松庭舉起酒杯，代表省委省政府對調查組的到來表示歡迎。

氣氛像紹興酒透澈醇厚，賓主之間充滿著友善和信任。

足協通氣會後，打黑形勢像熊市的K線不斷走低，從沉悶滑入了低迷。在事態不明朗、變幻不定的情況下，部分媒體調轉了船頭，有些人改變了態度，陳培德被推進有生以來最為寒冷的日子。儘管領導沒有找他，他卻清醒地意識到不按領導指示辦事的後果，感受到處境的艱難。

一月三十一日是裁判坦白交待的大限，南勇承諾此前坦白交待的裁判將會受足協的保護，可以繼續當裁判；過此期限被查出來，將要「殺無赦、斬立決」，送交司法機關懲處。足協還安排裁判在一僻靜的飯店進行「背對背自查自糾和相互揭發」，有六名年輕的裁判承認自己接受過綠城的賄賂，那些老奸巨猾的老江湖卻打死也不說。有人說，「『坦白』的裁判，其實並不算黑，有的即使拿錢也是羞羞答答的，真要對這些裁判下手，還真有點於心不忍，對那些老江湖來說，有點欺負『老實孩子』的感覺。」

有媒體說，「足協還沒有掌握能夠把收黑錢的裁判繩之以法的有力證據。有不少人跟調查組講了一些實話，可是又聲明自己沒有證據，也算不上是舉報，只是說說而已。足協要想處罰那些問題比較嚴重的裁判，也只能是在內部以天知、地知、你知、我知的點到為止方式，真要把問題擺在桌面上，怕是誰也不能讓對方心服口服。」

於是，「對於挑起這場風波的宋衛平等人，中國足協甚至國家體育總局的一些人一直心懷不滿。如今費盡心機折騰一通沒有什麼實質性進展，搞得足協不好向社會交代，因此足協部分工作人員怨氣很大，你手裡沒有證據，跳出來胡說八道，然後把球踢到足協懷裡，在一邊指手畫腳。其實我們早就對裁判問題有所察覺，而且一直在做工作，但就是苦於一直沒有證據而作罷。要是早有證據，這事還能等你宋衛平跳出來嗎？但不管怎麼說，現在的事情好像都落在中國足協身上，進也不是，退也不是，整個讓宋衛平給推到了陷阱裡。」

二月二日，北京足協的裁判工作會議上，向陸俊頒發了「特別榮譽獎」，向孫葆潔頒發了「金哨獎」，一位副秘書長還在會上說，所謂的黑哨是個別俱樂部造成的，記者捕風捉影，參與其中。他說：「當時我就覺得這樣的方式很不好，就像浙江體育局局長陳培德，作為一個國家幹部，其做法就很不好。」他還反問，你陳培德有證據嗎？沒有證據就不要再亂嚷嚷！

有人說，這年頭，最靠不住的就是媒體，翻手為雲，覆手為雨，挑撥離間，唯恐天下不亂。這邊亂了，他贏了；那邊亂了，他也贏了。有熱鬧就有報導，有報導就有錢賺。

有報導說，把打黑的低潮和報導的蕭條歸結為宋衛平跑到澳大利亞休養生息，桂生悅躲了起來再不露面，剩下一個將要退休的陳培德苦苦支撐，沒完沒了地苦戰，還鼓動一些人大代表遞交提案，想在法律上尋找出路。

還用嘲諷的口吻說，當初「宋桂」要求司法介入只不過想印證黑哨的存在，沒想到發現自己落進了「圈套」，如果司法介入，最先坐牢的不是裁判，而是他們自己。甚至有可能自己進去了，黑哨還未見得進得去，這種傻事誰能幹？宋衛平現在嘗到了苦頭，他是搞房地產的，信譽是他在商場立足的根本，打黑讓他的信譽受損，一些朋友跟他的關係已冷淡，這對他來說是相當大的打擊。到底還是李書福聰明，見事不妙，迅速撤離。

說完宋衛平又說陳培德，一個廳局級幹部居然有勇氣將矛頭直指國家體育總局，不少同行認為這人八成是瘋了。朋友勸他把握好尺度，千萬別出溜到「自由化」的道路上去。甚至有人告訴他：「一場自下而上的運動，最終一定會失去控制，弄不好要搬起石頭砸自己的腳，使得自己晚節不保。」還有人勸他，「你不能把行業內部的事情搞得無法收拾，因為裁判吃黑的問題很難搞到證據，內部對這種事情的處理可以有很多辦法，如果拿到外面處理，問題就會變得複雜化，而且根本無法左右事態的發展。一旦事情變了味道，失去了控制，鬧成一個社會問題，那就騎虎難下了。」陳培德卻不聽朋友的忠告和同行的傳話，一意孤行。結果讓自己相當被動。

還說，「陳培德的一意孤行還體現在對戰友也不管不顧。司法介入喊兩嗓子也就算了，他還非要要個說法，「問題涉及到了法律盲點，這也許是宋衛平的造化。中國全國人大真的作出司法解釋，把足協、俱樂部都列為法人主體的話，這不是明擺著要把宋衛平送進監獄嗎？宋衛平那麼聰明的人是不會看不到這步的，現在的問題是，宋衛平抱怨已經沒有用了，十二名人大代表聯名發難，事情不解決已經是不可能的了，宋衛平讓陳培德搞得人不像人，鬼不像鬼，光剩下罵娘的份兒了。」

言外之意，是陳培德把宋衛平逼到了絕境。這麼一來天下的惡人只有一個了，那就是陳培德了。

說完陳培德又說桂生悅，「在司法解釋的問題上，桂生悅也沒有和宋衛平有效配合，桂生悅在廣東動員的人大代表也不少，宋衛平這口氣真正是不好咽下，沒轍，只能到澳大利亞躲一躲。」

最後還說，「桂生悅忙著閉嘴，宋衛平忙著自己怎樣才能不進監獄，陳培德還嫌事不夠大。他們各吹各的喇叭，各懷各自的心事。最後實在不行了，就像李書福和桂生悅前些日子說的：『我們還得把汽車事業搞上去，沒有工夫陪你們這些人玩了。』然後，嗷的一聲，作鳥獸散。」

「陳局長，總局派監察局的兩位副局長帶隊到杭州調查。」晚上，陳培德的手機響了。電話是國家體育總局監察局監察員梁效平打來的。

「你們終於要來了。你們還信得過我們？」陳培德不快地說了一句。

打假掃黑風暴刮了好幾個月，總局才弄出個動靜，這種效率簡直讓人七竅生煙。看來只要火還沒燒到自己的房頂他們就不著急。總局也有過類似足協「五・一九」處理綠城俱樂部那樣的迅速高效，陳培德在杭州批評指責總局不長時間，總局就不邀請他參加上海會議了。另外，這個調查組會不會像閻世鐸走走形式，講一番不算數的話，許一些不兌現的諾，最後拍拍屁股一走了之？

梁效平丈二和尚摸不到頭腦地問道：「您這是什麼意思？」

什麼意思，一是你們來晚了，二是總局對我陳培德還信任麼？算了，跟他發牢騷有什麼用呢，他又不是決策者。再說了，有動靜總比沒反應要好。陳培德想到這也就不再說什麼了。

在打黑低潮，總局派來調查組，這是什麼用意呢？會不會想借機將打黑風暴扼殺掉？

第二天是周日，陳培德召開黨組會議，研究接待事宜。經討論決定由辦公室準備彙報材料，監察室負責接待和聯絡，將調查組安排在紫雲飯店，注意保密，不要讓媒體知道。另外注意三點：一是體育局要為調查組提供情況和證據，並動員綠城配合調查；二是充分闡述浙江省體育局對打黑鬥爭的態度和做法，分清功過是非；三是在此期間體育局不再對黑哨問題公開表態。

陳培德琢磨著手裡的調查組成員名單：梁效平、李冬生都認識，組長和副組長徐櫝和趙建平的名字特別陌生，似乎總局沒有這麼兩個人。奇怪了，這是怎麼回事？不會再出現像所謂的中間人簡擎的那種鬧劇吧？宋衛平上當也就罷了，體育局要是鬧出這種笑話，那可就難收場了。於是，陳培德讓體育局監察室主任潘善泰跟總局監察局核實一下。潘主任撥了一通電話，周日沒人上班，誰也沒找到。最後，他想起了監察專員賀興亞。賀興亞是賀龍元帥的侄兒，是資深的紀檢監察官員。電話撥通後，賀興亞說，派調查組到杭州調查的事，他是知道的，這兩個人是否副局長，他也不清楚。

總局監察局下來的調查組，組長和副組長是否副局長，賀興亞都不清楚，這是怎麼回事？這個調查組會不會是中央派來的？猶如一縷風吹散了陳培德心底的沉悶，打電話向魯松庭副省長彙報。

魯松庭指示：「全力以赴地協助和配合。」

四日，調查組一行四人飛抵杭州。

杜兆年和潘善泰機場接機。陳培德率黨組所有成員在紫雲飯店會議室與調查組見面。

陳培德代表體育局黨組對調查組的到來表示歡迎。

在陳培德、杜兆年等人發言後，調查組組長徐槓說：「我們是受總局黨組的委託來杭州調查裁判接受俱樂部錢財事情的。調查組無權評價浙江省體育局和陳培德局長在打假掃黑中所起的作用。我很理解幾個領導的苦衷和不理解，我認為主要是缺乏溝通，不存在對反腐敗問題認識的不同。我們這次來也表明總局黨組對這一問題的認識和態度。要重視體育界的腐敗現象，要真抓實幹，抓好對不正之風的整治……」

調查組轉達了有關方面的意思：對陳培德的立場在原則上給予肯定，不過希望注意方式方法。

徐槓約四十四五歲，中等身材，滿口京腔，看上去精明強幹。

陳培德確信這個調查組一定有來頭，絕對不是總局派來的。

杜兆年感到納悶的是李冬生怎麼能成為調查組成員呢？他是裁判辦公室主任。有人說，要贏哪場球，第一個找的人就是李冬生。他不僅有權分配裁判執哨的場次，還可以暗示裁判。他是裁判的上帝，裁判的調度、晉級、表彰都抓在他手裡。他想跟誰過不去，誰就死定了，不要說晉不了級，裁判也沒得當。

裁判員楊志強在杜哈亞運會執法出色，亞足聯裁判委員會將之列為精英班成員。不知李冬生為什麼看他眼睛發青，愣是不讓他申報國際級裁判，即便亞足聯裁判委員會多次來電過問，他也沒過李冬生那一關。有人說：「楊志強要不就是沒送禮，要不就是禮送少了。」水漲船高，李冬生掌有實權之後，一般禮品已看不上眼。有一位裁判買了些水果和海產品去「孝敬」他，他不屑地讓裁判把東西塞到他汽車的後備箱。

李冬生剛到裁判辦公室時可不是這樣，那時的他什麼也不懂，可是做事肯投入，又很有心計，有段時間不分晝夜地在單位忙，連續三周沒回家，他到賽區不會客，不吃請，不娛樂，給人一種特別敬業和廉潔的印象，多次當選中國足協「優秀幹部」。他對裁判員要求很嚴，要求他們在執法賽區：「不能吸別人一支煙，喝別人一杯茶。」

真人不露相，偶爾露猙獰，這位中國足協「廉潔自律」的「優秀幹部」為某俱樂部在一國際比賽中主場取勝，向韓國主裁行賄五千美金。不料，韓國裁判沒有中國裁判的習慣，事後將贓款交給亞足聯。事情敗露後，亞足聯追查下來，最後在南勇、楊一民等人斡旋下總算沒翻船。

作為浙江省足協主席的杜兆年比陳培德更瞭解李冬生。裁判辦公室能自己的刀削自己的把兒嗎？裁判普遍受賄，大肆吹黑哨，能說與李冬生沒有關係？難道他的屁股全是乾淨的？讓他參加黑哨調查實在是太不合適了。他將這一想法告訴了陳培德。

「這不行，絕不能讓他參加調查，請他立即回避！」陳培德堅決果斷地說。

讓李冬生參加調查能調查出結果麼？恐怕有些人知道也不說了。誰敢擔保他不會通風報信？

杜兆年請潘善泰把浙江省體育局的意見轉達給調查組。調查組認為體育局的意見有道理。第二天，李冬生灰溜溜地離開杭州，返回北京，再沒有露面。

儘管體育局的保密工作做得較好，可是第三天媒體的報導就出來了：「就在各方擔心、黑哨們自己也以為可以鬆口氣準備回家過年的時候，沉寂多日的反黑中心杭州昨日又起波瀾，國家監察部門派出的調查人員悄然抵達，並與原吉利和綠城俱樂部接觸，這意味著掃黑事件不了了之的傳聞不攻自破……」一場更大的風暴正在悄悄地醞釀，掃黑向縱深發展，從此足協只能擔任配角了。

報導還說，調查組住的房間有一間是閻世鐸住過的。

調查組行事低調，拒絕任何媒體採訪，他們與綠城的宋衛平、沈強等人逐一談話，而且還把桂生悅、鮑仲良等人從深圳和廣州請到杭州接受調查。據說，調查組兵分兩路，另一路正在北京調查。

調查組的效率很高，起早貪黑，夜以繼日。除找人談話、調查取證之外，還核查了綠城的帳目，比閻世鐸、李冬生的走馬觀花式調查要深入、細緻和嚴謹得多。他們每天都要工作到深夜十二點之後。

宋衛平在二月一日從澳大利亞回杭州時，已不像走時那麼愴然和沮喪，似乎大徹大悟，一切都想開了，不再煩憂，沒事時還找人下幾盤圍棋。他說，他最不願意看到的就是黑哨問題不了了之，或者僅處理幾個裁判，這樣改變不了足壇腐敗的現狀。他準備魚死網破，寧肯坐牢也不放過黑哨。

愣的怕橫的，橫的怕不要命的。我想，當那幫涉黑裁判知道宋衛平是這種心態，恐怕睡不著覺了。

調查組的出現，讓持續低迷的打黑鬥爭又出現一縷曙光，讓宋衛平找回了信心。他又忙碌起來，一邊接受調查，一邊接受記者採訪，偶爾還搞個媒體見面會什麼的。德國一家電視臺的駐北京辦事處打來電話要採訪他。他表示接受採訪，不過他們要跟浙江省體育局打個招呼，另外採訪時間最好安排在春節之後。

看來宋衛平想成為冬天裡的一把火，不僅要溫暖那些善良而正直球迷的心窩，還想燒去沉悶和冷寂，把黑哨燒成灰燼。

魯松庭在汪莊夕照廳宴請調查組三人。一個多月前，他在這裡宴請過閻世鐸和董華。他代表浙江省委省政府對調查組的到來表示歡迎，對足球打假掃黑鬥爭表示支持，

幾天來，徐檳、趙建平對陳培德有了瞭解和信任，說出了自己的身分。徐檳是中紀委三室的副主任，趙建平是鐵道部的老紀檢幹部，參加過陳希同案件、廈門遠華等大案要案調查與偵破。這是兩員強有力的幹將，看來中央是下定決心要解決足壇腐敗問題，陳培德不由喜出望外。

彼此都是領導幹部，責任在身，三句話還是不離本行，吃飯不忘工作。徐檳說，陳局長，有關您的報導我都認真讀過，特別敬佩您的勇氣和魄力。在政府官員中像您這樣的可不多見啊。宋衛平對您的評價也非常高，他說要是沒有您在後面的支持，他早就打退堂鼓了。

魯松庭嚴肅地說：「我們支持省體育局和陳培德同志就是希望把打假掃黑進行到底。不然，任其蔓延，毒化社會風氣就是對人民的犯罪。另外，再這樣下去，足壇非成為人人喊打的老鼠窩不可。」

陳培德問徐檳：「裁判身分認定是否解決了？」這是他最想知道的。

徐檳說：「司法機關之所以遲遲不介入，關鍵的就是有三個吃不準。一是足協的性質，二是裁判的身分，三是裁判執法是否公正。」

看來司法介入任重而道遠。

趙建平說：「從我們瞭解的情況看，阻力還是很大的。要想把所有違紀違法的俱樂部、裁判和官員的問題都查清楚是很難的，要取得一個階段性的成果，抓出幾個還是可以做到的。」

陳培德的心像落水的石頭緩緩向下沉去。這是治標不治本，抓幾個倒楣蛋可以起到震懾作用，可是過不了多久還會氾濫成災。這一結果不論他還是宋衛平都是不想看到的。

陳培德一下沒了興致，話也少了。

二月七日晚，徐檳等人來到陳培德的辦公室。

徐檳說：「陳局長，感謝浙江省體育局和您本人對我們調查工作中的支持和配合！我們來杭州已經五天了，調查將告一段落，明天將返回北京。在調查中，綠城很配合，情況也基本摸清了。不過，他們還留有一個『尾巴』，從賬上看龔建平退回的錢不是四萬，而是八萬。我們想從陳局長這得到旁證。」

糊塗！龔建平退回八萬為什麼要說四萬，留這個「尾巴」幹什麼？你要打假掃黑，自己怎麼還能作假？估計宋衛平是想減輕自己和龔建平的責任，所以沒有如實交待。

陳培德詳細地講述了自己所知道的一切，在梁效平的筆錄上簽字後說：「我希望對宋衛平從寬處理，他不僅帶頭揭黑，還主動坦白，在掃黑中發揮了重要作用。如果不從寬處理，今後誰還冒險揭黑呢？」

徐檳說：「宋衛平確實起了很重要的作用，在最後處理時，會給予考慮。現在必須掌握所有的證據，把能搞清楚的搞清楚。」

調查組離開時已是半夜十一時。他們沒有休息，連夜找宋衛平和沈強談話。

（三）打黑英雄回到家鄉過年，父老兄弟都為他而感到驕傲，仍掙扎在貧困線的姐姐、弟弟支持他鬥爭到底。

二月十一日是除夕，陳培德攜妻女回到家鄉廈門。

陳培德走下飛機，仰首看一眼晴朗的藍天，深情地吸幾口被海風送來的空氣，在心裡說一句：「我又回來了！」

腳可行萬里，心卻一輩子都走不出家鄉。家鄉是一種心的確認。陳培德的祖籍在晉江縣的一個小漁村，他出生在一間面向大海的漁家小屋。他三歲那年隨父母到了廈門，十九歲考取北京大學離開，在廈門生活了十六年。這是他人生中最難忘的十六年，這裡有他的兄弟姐妹，有他的母校，有他的老師和中小學同學，還有他童年、少年的朋友……

幾天前，陳培德接到了弟弟培煌的電話：「哥哥，我和姐姐、妹妹商量了一下，想邀請你們全家回廈門過年。哥哥，我們這段時間天天都在關注足球打黑的新聞，知道你在這段時間的壓力很大，煩惱也不少，所以我們想讓你回來放鬆一下，休息一下……」

陳培德的心頭一熱，眼睛濕潤了。這就是兄弟姐妹，這就是手足，不論相隔多遠，心都緊密相連，既不會被空間隔斷，也不會被時間疏遠。

姐姐、弟弟和妹妹其實很矛盾，他們既支援陳培德將打黑鬥爭進行到底，又擔心他的安危，怕他遭受暗算，怕他的壓力太大，在這場殘酷的鬥爭中身體難以支持……

陳培德已被這場鬥爭拖得身心疲憊，蒼老了許多。變幻不定的態勢，前景不明朗，司法能不能介入，打假掃黑會不會不了了之，讓他吃不香，睡不著，想起來就放不下，可是又沒有什麼思路。他的煙越吸越多，失眠越來越嚴重，身體越來越虛弱。同志們都說他憔悴，說他在這段時間蒼老了許多，勸他注意身體。

陳培德跟家人說了培煌他們的邀請，夫人珍環心疼地看了他一眼，略加思索地說：「培德，我看我們還是回去過年吧。一來可以跟兄弟姐妹團聚一下，二來你也可以躲開媒體，避避打黑的風口浪尖。」

陳培德也想回去，自從二〇〇〇年母親去世後，再沒回過廈門，兩年多沒見姐姐妹妹和弟弟了。

「爸爸，去去去，把肖波也帶上，他還沒去過廈門呢！」二女兒陳凱熱情高漲地說。

肖波是她的男朋友，他們正在熱戀之中。熱戀中的女孩大都自覺和不自覺地把戀人放在第一位。於是，陳凱興奮地張羅機票去了。

小女兒陳凱生於一九七七年，是在父母身邊長大的。她大學畢業後選擇在浙江東方公司工作。

他對小女兒說：「你要努力學習，努力工作，要靠自己的能力站住腳，爸爸幾十年都這樣走過來了。你想靠爸爸，爸爸說不上哪天得罪了誰就不當局長了，你不就沒好日子了？」

在陳凱的眼裡，父親是當今最清廉的官。她為有這樣的父親而感到驕傲和安心。在採訪時問她：「難道你從小到大就沒借過父親的光兒嗎？」她笑著說，「借過，在我填寫入黨志願書時，老爸幫忙看過，他極其認真，極其負責地指導我填寫。」

陳凱見老爸活得很累，勸他別那麼叫真兒，中國這麼大，不平的事哪兒沒有？你管得過來嗎？

「大家都這樣想，那麼中國的事兒誰去管呢？」陳培德認真地說。

大女兒到機場接他們。

遠在廈門的女兒特別關心父親的身體和打黑鬥爭，經常打電話說：「爸，你又在媒體上說話了。不過，大家對你評價很高，我周圍的人都表示支持你，我也支持你。」

女兒的支持和理解讓陳培德不僅感到溫暖，而且感到愜意。每次接大女兒電話時都眉開眼笑。

大女兒叫陳寧，出生於一九七一年的重陽節。在金華農村教書的陳培德把將要分娩的珍環送回廈門，沒等孩子出生就回去了。四個月後，珍環一個人回到金華，把陳寧留在了廈門，由奶奶、叔叔和姑姑們幫忙撫養。陳寧在上學時才回到父母身邊。她對廈門有著特殊的感情，高中畢業獲得保送上大學的資格時，毫不猶豫地選擇了廈門大學國際金融專業。一九九三年大學畢業後留在廈門。她經過幾年的打拚，成為亞洲最大石材公司的高管。

陳培德囑咐女兒：「老爸當體育局長不假，可是你的一切都要靠自己去創造！」

陳培德當了八年的局長，體育局興建了數十萬平方米體育場館等工程，憑陳寧所在公司的資質完全可以在招標中奪標。陳寧卻懂事地說：「爸，我不會給你添亂，你的轄區我絕不會涉足的。」從來不過問陳培德工作上事情的珍環也說：「還是避避嫌好，否則說不清楚。」就是這樣，在陳培德任期內，浙江省體育局沒有用過陳寧所在公司的一塊石材。

陳培德回到了故鄉，回到親人身旁，沉浸在融融親情之中。他們兄弟姐妹六人，除陳培德遠在浙江，大哥已去世之外，其他的都在廈門。大姐失去了讀書的機會，至今還是個文盲；二姐讀到初中家裡就供不起了，只好輟學工作。弟弟培煌比陳培德小三歲，高中畢業時趕上了「文革」，失去了讀大學的機會，下鄉到福建的農村。返城後，在縣汽車運輸公司當修理工。妹妹師範學校畢業後，在小學當教師。陳培德還有一個大哥，十幾歲就去菲律賓打工，一去無還，客死他鄉。

妹妹淑清說：「哥哥，我們學校的老師說，你哥不僅人長得帥，有才華，還有勇氣，敢於擔當。你有這麼個哥哥，好幸福啊。」

弟媳拿出厚厚的一疊報紙說：「哥哥，這是我們收集的報紙，上面都有關於哥哥的報導。我們雖然不在哥哥的身邊，對哥哥的情況知道得一點兒也不少。」

二姐拉著陳培德的手，邊端詳邊心疼地說：「培德，你瘦了，近來身體好麼，睡眠好麼，胃口好麼？」話還沒說完已淚流滿面，培德不在身邊，卻在二姐的心上，能遙遠地感受他艱辛與苦澀，感受到驕傲與自豪下面有著怎麼樣堅忍的東西，所以很是心疼。

陳培德的一生都走不出對二姐的感激。當年，他考取北大時，家裡沒錢供他去北京讀書，當他手捧著錄取通知書不知如何是好時，二姐送來一筆錢。二姐所在的罐頭廠下馬了，那是廠裡給二姐的遣散費。陳培德清楚二姐從此沒了工資收入，她家的日子更為艱難，他不想要。可是，二姐卻把錢塞到他的手裡：「培德，去北京讀書吧，你不僅是父母的希望，也是我們家的希望。」

陳培德揣著這筆錢離開了家，離開了廈門。那筆錢變成了車票、飯票和書本。可是二姐的情義卻一直溫暖著他的心，激勵著他不斷進取。窮人家出一個大學生不容易啊，他在北京讀書的那幾年，父母和兄弟姐妹人人都要勒緊腰帶，省下錢來供他讀書。要是沒有他們，他的大學哪裡讀得下來？

陳培德是他們家唯一的大學生，也是唯一走出社會底層的人，有責任和義務幫助姐姐、弟弟和妹妹。可是，這麼些年來，不論當省委副秘書長，還是擔任省體委主任，他從沒動用過手裡的權力給他們辦過事。

那些年，弟弟培煌下崗，弟弟唯一的兒子職高畢業後找不到工作，家裡陷入困境。培煌走投無路給哥哥打電話求助，請他幫忙給孩子找份工作。陳培德要是請廈門朋友幫忙的話，完全有可能給侄兒在廈門市體育局找份工作。他猶豫一下，狠了狠心拒絕了。他含著眼淚對弟弟說：「培煌，哥哥這樣做不合適，希望你能理解。哥哥是當官了，有權了，可是哥哥不能用手中的權力給家人辦事。你就當作哥哥沒當官好嗎？」

在陳培德的心目中，以權謀私是可恥的事情，這與貪污受賄沒什麼區別。他今天求別人給侄兒找工作，明天別人就會找上門來求他做違反原則的事。

二姐有一個殘疾兒子，初中沒畢業就不念了，一直待在家裡，沒有工作，想成家都困難。見弟弟遭到拒絕，二姐也沒找他。

陳培德一直為自己沒有照顧好在貧困線上掙扎的姐姐、弟弟而內疚，覺得對不起他們，對不起死去的父母。這些年來，陳培德一直想對弟弟和姐姐說聲：對不起！我對你們照顧得實在不夠，沒有盡到做弟弟和哥哥的責任與義務。

後來，他見弟弟的生活難以維持下去，幫助弟弟爭取到一個賣體育彩票的攤位。這是他從官二十多年，唯一給親人辦的一件事。

在採訪時，我問陳培德，你這樣做難不難？他真誠地說，要說不難是假話，眼看著侄兒和外甥兩個大小夥子在家待著，弟弟和姐姐都愁白了頭，我又不是無能為力，甚至打兩個電話就可以解決他們的工作問題，可是卻不能這麼做，這的確很難。我又想，我要是不當官，手裡沒有權呢？不是也得這麼看著麼？手裡的權不是我個人的，不能私用。我可以這麼想，可是弟弟和姐姐能這麼想麼？腐敗現象這麼嚴重，那些貪官哪個不是公權私用，哪個不為親人辦事，社會早就流行：有權不用，過期作廢。

「哥哥，彩民都願意到我的銷售點買彩票，他們說用這個方式來表示對你的支持。」弟弟培煌得意地說。

望著比自己矮一頭多的弟弟，他又想起小時候他們手牽著手走過的那一條條街道，一個煙蒂，一團甘蔗渣帶給他們的欣喜。他們兄弟倆順著那一條條道走進各自的人生，他成為出門有車，衣食無虞的高官；弟弟還在貧困線上掙扎著，歲月的苦難、尖銳的石頭在他身上刻下一道道印跡，弟弟已有點謝頂，存留的頭髮已經花白，圓圓的臉膛佈滿溝溝壑壑的皺紋，看上去不像是他弟弟，而是哥哥。最相像的是他們的眼睛，可是眼睛看的是完全不一樣的世界。

正月初四是母親的生日祭，陳培德和兄弟姐妹五家十六口在酒店相聚。酒店是女兒陳寧和陳凱選的。她們說，爸爸，這次我們倆做東。她們選擇了一家不錯的酒店。

陳培德舉起酒杯，環視一下親人，感慨萬千地說：「母親在世時，我們還是孩子；母親這一走，我們就變成老人了。人生一世，時間最無情，健康最重要，親情最寶貴。來，讓我們為健康和親情乾杯！」

陳培德這番話讓兄弟姐妹都想起了母親。母親不識字，可是她卻是一個優秀的母親。母親總叮囑兒女做人要講良心，做事要講誠信。三年自然災害時期，家裡的水燒開一遍又一遍，卻沒有米下鍋。母親那三寸金蓮的小腳邁著碎步挨家挨戶借米借錢，她哪裡是借米啊，是在丈量生活的沉重和希望。

陳培德參加工作二十多年之後，才知道自己給母親寄的錢都還債了。他不知道母親那債是怎麼還的，卻知道母親為自己，為家人贖回來尊嚴。有的債主說，這麼多年過去了，虧得你還記得。算了，不要再還了。母親卻執著地說：「要還的，欠債還錢，是天經地義的，要不心裡哪能安，孩子們哪還有臉見你？」

母親是平凡的，也是高尚的，偉大的。

弟弟培煌豁達地說：「哥哥，我敬你一杯。我們陳家從爸爸那代起就生活在社會最底層，沒想到出了哥哥這麼一個當官的，而且還是個敢作敢為的正直清官，讓我們全家都感到臉上有光。哥哥你當多大的官我們並不在乎，你能當這樣的官我們很在乎！老百姓承認你、擁護你，這一點我們很在乎！」

陳培德聽了弟弟這番話眼睛又濕潤了。什麼是親人的支持和理解？這就是啊。這些年來，陳培德感到自己唯一對得住父母和姐姐弟弟的就是自己盡心盡力做個好官！他知道這是親人對他的最大希望。這些年來，有多少從社會底層走出去的人成為貪官，他們給了親人很多錢，辦了很多事，最後被判了刑。這時，他們才發現自己辜負了親人，親人最大的希望是他能成為一個清官好官！

二姐站了起來，說：「培德，姐姐敬你一杯。當年我患絕症，要不是你出錢，哪能動這麼大的手術？要不是你陸陸續續送來十六隻野生甲魚，我哪能恢復得這麼快。姐姐謝謝你，來，姐姐敬你一杯！」

這些年來，每逢姐姐、弟弟家裡有什麼事，陳培德都儘量多出點錢，以減輕他們的負擔。侄兒要結婚了，他拿的錢是最多的。兩年前，母親生病住院動手術，以及辦喪事的所有費用都是陳培德一人承擔的，他真誠地對姐弟妹們說：「母親在世時，你們照顧得多，我照顧得少，這次大家就不要爭了，讓給我吧，給我有機會最後孝敬母親一次。」

「姐姐，這都是我應該做的，我能有今天你們大家做出了多大的犧牲？否則，我哪能讀大學，哪能做官？讓我再敬大家一杯吧！」陳培德的眼淚流了下來。

妹妹說：「哥哥，別提那些幾十年前的事了，我很想聽哥哥講講打假掃黑的事兒。在百姓的眼裡，你可是英雄啊！」

陳培德簡明扼要地把事情的經過講了一遍。培煌生氣地說：「哥哥，我從小學就踢球。那個時代踢球都很單純，不為別的，為的是興趣和快樂。現在足球卻變得這麼複雜，這麼沉重，這麼黑暗！」

培煌從小愛好體育，參加過全國少年足球賽。如果不是「文革」，說不上能成為體育教練。如今，他對足球仍然癡迷，只要提起球星和教練或哪一場甲級聯賽都能說得頭頭是道。

「哥哥，我們老三屆足球愛好者成立了一支足球隊，大家經常在一起踢球。我的球友都說，培煌哪，你哥哥不簡單，當那麼大的官居然不怕丟掉烏紗帽，敢講真話實話，講老百姓的心裡話。哥哥，我為你驕傲啊！」

二姐說：「培德，你做得對，我們大家都支持你！要是媽媽爸爸在的話，他們也會支持你！」兄弟姐妹幾個一起舉起杯對陳培德說。

親人們的豁達和理解，讓陳培德感受到了一種巨大的力量，這種力量將他的壓力和委屈、懊惱與傷心統統都蕩到九霄雲外。

原以為陳培德回到廈門就像戰艦回到軍港，忘掉戰鬥的硝煙，靜靜地休息幾天。沒想到，不論他走到哪裡，熟悉的人和不熟悉的人都請他講足球，講打黑鬥爭內幕。母校廈門一中百年校慶，邀請他作為校友代表在大會上發言，也要他講講打黑鬥爭，家鄉的媒體記者聽說他回來了，紛紛找上門來採訪……

讓珍環意想不到的是，這次回家鄉更加堅定了陳培德將打黑鬥爭進行到底的決心。

（四）龔建平被判處有期徒刑十年，成為中國唯一的黑哨。一年後，四十三歲的龔建平在抑鬱中病逝。陳培德說，龔建平是替罪羊，這是中國司法介入的一次突破，又是司法介入的第一次流產。

二〇〇二年三月十四日，最高人民檢察院決定受理裁判收受紅包的案件，構成犯罪的黑哨將被以商業賄賂罪起訴。

中國法律的這架機器也許太沉重了，也許它的附件太多了，或者它在坡上，在許多人不懈地努力下，它總算前移了一小步。

浙江的中國全國人大代表陳繼來在一月六日致信最高人民檢察院，希望他們儘快對黑哨作出司法解釋，並採取行動。

八天後，沒有消息，陳繼來再次揮筆給最高人民檢察院和最高人民法院寫信。

十三天後，陳繼來坐了二十來個小時的火車到北京上訪。足球掃黑已經兩三個月了，不能讓司法介入的問題沒完沒了地討論下去。在最高人民法院，沒見到院長肖揚，他對接待他的官員說：「對黑哨要有司法解釋，法律不完善可以完善，總不能讓犯罪嫌疑人逍遙法外！」

三月五日，九屆中國全國人民代表大會第五次會議在北京召開，先後收到四項有關司法介入足球的議案。

中國全國人大常委吳長淑提交、三十六名人大代表附議的議案要求最高人民法院敦促北京市人民法院依法受理長春亞泰足球俱樂部的行政訴訟案。吳長淑在議案中指出：行規決不能凌駕在法律之上！

是啊，在一個法制的國家，什麼還能比法大呢？

中國全國人大常委毛昭晰在議案中寫道，《中華人民共和國體育法》第五十一條第二款明確規定：「在競技體育活動中，有賄賂、詐騙、組織賭博行為，構成犯罪的，依法追究刑事責任。」司法應該介入足球，對黑哨必須依法查處。有四十二位中國全國人大代表（其中有十三位常委）在這個議案上附議。

法律的條文不是明明白白地寫在那裡麼？還扯什麼皮呢？

毛昭晰是一位為人正直、嫉惡如仇的學者。在掃黑的低潮，他給陳培德打電話：「陳局長，你做得對，做得好，我向你表示聲援，我支持你。你是浙江的驕傲！」

他說，陳培德讓他想起一首歌：「正義，挺起，挺起正義的劍，刺向黑暗的心臟」。這是他一九四五年在浙江大學合唱團唱的。

正義和是非在我們的詞典中模糊了，串列了，佚失了。詞典重複出現的是功利與得失。是非即便是有也沒人在意了，人們兩隻眼睛瞪得大大的鎖定在了得失上。

沒有是非，從何談得失？

三月十五日下午四時，龔建平像往常一樣跨進家門，看到的不是妻子索玉華，而是北京市宣武區公安分局的刑警。他被帶走了。次日，他在拘留證上簽了字。

這個「倒楣蛋」又中彩了。

中國足協公佈的二〇〇二年首批裁判員名單公佈了，沒有他。他還期待著在第二批名單上看到自己的名字，沒想到第二批名單還沒公佈，他的名字就出現在拘留證和鋪天蓋地的報紙上。他在足球圈苦苦奮鬥了二十年，最後「一夜成名」。

在全國人民的眼裡，這位屬鼠的裁判就是中國「第一黑哨」，是那只在人人喊打時沒有找到的老鼠；在裁判眼裡，他卻是不可饒恕的叛徒。有人認為，龔建平要是不退贓，不寫「懺悔書」，宋衛平就拿不到證據，陳培德等人掀起的掃黑風暴就得像以往一樣不了了之。世界三大通訊社之一的法新社不僅報導了龔建平被拘留的消息，還將他稱為「竊賊般的裁判」。

龔建平被抓的第三天，宋衛平接到調查組通知，讓他立即去北京接受調查。宋衛平感到大難臨頭，惶惶悚地撥通陳培德的電話：「陳局長，調查組請我去趟北京，究竟會有什麼事呢？」

「你去吧。爭取主動，別留尾巴，一定要講清楚！」陳培德點撥道。

宋衛平心情沉重地走了，陳培德的心懸了起來，他為宋衛平擔憂，怕他這一去不回來。宋衛平是掃黑的先鋒，是功臣啊，沒有他會有今天這個局面麼？歷史應該善待有功之臣，應該善待這些為正義和文明做出犧牲的人。等待，漫長的等待。不管你等待還是不等待，該來的總會要來，不該來的永遠徘徊在路上，可是人還要虔誠地等待。

這一天，陳培德還接到一個電話，中央調查組又到杭州了。陳培德明白了，他們的用意是把宋衛平調離，然後乘虛而入，深入調查。

這次是趙建平帶隊，在成員中增加了兩名公安幹警。調查組到綠城後，一撥分別找沈強和小方談話，另一撥查帳。他們的調查有了突破性的進展，查清了龔建平在綠城收受兩筆賄賂，第一筆是兩萬元，第二筆是八萬元。二〇〇一年十二月，他退還的是八萬元，不是四萬元。

宋衛平一次次憂心忡忡地解釋，他如何不忍心將證據交上去，怕裁判妻離子散，家破人亡。他說的就是龔建平！他答應過不把龔建平供出去，最後還是供出去了。宋衛平覺得自己已經不仗義了，已經對不住龔建平了，為了減輕龔建平的罪行，所以打了折扣。這筆沒說出去的四萬元錢也許是他留給自己的最後一點兒仗義了。還有那封「懺悔書」，當初為了證明四萬元錢是裁判退回來的。後來，他希望它能成為龔建平主動自首的證據。

第二天，宋衛平打來電話，嗓音沙啞地說，陳局長，你猜得對，他們要調查的就是關於龔建平退款的事。

「陳局長，這次找我調查的是公安部的，他們說可以刑拘我，因為我是涉嫌行賄的犯罪嫌疑人。他們說再給我一次機會，希望我把事情說清楚。」

「你當初就不該留這個尾巴讓人抓，結果差點兒砸了自己的腳。」陳培德批評道。

「陳局長，我已作了最壞的打算，怕是難以逃脫法律的制裁了。」宋衛平頹喪而悲涼地說。

他清楚根據最高檢的司法解釋自己已犯了商業行賄罪。他說過：「我不會逃避什麼，該受什麼懲罰就受什麼懲罰。我還是那句話：走正道，聽天命。」可是，當厄運像禿鷲盤旋於頭頂、隨時就會俯衝下來時，誰能坦然自若，氣定神閑呢？

「宋總，不要壓力過大、負擔過重，事情遠遠沒有你想像的那以糟糕。」陳培德安慰道。

「好。我明天回杭州。」說罷，宋衛平掛斷電話。

在龔建平被抓半個月後，宋衛平對著《足球之夜》的鏡頭說，寫懺悔書、退黑錢的裁判就是龔建平。他還說，據我所知，其餘有問題的裁判到足協退錢，承認錯誤後也就算了。我認為，龔建平主要是寫了懺悔書之後，心理上有一種負擔在支配著他的思想和行為。他認為如果自己承認就是那位寫懺悔書的人，今後怎樣面對同事、怎樣做人？我擔心龔建平會遭到司法處理。勸他自首立功，他拒絕了。我還想安排央視或者新華社採訪龔建平，讓他把事情的來龍去脈講出來，求得社會的諒解，同樣遭到龔建平的回絕：不行，那樣我還怎麼在足球圈裡混？

妻子索玉華說，宋衛平要龔建平退錢時，勸他寫「自白書」，他沒同意。他認為留下白紙黑字對自己不利，另外即便寫的話，也不該交給宋衛平，應該交給司法部門。再說，那封懺悔信是列印的，而龔建平根本就不會用電腦，連開關機都不會。

龔建平最為深惡痛絕的就是這封「懺悔書」，讓他遭受同行的猜疑和憎恨，認為他破壞了行規，出賣了哥們。

龔建平被捕後，第一次見他的辯護律師時說，那封信不是我寫的，是偽造的。

四月十七日，北京市宣武區檢察院以涉嫌企業人員受賄罪正式批捕龔建平。

陳培德聽到這個消息特別興奮，好像看到一排一隻叼著另一隻尾巴的老鼠，如果逮住了一隻，其他的也逃不掉。他邊吸煙邊想，幾個月的苦戰終於見到曙光了。

宋衛平心情沉重地對記者說，對黑哨必須嚴厲打擊，可是落實到龔建平身上，我為他感到可悲、可憐、可惜。他為足壇腐敗付出慘重代價，難道是他一人的錯嗎？他說過，在足壇的這種現狀下，不論誰當裁判都會成為黑哨，即便他宋衛平和閻世鐸當裁判也不例外。

二〇〇三年一月二十九日，農曆臘月二十七，距除夕還有兩天，北京市宣武區人民法院宣判：龔建平在甲級聯賽執法期間，先後九次收受他人給予的財物，共計三十萬元，數額巨大，構成受賄罪，但是他在被採取強制措施後，主動坦白交待了受賄罪的大部分事實，酌情從輕處罰，判處有期徒刑十年。

一時輿論譁然，有人說，從輕處罰怎麼還判這麼重？有人說，龔建平實在是冤，他成了替罪羊，還有人稱他為中國足球祭台第一人。也有人說，受賄的龔建平被判了十年，行賄的宋衛平該判多少年？

龔建平成為世界上因受賄獲刑最重的裁判。此前，新加坡的一位裁判受賄八千美元，獲刑七年。

有媒體責問：龔建平是最大的黑哨嗎？無論如何說，龔建平在中國足球界都不是最大、最黑的，他只不過被揭露出來了而已。在足球界，收黑錢的裁判何止龔建平一個？在足球界收黑錢的又何止裁判？但這一切的一切都沒有人去查。

新華社記者方益波說，龔建平是一個懺悔的裁判，是第一個退錢的人，他配合了打假掃黑行動，最後被判了刑。我們要問，其他涉案人員呢？我覺得非常悲哀。龔建平是一個可憐的犧牲品，是一個悲劇色彩非常強烈的人物。

龔建平獲刑的第三天，中國足協迫不及待地吹響了打假掃黑的終結哨。這一天是大年三十，舊歲的收官，新年的開始，對中國人來說都希望這一天順風順雨，大吉大利。俗話說，「三十晚上死頭驢，不好也得說好。」可是，這一天，中國足協給六家俱樂部送了一份「大禮」：對綠城的小方等六人處以十萬元罰款，禁止從事足球活動；對浙江綠城等三家俱樂部各罰款八十萬元；對江蘇舜天等兩家俱樂部各罰款五十萬元；對青島頤中足球俱樂部罰款三十萬元；對綠城俱樂部總經理沈強等六人給予嚴重警告的處罰。

陳培德憤然給體育總局和中國足協寫信，他在信中寫道，閻世鐸在杭州調查時公開表示要對綠城與其他行賄俱樂部區別對待，要給予政策性保護。可是，綠城卻是受罰最重的俱樂部，我們不得不認為這是對揭露體育界腐敗行為的報復，是對今後足壇體壇繼續深入反腐設置的人為障礙。

這是陳培德寫給體育總局和足協的最後一封信。過不久，他就離任了。

二〇〇四年七月十一日上午九時二十一分，四十三歲的龔建平在北京病逝。

龔建平的追悼會在北京八寶山舉行，預計會有兩百人來，沒想到遠遠超出預計，有報導說有一千多人，有的說是六百多人。靈堂堆滿鮮花和花圈，後送的花圈太多，不得不擺在門外。正中的挽聯寫道：「人垂淚，天降雨，天人共悲，曠世奇案皆知曉；臥花叢，棄俗世，眾友相送，五九人生終成佛。」橫批是：「人天共悲。」

這既是為龔建平送葬，也是為那場無疾而終的打假掃黑運動送葬。

這可能是共和國有史以來一位被判重刑的在押犯最為隆重的葬禮。這不僅表達了悲痛、悼念，也表達了一種情緒，一種對不公的無言表述。

一位不知是龔建平的親戚還是同學的中年女人哀求在現場採訪的記者說：「請你們以後寫他的時候不要用『黑哨』這個詞好麼，我求求你們了。」

他生前成了黑哨的代名詞，死後還不讓他安息麼？

龔建平的夫人索玉華伏在靈柩上放聲慟哭，不肯撒手，嘶啞地喊道：「平平，你放心，我會為你報仇的！」

宋衛平一語成讖，龔建平真的家破人亡了，母親得知他獲刑後，兩腿一軟跪倒地上，被送進醫院急救；他的父親昏倒在衛生間裡，半年後離開了人世。

楊明聽說龔建平去世的消息後，夜不能寐，後悔不已。龔建平被判刑後，他對採訪同行說，我覺得十年判得並不重，龔建平一年之中就受賄九次，受賄金額達到了三十七萬元，這個數字是非常驚人的。媒體紛紛報導：《新華社記者楊明：龔建平被判十年不冤》。他爬起來默默給龔建平燒了炷香。六年後，提起往事，楊明內疚地說，我對不住龔建平。在他入獄前，我見過他，很坦誠。如果早知道只抓龔建平一個人就拉倒了，我是絕對不會參與進來的。

閻世鐸說，「在整個裁判隊伍裡面，唯一找過我的就是龔建平。我覺得他是個好老師，過去也是個好裁判。他給我講，這件事情，他確實是當事者，也是個受害者，其實這件事情給我的感覺是什麼呢——是個悲劇的結局，但是對我們每個人來講，凡是和龔建平打過交道的人都應該想一想：是誰使他走上了這條道路……」

閻世鐸認為是誰，宋衛平，還是陳培德？

龔建平去世後，媒體對他的報導完全改變了語調，充滿著悲憫和同情。球迷同情他，掃黑的人同情他，裁判也同情他。

陳培德說，龔建平是替罪羊。判他不冤，但他太虧。虧在別人都沒有事，就他一個人有事。他是我們現行體育體制下的悲劇人物。

一位乙級聯賽的老闆說，龔建平受賄三十七萬。其實乙級聯賽裡就有一場拿二十萬元的黑哨。

一位當過俱樂部副總的人說：「我最多一次給過一位裁判五十萬元，因為這場比賽實在太重要了。如果輸了，俱樂部就要貶值兩千萬，只能舍小求大了。」

龔建平死了，他的死沒有讓黑哨的價位掉下來，反而像房價似的飆升了，在二〇〇九年，沒有二十萬辦不成了。

我查閱了大量的有關龔建平的文字報導，感到悲抑、悽愴和傷痛。龔建平是一個好兒子、好丈夫、好父親、好老師。他熱愛足球，熱愛家人……。

在艱辛窘迫的日子裡，他能給妻子和女兒溫暖和幸福。當年索玉華胳膊摔斷時，他給她送水果和衣被，陪著她散步；他腳踝骨折時，自己跳著去醫院看病，然後推著自行車，拖著打著石膏的腳去幼稚園接女兒……

他熱愛自己的事業。二〇〇一年，他晉升為國際級裁判之後，調回母校首都體育師範大學任教。這時，他像一艘鼓滿風的帆船，對未來充滿著信心和憧憬，沒想到卻撞在了冰山上，被判了重刑。

窩囊、抑鬱和驚嚇讓身高一米八四，十二分鐘往返跑不比球員差的龔建平病倒了。二〇〇三年五月，龔建平因病危而獲准暫予監外執行。

在龔建平病入膏肓時，仍然堅持看有關足球的報導和足球比賽轉播。醫生不解地問：「你怎麼還熱愛足球呢？」

是啊，要沒有足球他哪有牢獄之災？他應該恨足球才是。

可是，龔建平卻平平靜靜地說：「這是我的事業。」

他這句話讓我感動，如今還有誰把工作當成事業？

有護士問他：「全國那麼多『黑哨』，最後只判了你一個人，你不覺得冤嗎？」

龔建平思索一下說：「如果能淨化足球，能推動法律社會的進步，就算我死了也值得。」

我讀到這些文字時，淚水不禁奪眶而出。這種愛真是刻骨銘心，真是愛到了極致。

腐敗，你毀了多少人？還將有多少人被你毀掉？

宋衛平聽到龔建平去世的消息時，半晌無語，最終似乎從心底發出一種聲音：「我害了龔建平。」有記者來電話採訪，他停頓一下，哽咽地說：「聽到別人去世的消息，總不是什麼好事情。」

是啊，他還能說什麼呢？

我想，此時此刻宋衛平的痛苦並不比龔建平的家人輕，而他的痛苦沒人理解的。他是一個有良知的人，一個有悲憫情懷的人，他最不願意看到的就是這一結果，可是偏偏怕啥來啥。一年後，有人提起龔建平，他說，「這個事情的結果確實對龔建平不公平，我也覺得很歉疚。」之後，他又說一次歉疚。

龔建平住院期間，他去看望過兩次，並送去治療費。龔建平去世十天前，他還跟龔建平商量過寫書的事。他說，你寫吧，把你知道的都寫出來吧，錢我來出。

畢竟龔建平的判刑和死與他有關，龔建平的弟弟說，他哥死於遇人不善，交友不慎，恐怕指的就是宋衛平。索玉華公開說恨他，稱他為無賴，龔建平的親朋好友恨他，涉黑的裁判恨他，甚至有些球迷也恨他。

龔建平去世一周年時，索玉華說：「龔建平受賄，他是行賄者，在法律上他們同罪，當時他讓龔建平退錢，還說只要退錢肯定不檢舉他，我不是為龔建平辯解，但宋衛平這麼做很不地道，後來的結果是誰本分誰倒楣，那些行賄者為了自己的私利和目的，拿著錢到處送裁判難道也不算犯罪嗎？」

五年後，綠城降級，一位叫潘俊的人在博客上寫道：杭州綠城降級是宋衛平在還龔建平的死債！

龔建平死後，宋衛平變了，變得低沉了，低調了，不再直面媒體了。龔建平去世五周年前夕，有位記者來杭州採訪他，動用所有的關係得到的答覆是：「想採訪宋衛平？那是不可能的。」記者不甘心，撥通了宋衛平的電話。弄清記者的採訪意圖後，宋衛平婉言拒絕了，「我們現在不做裁判工作了，所以沒有發言權。而且，現在做這個報導並不是一個好時機。」

記者問，什麼時候是好時機時，宋衛平語調低沉地說：「你們知道當時中國足協收到了多少裁判上繳的黑錢嗎？我想，等到你們掌握了更多更深入的資料，比如在二十年之後，我想我肯定還在這個世界，到那個時候我們再一起探討這個問題吧。」

可以說，在那場掃黑運動中，受傷最重的兩個人，一個是龔建平，另一個就是宋衛平。一個是最先退贓的裁判，另一個是足壇打黑英雄。龔建平在天壽陵園守著那個足球雕塑安息了，宋衛平恐怕這輩子都走不過這片傷心地了。

記者讓陳培德就龔建平的死發表評論時，他憤然地說：「龔建平確實受了賄，對他判刑是公平的，但不公平的是他是最先有自首表現的，他絕不該是第一個，更不該是唯一的一個受到法律制裁的問題裁判。中國足協拿走了綠城俱樂部交出的拿了黑錢的裁判名單、返回的黑錢、悔過書和所有證據後，並沒有作為。而中紀委調查組調查出了一批黑哨之後，最終卻只判了一個龔建平。如果到此為止，不再追究下去，那影響比不處理更壞。這是司法介入體育的第一次突破，又是司法介入的第一次流產。」

讓他難以接受的是他以反對足球比賽的不公開始，卻以司法不公告終。

索玉華說：「沒想到這個事情從龔建平開始也從他結束，龔建平確實拿錢了，也犯罪了，他臨死前的最大願望是能夠用自己的生命換來一片淨土，他一直在反思自己的錯誤，希望自己的死能換來一些良心的救贖，要是那樣也值了，可惜黑哨事件的結果是有了一個犧牲品，毀掉了一個家庭，卻沒有帶來足球環境的任何改觀。」

二〇〇三年三月十二日，陳培德在浙江省體育局局長、黨組書記的位置任期屆滿。離任前他已高票當選浙江省人大常委會委員、科教文衛委員會副主任委員。

浙江省委省政府對陳培德的工作給予了高度的評價，尤其對他在打假掃黑上給予了充分的肯定：陳培德剛正不阿，敢於同腐敗現象作鬥爭，在全國率先提出足球要打假、掃黑、反貪的問題，對推動體壇反腐敗鬥爭起到了積極作用，並引起巨大反響，表現出一個共產黨員的堅強黨性。

陳培德離開了體育局，可是他的心仍然留在了掃黑鬥爭中。龔建平被判刑後，掃黑漸漸沒了動靜。他打電話給趙建平：「為什麼在龔建平之後再沒有第二個黑哨被揪出來？」得到的答覆是：接下去的問題是仍由最高檢的反貪局統一辦案，還是下放給各有關的省市辦，還沒定下來。

過一段時間，仍沒動靜，陳培德連續給調查組另一個人打幾次電話，均沒人接聽。他只好給他發一短信：「我是陳培德。幾次電話都不通，只好發個短信。足球反腐就以判一個有自首表現的龔建平而告終了？不了了之？這跟政治局會議反腐決心一致嗎？民心不可違啊！不知您作為親自參與調查的職業紀檢幹部有什麼想法？」短信若泥牛入海，沒有回音。

後來得知，調查組將調查材料轉給了中國足協。中國足協對涉案的十七名邊裁作了內部處理，對其中的四個死不認帳的處以終身禁哨。據媒體報導，龔建平被捕後，足協出現裁判坦白自首的熱潮，退回的贓款多達千萬元之多。不知有多少人受賄的數額遠遠超過龔建平。

閻世鐸離杭州後，陳培德與他聯繫中斷。兩年之後，閻世鐸再到杭州時陳培德已離開體育局。閻世鐸也許又想起了往事，想約見幾位朋友。宋衛平藉故推辭，陳培德去了，他想聽閻世鐸講講龔建平被判刑後為什麼掃黑不了了之。可是，閻世鐸從頭至尾沒提足球，讓他特別掃興，也就打打哈哈過去了。

二〇〇五年年初，閻世鐸第三次向體育總局遞交辭職報告。

幾年後，他提起這事時說：「二〇〇四年的中國足球猶如多米諾骨牌一樣，發生了連續的倒塌性事件：國奧隊失利、女足奧運會慘敗、男足世界盃預賽出局、聯賽罷賽風波。足球工作出現的一些問題猶如海嘯一般，既猛烈又突然，我深感不安和內疚。足球工作沒有做好，社會各界不滿意，如何批評、指責、謾罵甚至人身攻擊都在情理之中。」

二〇〇五年二月十七日，閻世鐸黯然離開足協。回首在足協工作的五年，他很悲壯：「我就像一個頭戴荊冠、身背十字架、腳踏地獄之門的人。」看來離開足協對他而言算是「勝利大逃亡」了。

那麼，究竟是誰將這一位置釀成金碗中的黃連的呢？

新華出版社二〇〇六年六月推出兩部足球的書，一部是閻世鐸的《忠誠無悔——我與中國足球》，另一部是陳培德的《該我說了——誰搞亂了中國足球》。倆人沒有過約定，出版社也沒有過策劃，最起碼沒跟陳培德組稿。他們寫的都是足球，可是主題、角度、內容和觀點卻大相徑庭，前掌門人談的是他多麼忠誠中國足球，而中國足壇打黑第一鬥士揭露和追究的是「誰搞亂了中國足球」。

既生瑜，何生亮？

閻世鐸在書的結尾寫道：「中國足球的山有點像火山，誰靠近它誰就火，火得名聲大作，火得地獄天堂。在遠處時想靠近，靠近時又想離開，離開時又難以忘懷。」

閻世鐸的書銷售情況不得而知，我在網上看到球迷的點評：

「這本書的名字應該叫做《真誠的懺悔》，而不是《忠誠無悔》。」

「我×，中國足球就是毀在閻世鐸的手上。」

陳培德的書杭州賣得很火，鳳起路一家書店一天就賣了數百本，成為該店有始以來走得最好的一本書。

閻世鐸說：「我現在仍然很關注足球包括有些聯賽啊，有時候我要是在家裡的時候，我也經常看一看，可能我覺得在我今後的日子裡，我的血液裡永遠流淌著足球，這可能是成為我生命的一部分。」

我感到奇怪，龔建平是悲劇，宋衛平是悲劇，閻世鐸也是悲劇，假如他不到足協，肯定不會被球迷釘在恥辱柱上，不會招來這麼多的罵聲。為什麼這麼多熱愛足球的人落得個淒慘的下場，還都「忠誠無悔」？

二〇〇七年，足壇十大好人評選中，安臥在北京天壽陵園的龔建平以「最可憐的好人」而名列第二。龔建平安息了，已不在意任何功名利祿，不在意他所視為生命的國際級裁判的榮譽。可是，人們偏偏就忘不了他，每逢祭日，他的墓前都會擺滿不知什麼人送的鮮花、水果、二鍋頭酒和糕點。

他的墓前莫名其妙地矗立著一個足球雕塑，看來他生屬於足球，死後還屬於足球。

擁有這麼多熱愛足球的人，中國足球還這麼慘？到底為什麼？

我不明白到底是足球把人玩了，還是人把足球玩了？抑或是人玩了球，球又玩了人？

有人說，足壇就是江湖，人在江湖，身不由己。那麼究竟是誰亂了這一江湖？中國足壇本來不是這樣的。有人說，原罪是中國的體育制度、管理制度，以及管理觀念。

二〇〇三年的一天，陳培德突然接到時任浙江省委書記兼省人大主任習近平的秘書的電話：「陳局長，習書記想跟您瞭解一下當年足球打假掃黑的詳細情況。」

陳培德喜出望外，習近平關心打假掃黑了，真太好了。

可是，習近平實在是太忙了，約了兩次都因臨時有重要活動給沖了，直到二〇〇六年才談上。

那天上午，陳培德走進習近平的辦公室。習近平迎上來抱歉地說：「培德同志，不好意思，讓你一等就是三年。」

陳培德微笑著說：「想不到您日理萬機，還一直把這事放在心上。」

習近平說：「我在福建就知道你。」

陳培德問道：「是因為足球？」

習近平微笑著點點頭：「我一直關注足球。到了浙江以後，聽過你在人大常委會上的幾次發言，覺得你這個人直率，有個性，敢講真話。」

陳培德想起來了，他第一次在人大常委會上發言時，根據足球司法介入經驗講到要建設法制浙江，習近平微笑著點了點頭。後來，在習近平的主持下，作出了建設法制浙江的決定。

習近平開門見山地說：「培德同志，今天請你來，是想請你給我講講足球打假掃黑的詳細過程。」

三年之後，陳培德才知道習近平酷愛足球。二〇〇九年，已任國家副主席的習近平在德國參觀拜耳集團公司時，拜耳集團的董事長特意為習近平準備了兩件禮物：一是德甲第一名勒沃庫森隊運動服，二是由他們生產的材料製成的二〇〇六年世界盃專用足球。習近平說，中國有一流的球迷和世界可觀的足球市場，可是目前水準還比較低，希望可以迎頭趕上。

陳培德把四五年前打假掃黑的來龍去脈詳細地講了一遍。習近平聽得很專注，還不時問一些細節。

二〇〇九年，公安部的反賭掃黑行動以雷霆萬鈞之勢橫掃足壇，謝亞龍、南勇、楊一民等足協的高官，李冬生、張建強、蔚少輝等中層幹部紛紛被捕，陸俊、黃俊傑、周偉新等三大著名裁判也都進去了。

其實，陸俊和周偉新屬於掃黑第一波漏網之魚，在二〇〇二年的涉黑名單上就有他們兩人的名字。楊明說，在那場打黑行動中，很多有問題的裁判實際上是變相地被中國足協保護起來了，最後以抓出一個龔建平而草草收場。這三位裁判的受賄金額肯定遠比龔建平高，不過人們猜測他們肯定不會比龔建平判得重。

當聽說南勇等人被抓，陳培德興奮地說：「我頭髮都等白了，終於等到了這一天！」

有報導說，這次掃黑反賭醞釀了近十年，有人說，這是足壇反腐第二季。

陳培德說：二〇〇一年時我就設計了體育反腐敗的三個突破口，中國體育反腐敗，足球做突破口；足球以甲B為突破口；如果甲B也困難，就以我們綠城俱樂部踢假球為突破口。現在，我也設計了三個，如果把足球，甚至中國體育的反腐敗進行到底，就應該把它作為一場戰爭來看待！這場戰爭應該由若干場戰役組成，戰役中應該由若干場戰鬥組成，做一個整體設計，直至勝利。

說到這裡，他遺憾地搖搖頭說，十年前，中國錯過了一次拯救足球的機會，也錯過了拯救中國足協的機會，否則不會有這麼多人栽進去，其中有些是黨和國家花很大成本培養的精英。

掃黑第一季為什麼在龔建平被捕之後就停下來，草草收兵呢？

閻世鐸說，「新聞通氣會後不久，有關部門把我和南勇找去說：足協的調查工作是富有成效的，隨著調查的深入，以後的相關工作將轉由其他部門接手，中國足協的調查工作告一段落。在移交調查工作的時候，我向有關部門提出：『開始制定的有關對自己主動交代問題裁判的三條政策，是經過有關部門同意並批准的。調查工作可以移交，但這三條政策是不能改變的。我也希望今後不管哪個部門接手這項工作，也要堅持這三條原則。』我得到了『同意』的答覆。」

閻世鐸所說的三條政策即：凡是主動坦白交代的，一足協將給予保密，不對外公佈其名；二不移交司法機關；三不影響其使用。不主動交待的，一旦查出，足協將取消其裁判資格，不享受保護政策。

其他受賄裁判都按行規處理了，只有龔建平按刑法處理了。

二〇〇四年，即龔建平病逝那年以後，掃黑行動無疾而終，地下賭球開始猖狂，球員和俱樂部紛紛參與賭球，假球黑哨更加肆無忌憚。

陳培德離開體育局後，跟宋衛平接觸的機會少了。宋衛平依然那麼熱愛著足球，活躍在足壇。原吉利俱樂部的常務副總經理鮑仲良已成為綠城俱樂部的副總經理和領隊。有一次，陳培德遇到宋衛平，關切地問他現狀。宋衛平說，現在不再需要像以前那樣在兩條戰線——賽場內和賽場外都做工作了。別人怎麼做我不知道，至少我自己是不再做了。不做賽場外的工作，不僅省錢了，而且球也比以前好踢了。宋衛平說，他投資兩個半行業：房地產、教育和半個足球行業。二〇〇六年，綠城中國控股有限公司在香港上市，二〇〇九年，綠城總品牌價值達五八．三六億元，在混合所有制房地產企業中排名第二。

如今，被稱為「汽車狂人」的李書福更狂了，二〇一〇年八月，他做了八年的並購沃爾沃之夢終於圓了。在巴黎國際車展上，李書福對未來充滿信心地說：「沃爾沃是一隻『老虎』，現在到了釋放它市場野性的時候了，我們的目標是恢復沃爾沃在（上世紀）七八十年代時期的市場領先地位，在中國與賓士、寶馬和奧迪展開全面競爭。」

陳培德現已是七十四歲的老者了，每逢體育界有重大事件發生，記者還會採訪他。他也不負眾望，總能「一鳴驚人」。

二〇一五年六月，中國國家體育總局副局長肖天涉嫌嚴重違紀違法接受組織調查，陳培德對記者說：「現在回過頭來看，他們不可能回應，這麼多的貪官，到二〇〇九年的時候，幾乎可以說從足球運動員，到俱樂部，到裁判，到經紀人，一直到足協的最高層的官員，層層都有腐敗份子。二〇〇九年、二〇一〇年的時候，我統計了一下，大概有五十六個被判刑，最多判到十七年。所以回過頭來看，這些黑幕，這些鐵幕，一道一道地設立在那邊，這個黑暗足球的腐敗難以攻破。我建議，對足球一定要建立起管辦分離這樣的體制，因為中國足協既是運動員又是裁判員，就沒有了監督。這之後，中國國務院的領導同志指示中國國家體育總局要儘快地拿出一個足球管辦分離體制改革方案，我很榮幸地參加了專家組的設計論證工作。後來中國足協召開全國足球會議，我是唯一一個特邀代表參加這次會議。當時中國足協拿出了一個足球改革的規劃，改革的方案，還有足球發展的規劃，當時提出二十年以後，中國成為亞洲足球強國。」

一次，在接受記者採訪時，陳培德說：「中國足球要打翻身仗是一場持久戰，短時間內應該很困難，但大家要有耐心。我已經七十多歲了，不知道還能不能看到二十年後中國足球的成功，但我希望活到中國成為亞洲足球強國的那一天。」

後記

陳培德走進我的視野是二〇〇九年末。

關於他，我寫的第一篇文章是《足壇反黑局長：妻子支撐我去戰鬥》。這篇文章在《家庭》發表後，引起社會各界強烈反響。《文摘週刊》等媒體紛紛轉載，浙江省前省長沈祖倫給陳培德打電話，說：「培德同志，現在官場上敢於公開講真話的人太少了，你是官場上難得的敢講真話的人，我向你表示敬意！」

遼寧鐵嶺市檢察院一位檢察官讀到文章後，給陳培德寄來賀卡：「南勇等人被抓，中國足球或許有了希望，敬佩您對體育反腐的貢獻！」

廣東電視臺的幾位女球迷給陳培德打電話說：「從《家庭》的報導中，我們找到了真正的男人，一個正直的男人，敢於講真話的男人，讓我們崇拜的男人，最有魅力的男人！」

網友紛紛發表感言：「足壇之黑乃社會縮影，陳培德乃中國之驕傲！」

「陳局長，你是我們中華民族的脊樑，你的所作所為，比中國足球出線更有意義，更應該讓歷史銘記。」

於是，我再次採訪陳培德，寫了《叫板足壇腐敗的體育局長》。作品在《北京文學》發表後，《中國文學年鑒》、《蘭州晚報》等媒體連載或轉載。二〇一〇年秋天，我放下已完成一半的中國作家協會重點作品扶持專案——《留守在北大荒的知青》，開始寫《高官的良心》。

這是我寫作生涯中最艱辛的一次勞作。每天凌晨四五點鐘起床，整理錄音和資料。我除了一遍遍採訪陳培德之外，查閱數百篇二〇〇一年至二〇〇二年初的新聞報導，還參考了楊明的《黑哨——足壇掃黑調查手記》、閻世鐸的《忠誠無悔——我與中國足球》、方益波的《黑哨——足壇掃黑調查手記》、陳培德的《該我說了——誰搞亂了中國足球》，以及李烈鈞等人未出版的書稿《變形的足球》等。

可以說，這部書我盡了最大的努力，力求每一筆都有依據。我幾乎對每一事件、細節，言論都反復核實，多方推敲和印證，極力逼近客觀真實。

宋衛平是我最想採訪的人物之一。在第一次採訪陳培德時，我請他幫忙聯繫一下宋衛平和李書福。陳培德說，難，他們不會接受採訪，他們很忙。我很理解，他們畢竟是大企業家。《高官的良心》初稿完成後，我再次請陳培德幫忙聯繫宋衛平。陳培德回信說：「不久前，記者都從北京來了，他都不給我面子。」

我知道這事讓陳培德很為難，可是不採訪宋衛平終歸是個缺憾，我請陳培德再想想辦法。於是，陳培德給宋衛平發了一短信：「宋總，出版社準備出一本關於足球打假掃黑的長篇報告文學，你是其中的重要人物，當然是正面的。著名報告文學作家朱曉軍要採訪你，請你不要再拒絕了。培德。」

兩天後，陳培德告訴我沒有回音，只好作罷。

《高官的良心》繁體中文版付梓之際，非常感謝當年報導打黑風暴的記者，他們是歷史的場記，為記載歷史的瞬間付出了艱辛的勞動，幫助我瞭解到真相，瞭解到當時勢態的複雜，衝突的激烈，以及陳培德、宋衛平、李書福、桂生悅等打黑鬥士面臨怎樣的激流與漩渦。感謝楊明、閻世鐸、方益波、李烈鈞等人，他們的書幫助我破解了一個又一個疑惑，並充實了本書的部分細節。

感謝《中國區域期刊史研究》課題組的主要成員、浙江理工大學傳播系副主任廖衛民博士，我寫作最緊張時候正值每年一度的國家社科基金專案申報，衛民主動承擔了本該我這位專案負責人做的工作，在加拿大多倫多度假時還忙於修改和加工申請報告。

感謝浙江省原副省長魯松庭、盛昌黎，杭州市委原副書記葉明，浙江省文聯原副主席、杭州市文聯原主席陳一輝，浙江省作家協會副主席、杭州市作家協會原主席稽亦工給予的大力支持和熱情鼓勵。

感謝本書的主人公陳培德，沒有他就沒有這部作品，我只不過是個記錄者。

感謝臺灣秀威資訊對這部作品的厚愛，以及為之付出的艱辛勞動。

朱曉軍

二〇一七年七月於杭州博士樓

Do觀點56　PC0626

高官的良心
——中國足球打黑鬥士

作　　者／朱曉軍
責任編輯／杜國維
圖文排版／楊家齊
封面設計／蔡瑋筠

發 行 人／宋政坤
出　　版／獨立作家
地址：114 台北市內湖區瑞光路76巷65號1樓
電話：+886-2-2796-3638　傳真：+886-2-2796-1377
服務信箱：service@showwe.com.tw
印　　製／秀威資訊科技股份有限公司
http://www.showwe.com.tw
展售門市／國家書店【松江門市】
地址：104 台北市中山區松江路209號1樓
電話：+886-2-2518-0207　傳真：+886-2-2518-0778
網路訂購／秀威網路書店：http://store.showwe.tw
國家網路書店：http://www.govbooks.com.tw
法律顧問／毛國樑　律師
總 經 銷／時報文化出版企業股份有限公司
地址：333桃園縣龜山鄉萬壽路2段351號
電話：+886-2-2306-6842

出版日期／2017年10月　BOD一版　**定價**／420元

|獨立|作家|
Independent Author
寫自己的故事，唱自己的歌

高官的良心：中國足球打黑鬥士 / 朱曉軍著. --
一版. -- 臺北市：獨立作家, 2017.10
面； 公分. -- (Do觀點 ; 56)
BOD版
ISBN 978-986-94308-5-2(平裝)

1. 足球 2. 報導文學 3. 中國

528.951 106014151

國家圖書館出版品預行編目

讀者回函卡

感謝您購買本書，為提升服務品質，請填妥以下資料，將讀者回函卡直接寄回或傳真本公司，收到您的寶貴意見後，我們會收藏記錄及檢討，謝謝！

如您需要了解本公司最新出版書目、購書優惠或企劃活動，歡迎您上網查詢或下載相關資料：http:// www.showwe.com.tw

您購買的書名：________________________________

出生日期：________年________月________日

學歷：□高中（含）以下　□大專　□研究所（含）以上

職業：□製造業　□金融業　□資訊業　□軍警　□傳播業　□自由業

□服務業　□公務員　□教職　□學生　□家管　□其它____

購書地點：□網路書店　□實體書店　□書展　□郵購　□贈閱　□其他

您從何得知本書的消息？

□網路書店　□實體書店　□網路搜尋　□電子報　□書訊　□雜誌

□傳播媒體　□親友推薦　□網站推薦　□部落格　□其他________

您對本書的評價：（請填代號　1.非常滿意　2.滿意　3.尚可　4.再改進）

封面設計____　版面編排____　內容____　文／譯筆____　價格____

讀完書後您覺得：

□很有收穫　□有收穫　□收穫不多　□沒收穫

對我們的建議：________________________________

請貼
郵票

11466
台北市內湖區瑞光路 76 巷 65 號 1 樓

獨立作家讀者服務部 收

(請沿線對折寄回，謝謝！)

姓　　名：__________________　年齡：_______　性別：□女　□男

郵遞區號：□□□□□

地　　址：____

聯絡電話：(日) ____________________ (夜) ____________________

E-mail：____